巡视巡察工作法律法规汇编

XUNSHI XUNCHA GONGZUO
FALÜ FAGUI HUIBIAN

法律出版社法规中心／编

法律出版社 | LAW PRESS
北京

图书在版编目(CIP)数据

巡视巡察工作法律法规汇编 / 法律出版社法规中心编. -- 北京 : 法律出版社, 2024 (2024.12 重印)
ISBN 978-7-5197-8510-9

Ⅰ. ①巡… Ⅱ. ①法… Ⅲ. ①中国共产党-纪律检查-法规-汇编②行政监察法-汇编-中国 Ⅳ. ①D262.6②D922.114.9

中国国家版本馆 CIP 数据核字(2023)第 213500 号

巡视巡察工作法律法规汇编
XUNSHI XUNCHA GONGZUO FALÜ FAGUI HUIBIAN

法律出版社法规中心 编

责任编辑 董 昱
装帧设计 鲍龙卉

出版发行 法律出版社
编辑统筹 法规出版分社
责任校对 王晓萍
责任印制 耿润瑜
经　　销 新华书店

开本 A5
印张 10.25　**字数** 311 千
版本 2024 年 3 月第 1 版
印次 2024 年 12 月第 2 次印刷
印刷 天津嘉恒印务有限公司

地址:北京市丰台区莲花池西里 7 号(100073)
网址:www.lawpress.com.cn
投稿邮箱:info@lawpress.com.cn
举报盗版邮箱:jbwq@lawpress.com.cn
销售电话:010-83938349
客服电话:010-83938350
咨询电话:010-63939796

书号:ISBN 978-7-5197-8510-9　**定价**:36.00 元

目　　录

一、综　　合

二、巡视巡察内容相关规定

一、综　　合

中国共产党章程

中国共产党第二十次全国代表大会部分修改，2022 年 10 月 22 日通过

总　　纲

中国共产党是中国工人阶级的先锋队，同时是中国人民和中华民族的先锋队，是中国特色社会主义事业的领导核心，代表中国先进生产力的发展要求，代表中国先进文化的前进方向，代表中国最广大人民的根本利益。党的最高理想和最终目标是实现共产主义。

中国共产党以马克思列宁主义、毛泽东思想、邓小平理论、“三个代表”重要思想、科学发展观、习近平新时代中国特色社会主义思想作为自己的行动指南。

马克思列宁主义揭示了人类社会历史发展的规律，它的基本原理是正确的，具有强大的生命力。中国共产党人追求的共产主义最高理想，只有在社会主义社会充分发展和高度发达的基础上才能实现。社会主义制度的发展和完善是一个长期的历史过程。坚持马克思列宁主义的基本原理，走中国人民自愿选择的适合中国国情的道路，中国的社会主义事业必将取得最终的胜利。

以毛泽东同志为主要代表的中国共产党人，把马克思列宁主义的基本原理同中国革命的具体实践结合起来，创立了毛泽东思想。毛泽东思想是马克思列宁主义在中国的运用和发展，是被实践证明了的关于中国革命和建设的正确的理论原则和经验总结，是中国共产党集体智慧的结晶。在毛泽东思想指引下，中国共产党领导全国各族人民，经过长期的反对帝国主义、封建主义、官僚资本主义的革命斗争，取得了新民主主义革命的胜利，建立了人民民主专政的中华人民共和国；新中国成立以后，顺利地进行了社会主义改造，完成了从新民主主义到社会主义的过渡，确立了社会主义基本制度，发展了社会主义的经济、政治和文化。

十一届三中全会以来，以邓小平同志为主要代表的中国共产党人，总结新中国成立以来正反两方面的经验，解放思想，实事求是，实现全党工作中心向经济建设的转移，实行改革开放，开辟了社会主义事业发展的新时期，逐步形成了建设中国特色社会主义的路线、方针、政策，阐明了在中国建设社会主义、巩固和发展社会主义的基本问题，创立了邓小平理论。邓小平理论是马克思列宁主义的基本原理同当代中国实践和时代特征相结合的产物，是毛泽东思想在新的历史条件下的继承和发展，是马克思主义在中国发展的新阶段，是当代中国的马克思主义，是中国共产党集体智慧的结晶，引导着我国社会主义现代化事业不断前进。

十三届四中全会以来，以江泽民同志为主要代表的中国共产党人，在建设中国特色社会主义的实践中，加深了对什么是社会主义、怎样建设社会主义和建设什么样的党、怎样建设党的认识，积累了治党治国新的宝贵经验，形成了“三个代表”重要思想。“三个代表”重要思想是对马克思列宁主义、毛泽东思想、邓小平理论的继承和发展，反映了当代世界和中国的发展变化对党和国家工作的新要求，是加强和改进党的建设、推进我国社会主义自我完善和发展的强大理论武器，是中国共产党集体智慧的结晶，是党必须长期坚持的指导思想。始终做到“三个代表”，是我们党的立党之本、执政之基、力量之源。

十六大以来，以胡锦涛同志为主要代表的中国共产党人，坚持以邓小平理论和“三个代表”重要思想为指导，根据新的发展要求，深刻认识和回答了新形势下实现什么样的发展、怎样发展等重大问题，形成了以人为本、全面协调可持续发展的科学发展观。科学发展观是同马克思列宁主义、毛泽东思想、邓小平理论、“三个代表”重要思想既一脉相承又与时俱进的科学理论，是马克思主义关于发展的世界观和方法论的集中体现，是马克思主义中国化重大成果，是中国共产党集体智慧的结晶，是发展中国特色社会主义必须长期坚持的指导思想。

十八大以来，以习近平同志为主要代表的中国共产党人，坚持把马克思主义基本原理同中国具体实际相结合、同中华优秀传统文化相结合，科学回答了新时代坚持和发展什么样的中国特色社会主义、怎样坚持和发展中国特色社会主义等重大时代课题，创立了习近平新时代中国特色社会主义思想。习近平新时代中国特色社会主义思想是对马克思列宁主义、毛泽东思想、邓小平理论、“三个代表”重要思想、科学发展观的继承和发展，是当代中国马克思主义、二十一世纪马克思主义，是中华文化和中国精神的时代精华，是党和人民实践经验和集体智慧的结晶，是中国特色社会主义理论体系的重要组成部分，是全党全国人民为实现中华民族伟大复兴而奋斗的行动指南，必须长期坚持并不断发展。在习近平新时代中国特色社会主义思想指导下，中国共产党领导全国各族人民，统揽伟大斗争、伟大工程、伟大事业、伟大梦想，推动中国特色社会主义进入了新时代，实现第一个百年奋斗目标，开启了实现第二个百年奋斗目标新征程。

改革开放以来我们取得一切成绩和进步的根本原因，归结起来就是：开辟了中国特色社会主义道路，形成了中国特色社会主义理论体系，确立了中国特色社会主义制度，发展了中国特色社会主义文化。全党同志要倍加珍惜、长期坚持和不断发展党历经艰辛开创的这条道路、这个理论体系、这个制度、这个文化，高举中国特色社会主义伟大旗帜，坚定道路自信、理论自信、制度自信、文化自信，发扬斗争精神，增强斗争本领，贯彻党的基本理论、基本路线、基本方略，为实现推进现代化建设、完成祖国统一、维护世界和平与促进共同发展这三大历史任务，实现第二个百年奋斗目标、实现中华民族伟大复兴的中国梦而奋斗。

中国共产党自成立以来，始终把为中国人民谋幸福、为中华民族谋复兴作为自己的初心使命，历经百年奋斗，从根本上改变了中国人民的前途命运，开辟了实现中华民族伟大复兴的正确道路，展示了马克思主义的强大生命力，深刻影响了世界历史进程，锻造了走在时代前列的中国共产党。经过长期实践，积累了坚持党的领导、坚持人民至上、坚持理论创新、坚持独立自主、坚持中国道路、坚持胸怀天下、坚持开拓创新、坚持敢于斗争、坚持统一战线、坚持自我革命的宝贵历史经验，这是党和人民共同创造的精神财富，必须倍加珍惜、长期坚持，并在实践中不断丰富和发展。

我国正处于并将长期处于社会主义初级阶段。这是在原本经济文化落后的中国建设社会主义现代化不可逾越的历史阶段，需要上百年的时间。我国的社会主义建设，必须从我国的国情出发，走中国特色社会主义道路，以中国式现代化全面推进中华民族伟大复兴。在现阶段，我国社会的主要矛盾是人民日益增长的美好生活需要和不平衡不充分的发展之间的矛盾。由于国内的因素和国际的影响，阶级斗争还在一定范围内长期存在，在某种条件下还有可能激化，但已经不是主要矛盾。我国社会主义建设的根本任务，是进一步解放生产力，发展生产力，逐步实现社会主义现代化，并且为此而改革生产关系和上层建筑中不适应生产力发展的方面和环节。必须坚持和完善公有制为主体、多种所有制经济共同发展，按劳分配为主体、多种分配方式并存，社会主义市场经济体制等基本经济制度，鼓励一部分地区和一部分人先富起来，逐步实现全体人民共同富裕，在生产发展和社会财富增长的基础上不断满足人民日益增长的美好生活需要，促进人的全面发展。发展是我们党执政兴国的第一要务。必须坚持以人民为中心的发展思想，把握新发展阶段，贯彻创新、协调、绿色、开放、共享的新发展理念，加快构建以国内大循环为主体、国内国际双循环相互促进的新发展格局，推动高质量发展。各项工作都要把有利于发展社会主义社会的生产力，有利于增强社会主义国家的综合国力，有利于提高人民的生活水平，作为总的出发点和检验标准，尊重劳动、尊重知识、尊重人才、尊重创造，做到发展为了人民、发展依靠人民、发展成果由人民共享。必须按照中国特色社会主义事业“五位一体”总体布局和“四个全面”战略布局，统筹推进经济建设、政治建设、文化建设、社会建设、生态文明建设，协调推进全面建设社会主义现代化国家、全面深化改革、全面依法治国、全面从严治党。新时代新征程，经济和社会发展的战略目标是，到二〇三五年基本实现社会主义现代化，到本世纪中叶把我国建成社会主义现代化强国。

中国共产党在社会主义初级阶段的基本路线是：领导和团结全国各族人民，以经济建设为中心，坚持四项基本原则，坚持改革开放，自力更生，艰苦创业，为把我国建设成为富强民主文明和谐美丽的社会主义现代化强国而奋斗。

中国共产党在领导社会主义事业中，必须坚持以经济建设为中心，其他各项工作都服从和服务于这个中心。要实施科教兴国战略、人才强国战略、创新驱动发展战略、乡村振兴战略、区域协调发展战略、可持续发展战略、军民融合发展战略，充分发挥科学技术作为第一生产力的作用，充分发挥人才作为第一资源的作用，充分发挥创新作为引领发展第一动力的作用，依靠科技进步，提高劳动者素质，促进国民经济更高质量、更有效率、更加公平、更可持续、更为安全发展。

坚持社会主义道路、坚持人民民主专政、坚持中国共产党的领导、坚持马克思列宁主义毛泽东思想这四项基本原则，是我们的立国之本。在社会主义现代化建设的整个过程中，必须坚持四项基本原则，反对资产阶级自由化。

坚持改革开放，是我们的强国之路。只有改革开放，才能发展中国、发展社会主义、发展马克思主义。要全面深化改革，完善和发展中国特色社会主义制度，推进国家治理体系和治理能力现代化。要从根本上改革束缚生产力发展的经济体制，坚持和完善社会主义市场经济体制；与此相适应，要进行政治体制改革和其他领域的改革。要坚持对外开放的基本国策，吸收和借鉴人类社会创造的一切文明成果。改革开放应当大胆探索，勇于开拓，提高改革决策的科学性，更加注重改革的系统性、整体性、协同性，在实践中开创新路。

中国共产党领导人民发展社会主义市场经济。毫不动摇地巩固和发展公有制经济，毫不动摇地鼓励、支持、引导非公有制经济发展。发挥市场在资源配置中的决定性作用，更好发挥政府作用，建立完善的宏观调控体系。统筹城乡发展、区域发展、经济社会发展、人与自然和谐发展、国内发展和对外开放，调整经济结构，转变经济发展方式，推进供给侧结构性改革。促进新型工业化、信息化、城镇化、农业现代化同步发展，建设社会主义新农村，走中国特色新型工业化道路，建设创新型国家和世界科技强国。

中国共产党领导人民发展社会主义民主政治。坚持党的领导、人民当家作主、依法治国有机统一，走中国特色社会主义政治发展道路、中国特色社会主义法治道路，扩大社会主义民主，建设中国特色社会主义法治体系，建设社会主义法治国家，巩固人民民主专政，建设社会主义政治文明。坚持和完善人民代表大会制度、中国共产党领导的多党合作和政治协商制度、民族区域自治制度以及基层群众自治制度。发展更加广泛、更加充分、更加健全的全过程人民民主，推进协商民主广泛多层制度化发展，切实保障人民管理国家事务和社会事务、管理经济和文化事业的权利。尊重和保障人权。广开言路，建立健全民主选举、民主协商、民主决策、民主管理、民主监督的制度和程序。完善中国特色社会主义法律体系，加强法律实施工作，实现国家各项工作法治化。

中国共产党领导人民发展社会主义先进文化。建设社会主义精神文明，实行依法治国和以德治国相结合，提高全民族的思想道德素质和科学文化素质，为改革开放和社会主义现代化建设提供强大的思想保证、精神动力和智力支持，建设社会主义文化强国。加强社会主义核心价值体系建设，坚持马克思主义指导思想，树立中国特色社会主义共同理想，弘扬以爱国主义为核心的民族精神和以改革创新为核心的时代精神，培育和践行社会主义核心价值观，倡导社会主义荣辱观，增强民族自尊、自信和自强精神，抵御资本主义和封建主义腐朽思想的侵蚀，扫除各种社会丑恶现象，努力使我国人民成为有理想、有道德、有文化、有纪律的人民。对党员要进行共产主义远大理想教育。大力发展教育、科学、文化事业，推动中华优秀传统文化创造性转化、创新性发展，继承革命文化，发展社会主义先进文化，提高国家文化软实力。牢牢掌握意识形态工作领导权，不断巩固马克思主义在意识形态领域的指导地位，巩固全党全国人民团结奋斗的共同思想基础。

中国共产党领导人民构建社会主义和谐社会。按照民主法治、公平正义、诚信友爱、充满活力、安定有序、人与自然和谐相处的总要求和共同建设、共同享有的原则，以保障和改善民生为重点，解决好人民最关心、最直接、最现实的利益问题，使发展成果更多更公平惠及全体人民，不断增强人民群众获得感，努力形成全体人民各尽其能、各得其所而又和谐相处的局面。加强和创新社会治理。严格区分和正确处理敌我矛盾和人民内部矛盾这两类不同性质的矛盾。加强社会治安综合治理，依法坚决打击各种危害国家安全和利益、危害社会稳定和经济发展的犯罪活动和犯罪分子，保持社会长期稳定。坚持总体国家安全观，统筹发展和安全，坚决维护国家主权、安全、发展利益。

中国共产党领导人民建设社会主义生态文明。树立尊重自然、顺应自然、保护自然的生态文明理念，增强绿水青山就是金山银山的意识，坚持节约资源和保护环境的基本国策，坚持节约优先、保护优先、自然恢复为主的方针，坚持生产发展、生活富裕、生态良好的文明发展道路。着力建设资源节约型、环境友好型社会，实行最严格的生态环境保护制度，形成节约资源和保护环境的空间格局、产业结构、生产方式、生活方式，为人民创造良好生产生活环境，实现中华民族永续发展。

中国共产党坚持对人民解放军和其他人民武装力量的绝对领导，贯彻习近平强军思想，加强人民解放军的建设，坚持政治建军、改革强军、科技强军、人才强军、依法治军，建设一支听党指挥、能打胜仗、作风优良的人民军队，把人民军队建设成为世界一流军队，切实保证人民解放军有效履行新时代军队使命任务，充分发挥人民解放军在巩固国防、保卫祖国和参加社会主义现代化建设中的作用。

中国共产党维护和发展平等团结互助和谐的社会主义民族关系，积极培养、选拔少数民族干部，帮助少数民族和民族地区发展经济、文化和社会事业，铸牢中华民族共同体意识，实现各民族共同团结奋斗、共同繁荣发展。全面贯彻党的宗教工作基本方针，团结信教群众为经济社会发展作贡献。

中国共产党同全国各民族工人、农民、知识分子团结在一起，同各民主党派、无党派人士、各民族的爱国力量团结在一起，进一步发展和壮大由全体社会主义劳动者、社会主义事业的建设者、拥护社会主义的爱国者、拥护祖国统一和致力于中华民族伟大复兴的爱国者组成的最广泛的爱国统一战线。不断加强全国人民包括香港特别行政区同胞、澳门特别行政区同胞、台湾同胞和海外侨胞的团结。全面准确、坚定不移贯彻“一个国家、两种制度”的方针，促进香港、澳门长期繁荣稳定，坚决反对和遏制“台独”，完成祖国统一大业。

中国共产党坚持独立自主的和平外交政策，坚持和平发展道路，坚持互利共赢的开放战略，统筹国内国际两个大局，积极发展对外关系，努力为我国的改革开放和现代化建设争取有利的国际环境。在国际事务中，弘扬和平、发展、公平、正义、民主、自由的全人类共同价值，坚持正确义利观，维护我国的独立和主权，反对霸权主义和强权政治，维护世界和平，促进人类进步，推动构建人类命运共同体，推动建设持久和平、普遍安全、共同繁荣、开放包容、清洁美丽的世界。在互相尊重主权和领土完整、互不侵犯、互不干涉内政、平等互利、和平共处五项原则的基础上，发展我国同世界各国的关系。不断发展我国同周边国家的睦邻友好关系，加强同发展中国家的团结与合作。遵循共商共建共享原则，推进“一带一路”建设。按照独立自主、完全平等、互相尊重、互不干涉内部事务的原则，发展我党同各国共产党和其他政党的关系。

中国共产党要领导全国各族人民实现第二个百年奋斗目标、实现中华民族伟大复兴的中国梦，必须紧密围绕党的基本路线，坚持和加强党的全面领导，坚持党要管党、全面从严治党，弘扬坚持真理、坚守理想，践行初心、担当使命，不怕牺牲、英勇斗争，对党忠诚、不负人民的伟大建党精神，加强党的长期执政能力建设、先进性和纯洁性建设，以改革创新精神全面推进党的建设新的伟大工程，以党的政治建设为统领，全面推进党的政治建设、思想建设、组织建设、作风建设、纪律建设，把制度建设贯穿其中，深入推进反腐败斗争，全面提高党的建设科学化水平，以伟大自我革命引领伟大社会革命。坚持立党为公、执政为民，发扬党的优良传统和作风，不断提高党的领导水平和执政水平，提高拒腐防变和抵御风险的能力，不断增强自我净化、自我完善、自我革新、自我提高能力，不断增强党的阶级基础和扩大党的群众基础，不断提高党的创造力、凝聚力、战斗力，建设学习型、服务型、创新型的马克思主义执政党，使我们党始终走在时代前列，成为领导全国人民沿着中国特色社会主义道路不断前进的坚强核心。党的建设必须坚决实现以下六项基本要求：

第一，坚持党的基本路线。全党要用邓小平理论、“三个代表”重要思想、科学发展观、习近平新时代中国特色社会主义思想和党的基本路线统一思想，统一行动，并且毫不动摇地长期坚持下去。必须把改革开放同四项基本原则统一起来，全面落实党的基本路线，反对一切“左”的和右的错误倾向，要警惕右，但主要是防止“左”。必须提高政治判断力、政治领悟力、政治执行力，增强贯彻落实党的理论和路线方针政策的自觉性和坚定性。

第二，坚持解放思想，实事求是，与时俱进，求真务实。党的思想路线是一切从实际出发，理论联系实际，实事求是，在实践中检验真理和发展真理。全党必须坚持这条思想路线，积极探索，大胆试验，开拓创新，创造性地开展工作，不断研究新情况，总结新经验，解决新问题，在实践中丰富和发展马克思主义，推进马克思主义中国化时代化。

第三，坚持新时代党的组织路线。全面贯彻习近平新时代中国特色社会主义思想，以组织体系建设为重点，着力培养忠诚干净担当的高素质干部，着力集聚爱国奉献的各方面优秀人才，坚持德才兼备、以德为先、任人唯贤，为坚持和加强党的全面领导、坚持和发展中国特色社会主义提供坚强组织保证。全党必须增强党组织的政治功能和组织功能，培养选拔党和人民需要的好干部，培养和造就大批堪当时代重任的社会主义事业接班人，聚天下英才而用之，从组织上保证党的基本理论、基本路线、基本方略的贯彻落实。

第四，坚持全心全意为人民服务。党除了工人阶级和最广大人民群众的利益，没有自己特殊的利益。党在任何时候都把群众利益放在第一位，同群众同甘共苦，保持最密切的联系，坚持权为民所用、情为民所系、利为民所谋，不允许任何党员脱离群众，凌驾于群众之上。我们党的最大政治优势是密切联系群众，党执政后的最大危险是脱离群众。党风问题、党同人民群众联系问题是关系党生死存亡的问题。党在自己的工作中实行群众路线，一切为了群众，一切依靠群众，从群众中来，到群众中去，把党的正确主张变为群众的自觉行动。

第五，坚持民主集中制。民主集中制是民主基础上的集中和集中指导下的民主相结合。它既是党的根本组织原则，也是群众路线在党的生活中的运用。必须充分发扬党内民主，尊重党员主体地位，保障党员民主权利，发挥各级党组织和广大党员的积极性创造性。必须实行正确的集中，牢固树立政治意识、大局意识、核心意识、看齐意识，坚定维护以习近平同志为核心的党中央权威和集中统一领导，保证全党的团结统一和行动一致，保证党的决定得到迅速有效的贯彻执行。加强和规范党内政治生活，增强党内政治生活的政治性、时代性、原则性、战斗性，发展积极健康的党内政治文化，营造风清气正的良好政治生态。党在自己的政治生活中正确地开展批评和自我批评，在原则问题上进行思想斗争，坚持真理，修正错误。努力造成又有集中又有民主，又有纪律又有自由，又有统一意志又有个人心情舒畅生动活泼的政治局面。

第六，坚持从严管党治党。全面从严治党永远在路上，党的自我革命永远在路上。新形势下，党面临的执政考验、改革开放考验、市场经济考验、外部环境考验是长期的、复杂的、严峻的，精神懈怠危险、能力不足危险、脱离群众危险、消极腐败危险更加尖锐地摆在全党面前。要把严的标准、严的措施贯穿于管党治党全过程和各方面。坚持依规治党、标本兼治，不断健全党内法规体系，坚持把纪律挺在前面，加强组织性纪律性，在党的纪律面前人人平等。强化全面从严治党主体责任和监督责任，加强对党的领导机关和党员领导干部特别是主要领导干部的监督，不断完善党内监督体系。深入推进党风廉政建设和反腐败斗争，以零容忍态度惩治腐败，一体推进不敢腐、不能腐、不想腐。

中国共产党的领导是中国特色社会主义最本质的特征，是中国特色社会主义制度的最大优势，党是最高政治领导力量。党政军民学，东西南北中，党是领导一切的。党要适应改革开放和社会主义现代化建设的要求，坚持科学执政、民主执政、依法执政，加强和改善党的领导。党必须按照总揽全局、协调各方的原则，在同级各种组织中发挥领导核心作用。党必须集中精力领导经济建设，组织、协调各方面的力量，同心协力，围绕经济建设开展工作，促进经济社会全面发展。党必须实行民主的科学的决策，制定和执行正确的路线、方针、政策，做好党的组织工作和宣传教育工作，发挥全体党员的先锋模范作用。党必须在宪法和法律的范围内活动。党必须保证国家的立法、司法、行政、监察机关，经济、文化组织和人民团体积极主动地、独立负责地、协调一致地工作。党必须加强对工会、共产主义青年团、妇女联合会等群团组织的领导，使它们保持和增强政治性、先进性、群众性，充分发挥作用。党必须适应形势的发展和情况的变化，完善领导体制，改进领导方式，增强执政能力。共产党员必须同党外群众亲密合作，共同为建设中国特色社会主义而奋斗。

第一章　党　　员

第一条　年满十八岁的中国工人、农民、军人、知识分子和其他社会阶层的先进分子，承认党的纲领和章程，愿意参加党的一个组织并在其中积极工作、执行党的决议和按期交纳党费的，可以申请加入中国共产党。

第二条　中国共产党党员是中国工人阶级的有共产主义觉悟的先锋战士。

中国共产党党员必须全心全意为人民服务，不惜牺牲个人的一切，为实现共产主义奋斗终身。

中国共产党党员永远是劳动人民的普通一员。除了法律和政策规定范围内的个人利益和工作职权以外，所有共产党员都不得谋求任何私利和特权。

第三条　党员必须履行下列义务：

（一）认真学习马克思列宁主义、毛泽东思想、邓小平理论、“三个代表”重要思想、科学发展观、习近平新时代中国特色社会主义思想，学习党的路线、方针、政策和决议，学习党的基本知识和党的历史，学习科学、文化、法律和业务知识，努力提高为人民服务的本领。

（二）增强“四个意识”、坚定“四个自信”、做到“两个维护”，贯彻执行党的基本路线和各项方针、政策，带头参加改革开放和社会主义现代化建设，带动群众为经济发展和社会进步艰苦奋斗，在生产、工作、学习和社会生活中起先锋模范作用。

（三）坚持党和人民的利益高于一切，个人利益服从党和人民的利益，吃苦在前，享受在后，克己奉公，多做贡献。

（四）自觉遵守党的纪律，首先是党的政治纪律和政治规矩，模范遵守国家的法律法规，严格保守党和国家的秘密，执行党的决定，服从组织分配，积极完成党的任务。

（五）维护党的团结和统一，对党忠诚老实，言行一致，坚决反对一切派别组织和小集团活动，反对阳奉阴违的两面派行为和一切阴谋诡计。

（六）切实开展批评和自我批评，勇于揭露和纠正违反党的原则的言行和工作中的缺点、错误，坚决同消极腐败现象作斗争。

（七）密切联系群众，向群众宣传党的主张，遇事同群众商量，及时向党反映群众的意见和要求，维护群众的正当利益。

（八）发扬社会主义新风尚，带头实践社会主义核心价值观和社会主义荣辱观，提倡共产主义道德，弘扬中华民族传统美德，为了保护国家和人民的利益，在一切困难和危险的时刻挺身而出，英勇斗争，不怕牺牲。

第四条　党员享有下列权利：

（一）参加党的有关会议，阅读党的有关文件，接受党的教育和培训。

（二）在党的会议上和党报党刊上，参加关于党的政策问题的讨论。

（三）对党的工作提出建议和倡议。

（四）在党的会议上有根据地批评党的任何组织和任何党员，向党负责地揭发、检举党的任何组织和任何党员违法乱纪的事实，要求处分违法乱纪的党员，要求罢免或撤换不称职的干部。

（五）行使表决权、选举权，有被选举权。

（六）在党组织讨论决定对党员的党纪处分或作出鉴定时，本人有权参加和进行申辩，其他党员可以为他作证和辩护。

（七）对党的决议和政策如有不同意见，在坚决执行的前提下，可以声明保留，并且可以把自己的意见向党的上级组织直至中央提出。

（八）向党的上级组织直至中央提出请求、申诉和控告，并要求有关组织给以负责的答复。

党的任何一级组织直至中央都无权剥夺党员的上述权利。

第五条 发展党员，必须把政治标准放在首位，经过党的支部，坚持个别吸收的原则。

申请入党的人，要填写入党志愿书，要有两名正式党员作介绍人，要经过支部大会通过和上级党组织批准，并且经过预备期的考察，才能成为正式党员。

介绍人要认真了解申请人的思想、品质、经历和工作表现，向他解释党的纲领和党的章程，说明党员的条件、义务和权利，并向党组织作出负责的报告。

党的支部委员会对申请入党的人，要注意征求党内外有关群众的意见，进行严格的审查，认为合格后再提交支部大会讨论。

上级党组织在批准申请人入党以前，要派人同他谈话，作进一步的了解，并帮助他提高对党的认识。

在特殊情况下，党的中央和省、自治区、直辖市委员会可以直接接收党员。

第六条 预备党员必须面向党旗进行入党宣誓。誓词如下：我志愿加入中国共产党，拥护党的纲领，遵守党的章程，履行党员义务，执行党的决定，严守党的纪律，保守党的秘密，对党忠诚，积极工作，为共产主义奋斗终身，随时准备为党和人民牺牲一切，永不叛党。

第七条 预备党员的预备期为一年。党组织对预备党员应当认真教育和考察。

预备党员的义务同正式党员一样。预备党员的权利，除了没有表决权、选举权和被选举权以外，也同正式党员一样。

预备党员预备期满，党的支部应当及时讨论他能否转为正式党员。认真履行党员义务，具备党员条件的，应当按期转为正式党员；需要继续考察和教育的，可以延长预备期，但不能超过一年；不履行党员义务，不具备党员条件的，应当取消预备党员资格。预备党员转为正式党员，或延长预备期，或取消预备党员资格，都应当经支部大会讨论通过和上级党组织批准。

预备党员的预备期，从支部大会通过他为预备党员之日算起。党员的党龄，从预备期满转为正式党员之日算起。

第八条　每个党员，不论职务高低，都必须编入党的一个支部、小组或其他特定组织，参加党的组织生活，接受党内外群众的监督。党员领导干部还必须参加党委、党组的民主生活会。不允许有任何不参加党的组织生活、不接受党内外群众监督的特殊党员。

第九条　党员有退党的自由。党员要求退党，应当经支部大会讨论后宣布除名，并报上级党组织备案。

党员缺乏革命意志，不履行党员义务，不符合党员条件，党的支部应当对他进行教育，要求他限期改正；经教育仍无转变的，应当劝他退党。劝党员退党，应当经支部大会讨论决定，并报上级党组织批准。如被劝告退党的党员坚持不退，应当提交支部大会讨论，决定把他除名，并报上级党组织批准。

党员如果没有正当理由，连续六个月不参加党的组织生活，或不交纳党费，或不做党所分配的工作，就被认为是自行脱党。支部大会应当决定把这样的党员除名，并报上级党组织批准。

第二章　党的组织制度

第十条　党是根据自己的纲领和章程，按照民主集中制组织起来的统一整体。党的民主集中制的基本原则是：

（一）党员个人服从党的组织，少数服从多数，下级组织服从上级组织，全党各个组织和全体党员服从党的全国代表大会和中央委员会。

（二）党的各级领导机关，除它们派出的代表机关和在非党组织中的党组外，都由选举产生。

（三）党的最高领导机关，是党的全国代表大会和它所产生的中央委员会。党的地方各级领导机关，是党的地方各级代表大会和它们所产生的委员会。党的各级委员会向同级的代表大会负责并报告工作。

（四）党的上级组织要经常听取下级组织和党员群众的意见，及时解决他们提出的问题。党的下级组织既要向上级组织请示和报告工作，又要独立负责地解决自己职责范围内的问题。上下级组织之间要互通情报、互相支持和互相监督。党的各级组织要按规定实行党务公开，使党员对党内事务有更多的了解和参与。

（五）党的各级委员会实行集体领导和个人分工负责相结合的制度。凡属重大问题都要按照集体领导、民主集中、个别酝酿、会议决定的原则，由党的委员会集体讨论，作出决定；委员会成员要根据集体的决定和分工，切实履行自己的职责。

（六）党禁止任何形式的个人崇拜。要保证党的领导人的活动处于党和人民的监督之下，同时维护一切代表党和人民利益的领导人的威信。

第十一条 党的各级代表大会的代表和委员会的产生，要体现选举人的意志。选举采用无记名投票的方式。候选人名单要由党组织和选举人充分酝酿讨论。可以直接采用候选人数多于应选人数的差额选举办法进行正式选举。也可以先采用差额选举办法进行预选，产生候选人名单，然后进行正式选举。选举人有了解候选人情况、要求改变候选人、不选任何一个候选人和另选他人的权利。任何组织和个人不得以任何方式强迫选举人选举或不选举某个人。

党的地方各级代表大会和基层代表大会的选举，如果发生违反党章的情况，上一级党的委员会在调查核实后，应作出选举无效和采取相应措施的决定，并报再上一级党的委员会审查批准，正式宣布执行。

党的各级代表大会代表实行任期制。

第十二条 党的中央和地方各级委员会在必要时召集代表会议，讨论和决定需要及时解决的重大问题。代表会议代表的名额和产生办法，由召集代表会议的委员会决定。

第十三条 凡是成立党的新组织，或是撤销党的原有组织，必须由上级党组织决定。

在党的地方各级代表大会和基层代表大会闭会期间，上级党的组织认为有必要时，可以调动或者指派下级党组织的负责人。

党的中央和地方各级委员会可以派出代表机关。

第十四条　党的中央和省、自治区、直辖市委员会实行巡视制度，在一届任期内，对所管理的地方、部门、企事业单位党组织实现巡视全覆盖。

中央有关部委和国家机关部门党组（党委）根据工作需要，开展巡视工作。

党的市（地、州、盟）和县（市、区、旗）委员会建立巡察制度。

第十五条　党的各级领导机关，对同下级组织有关的重要问题作出决定时，在通常情况下，要征求下级组织的意见。要保证下级组织能够正常行使他们的职权。凡属应由下级组织处理的问题，如无特殊情况，上级领导机关不要干预。

第十六条　有关全国性的重大政策问题，只有党中央有权作出决定，各部门、各地方的党组织可以向中央提出建议，但不得擅自作出决定和对外发表主张。

党的下级组织必须坚决执行上级组织的决定。下级组织如果认为上级组织的决定不符合本地区、本部门的实际情况，可以请求改变；如果上级组织坚持原决定，下级组织必须执行，并不得公开发表不同意见，但有权向再上一级组织报告。

党的各级组织的报刊和其他宣传工具，必须宣传党的路线、方针、政策和决议。

第十七条　党组织讨论决定问题，必须执行少数服从多数的原则。决定重要问题，要进行表决。对于少数人的不同意见，应当认真考虑。如对重要问题发生争论，双方人数接近，除了在紧急情况下必须按多数意见执行外，应当暂缓作出决定，进一步调查研究，交换意见，下次再表决；在特殊情况下，也可将争论情况向上级组织报告，请求裁决。

党员个人代表党组织发表重要主张，如果超出党组织已有决定的范围，必须提交所在的党组织讨论决定，或向上级党组织请示。任何党员不论职务高低，都不能个人决定重大问题；如遇紧急情况，必须由个人作出决定时，事后要迅速向党组织报告。不允许任何领导人实行个人专断和把个人凌驾于组织之上。

第十八条　党的中央、地方和基层组织，都必须重视党的建设，经常讨论和检查党的宣传工作、教育工作、组织工作、纪律检查工作、群众工作、统一战线工作等，注意研究党内外的思想政治状况。

第三章 党的中央组织

第十九条 党的全国代表大会每五年举行一次，由中央委员会召集。中央委员会认为有必要，或者有三分之一以上的省一级组织提出要求，全国代表大会可以提前举行；如无非常情况，不得延期举行。

全国代表大会代表的名额和选举办法，由中央委员会决定。

第二十条 党的全国代表大会的职权是：

（一）听取和审查中央委员会的报告；

（二）审查中央纪律检查委员会的报告；

（三）讨论并决定党的重大问题；

（四）修改党的章程；

（五）选举中央委员会；

（六）选举中央纪律检查委员会。

第二十一条 党的全国代表会议的职权是：讨论和决定重大问题；调整和增选中央委员会、中央纪律检查委员会的部分成员。调整和增选中央委员及候补中央委员的数额，不得超过党的全国代表大会选出的中央委员及候补中央委员各自总数的五分之一。

第二十二条 党的中央委员会每届任期五年。全国代表大会如提前或延期举行，它的任期相应地改变。中央委员会委员和候补委员必须有五年以上的党龄。中央委员会委员和候补委员的名额，由全国代表大会决定。中央委员会委员出缺，由中央委员会候补委员按照得票多少依次递补。

中央委员会全体会议由中央政治局召集，每年至少举行一次。中央政治局向中央委员会全体会议报告工作，接受监督。

在全国代表大会闭会期间，中央委员会执行全国代表大会的决议，领导党的全部工作，对外代表中国共产党。

第二十三条 党的中央政治局、中央政治局常务委员会和中央委员会总书记，由中央委员会全体会议选举。中央委员会总书记必须从中央政治局常务委员会委员中产生。

中央政治局和它的常务委员会在中央委员会全体会议闭会期间，行使中央委员会的职权。

中央书记处是中央政治局和它的常务委员会的办事机构；成员由

中央政治局常务委员会提名，中央委员会全体会议通过。

中央委员会总书记负责召集中央政治局会议和中央政治局常务委员会会议，并主持中央书记处的工作。

党的中央军事委员会组成人员由中央委员会决定，中央军事委员会实行主席负责制。

每届中央委员会产生的中央领导机构和中央领导人，在下届全国代表大会开会期间，继续主持党的经常工作，直到下届中央委员会产生新的中央领导机构和中央领导人为止。

第二十四条　中国人民解放军的党组织，根据中央委员会的指示进行工作。中央军事委员会负责军队中党的工作和政治工作，对军队中党的组织体制和机构作出规定。

第四章　党的地方组织

第二十五条　党的省、自治区、直辖市的代表大会，设区的市和自治州的代表大会，县（旗）、自治县、不设区的市和市辖区的代表大会，每五年举行一次。

党的地方各级代表大会由同级党的委员会召集。在特殊情况下，经上一级委员会批准，可以提前或延期举行。

党的地方各级代表大会代表的名额和选举办法，由同级党的委员会决定，并报上一级党的委员会批准。

第二十六条　党的地方各级代表大会的职权是：

（一）听取和审查同级委员会的报告；

（二）审查同级纪律检查委员会的报告；

（三）讨论本地区范围内的重大问题并作出决议；

（四）选举同级党的委员会，选举同级党的纪律检查委员会。

第二十七条　党的省、自治区、直辖市、设区的市和自治州的委员会，每届任期五年。这些委员会的委员和候补委员必须有五年以上的党龄。

党的县（旗）、自治县、不设区的市和市辖区的委员会，每届任期五年。这些委员会的委员和候补委员必须有三年以上的党龄。

党的地方各级代表大会如提前或延期举行，由它选举的委员会的任期相应地改变。

党的地方各级委员会的委员和候补委员的名额，分别由上一级委员会决定。党的地方各级委员会委员出缺，由候补委员按照得票多少依次递补。

党的地方各级委员会全体会议，每年至少召开两次。

党的地方各级委员会在代表大会闭会期间，执行上级党组织的指示和同级党代表大会的决议，领导本地方的工作，定期向上级党的委员会报告工作。

第二十八条 党的地方各级委员会全体会议，选举常务委员会和书记、副书记，并报上级党的委员会批准。党的地方各级委员会的常务委员会，在委员会全体会议闭会期间，行使委员会职权；在下届代表大会开会期间，继续主持经常工作，直到新的常务委员会产生为止。

党的地方各级委员会的常务委员会定期向委员会全体会议报告工作，接受监督。

第二十九条 党的地区委员会和相当于地区委员会的组织，是党的省、自治区委员会在几个县、自治县、市范围内派出的代表机关。它根据省、自治区委员会的授权，领导本地区的工作。

第五章 党的基层组织

第三十条 企业、农村、机关、学校、医院、科研院所、街道社区、社会组织、人民解放军连队和其他基层单位，凡是有正式党员三人以上的，都应当成立党的基层组织。

党的基层组织，根据工作需要和党员人数，经上级党组织批准，分别设立党的基层委员会、总支部委员会、支部委员会。基层委员会由党员大会或代表大会选举产生，总支部委员会和支部委员会由党员大会选举产生，提出委员候选人要广泛征求党员和群众的意见。

第三十一条 党的基层委员会、总支部委员会、支部委员会每届任期三年至五年。基层委员会、总支部委员会、支部委员会的书记、副书记选举产生后，应报上级党组织批准。

第三十二条 党的基层组织是党在社会基层组织中的战斗堡垒，是党的全部工作和战斗力的基础。它的基本任务是：

（一）宣传和执行党的路线、方针、政策，宣传和执行党中央、上级组织和本组织的决议，充分发挥党员的先锋模范作用，积极创先争优，团结、组织党内外的干部和群众，努力完成本单位所担负的任务。

（二）组织党员认真学习马克思列宁主义、毛泽东思想、邓小平理论、“三个代表”重要思想、科学发展观、习近平新时代中国特色社会主义思想，推进“两学一做”学习教育、党史学习教育常态化制度化，学习党的路线、方针、政策和决议，学习党的基本知识，学习科学、文化、法律和业务知识。

（三）对党员进行教育、管理、监督和服务，提高党员素质，坚定理想信念，增强党性，严格党的组织生活，开展批评和自我批评，维护和执行党的纪律，监督党员切实履行义务，保障党员的权利不受侵犯。加强和改进流动党员管理。

（四）密切联系群众，经常了解群众对党员、党的工作的批评和意见，维护群众的正当权利和利益，做好群众的思想政治工作。

（五）充分发挥党员和群众的积极性创造性，发现、培养和推荐他们中间的优秀人才，鼓励和支持他们在改革开放和社会主义现代化建设中贡献自己的聪明才智。

（六）对要求入党的积极分子进行教育和培养，做好经常性的发展党员工作，重视在生产、工作第一线和青年中发展党员。

（七）监督党员干部和其他任何工作人员严格遵守国家法律法规，严格遵守国家的财政经济法规和人事制度，不得侵占国家、集体和群众的利益。

（八）教育党员和群众自觉抵制不良倾向，坚决同各种违纪违法行为作斗争。

第三十三条　街道、乡、镇党的基层委员会和村、社区党组织，统一领导本地区基层各类组织和各项工作，加强基层社会治理，支持和保证行政组织、经济组织和群众性自治组织充分行使职权。

国有企业党委（党组）发挥领导作用，把方向、管大局、保落实，依照规定讨论和决定企业重大事项。国有企业和集体企业中党的基层组织，围绕企业生产经营开展工作。保证监督党和国家的方针、政策在本企业的贯彻执行；支持股东会、董事会、监事会和经理（厂长）依法行使职权；全心全意依靠职工群众，支持职工代表大会开展工作；参与企业重大问题的决策；加强党组织的自身建设，领导思想政治工作、精神文明建设、统一战线工作和工会、共青团、妇女组织等群团组织。

非公有制经济组织中党的基层组织，贯彻党的方针政策，引导和监督企业遵守国家的法律法规，领导工会、共青团等群团组织，团结凝聚职工群众，维护各方的合法权益，促进企业健康发展。

社会组织中党的基层组织，宣传和执行党的路线、方针、政策，领导工会、共青团等群团组织，教育管理党员，引领服务群众，推动事业发展。

实行行政领导人负责制的事业单位中党的基层组织，发挥战斗堡垒作用。实行党委领导下的行政领导人负责制的事业单位中党的基层组织，对重大问题进行讨论和作出决定，同时保证行政领导人充分行使自己的职权。

各级党和国家机关中党的基层组织，协助行政负责人完成任务，改进工作，对包括行政负责人在内的每个党员进行教育、管理、监督，不领导本单位的业务工作。

第三十四条 党支部是党的基础组织，担负直接教育党员、管理党员、监督党员和组织群众、宣传群众、凝聚群众、服务群众的职责。

第六章 党的干部

第三十五条 党的干部是党的事业的骨干，是人民的公仆，要做到忠诚干净担当。党按照德才兼备、以德为先的原则选拔干部，坚持五湖四海、任人唯贤，坚持事业为上、公道正派，反对任人唯亲，努力实现干部队伍的革命化、年轻化、知识化、专业化。

党重视教育、培训、选拔、考核和监督干部，特别是培养、选拔优秀年轻干部。积极推进干部制度改革。

党重视培养、选拔女干部和少数民族干部。

第三十六条 党的各级领导干部必须信念坚定、为民服务、勤政务实、敢于担当、清正廉洁，模范地履行本章程第三条所规定的党员的各项义务，并且必须具备以下的基本条件：

（一）具有履行职责所需要的马克思列宁主义、毛泽东思想、邓小平理论、“三个代表”重要思想、科学发展观的水平，带头贯彻落实习近平新时代中国特色社会主义思想，努力用马克思主义的立场、观点、方法分析和解决实际问题，坚持讲学习、讲政治、讲正气，经得起各种风浪的考验。

（二）具有共产主义远大理想和中国特色社会主义坚定信念，坚决执行党的基本路线和各项方针、政策，立志改革开放，献身现代化事业，在社会主义建设中艰苦创业，树立正确政绩观，做出经得起实践、人民、历史检验的实绩。

（三）坚持解放思想，实事求是，与时俱进，开拓创新，认真调查研究，能够把党的方针、政策同本地区、本部门的实际相结合，卓有成效地开展工作，讲实话，办实事，求实效。

（四）有强烈的革命事业心和政治责任感，有实践经验，有胜任领导工作的组织能力、文化水平和专业知识。

（五）正确行使人民赋予的权力，坚持原则，依法办事，清正廉洁，勤政为民，以身作则，艰苦朴素，密切联系群众，坚持党的群众路线，自觉地接受党和群众的批评和监督，加强道德修养，讲党性、重品行、作表率，做到自重、自省、自警、自励，反对形式主义、官僚主义、享乐主义和奢靡之风，反对特权思想和特权现象，反对任何滥用职权、谋求私利的行为。

（六）坚持和维护党的民主集中制，有民主作风，有全局观念，善于团结同志，包括团结同自己有不同意见的同志一道工作。

第三十七条　党员干部要善于同党外干部合作共事，尊重他们，虚心学习他们的长处。

党的各级组织要善于发现和推荐有真才实学的党外干部担任领导工作，保证他们有职有权，充分发挥他们的作用。

第三十八条　党的各级领导干部，无论是由民主选举产生的，或是由领导机关任命的，他们的职务都不是终身的，都可以变动或解除。

年龄和健康状况不适宜于继续担任工作的干部，应当按照国家的规定退、离休。

第七章　党的纪律

第三十九条　党的纪律是党的各级组织和全体党员必须遵守的行为规则，是维护党的团结统一、完成党的任务的保证。党组织必须严格执行和维护党的纪律，共产党员必须自觉接受党的纪律的约束。

第四十条　党的纪律主要包括政治纪律、组织纪律、廉洁纪律、群众纪律、工作纪律、生活纪律。

坚持惩前毖后、治病救人，执纪必严、违纪必究，抓早抓小、防微杜渐，按照错误性质和情节轻重，给以批评教育、责令检查、诫勉直至纪律处分。运用监督执纪“四种形态”，让“红红脸、出出汗”成为常态，党纪处分、组织调整成为管党治党的重要手段，严重违纪、严重触犯刑律的党员必须开除党籍。

党内严格禁止用违反党章和国家法律的手段对待党员，严格禁止打击报复和诬告陷害。违反这些规定的组织或个人必须受到党的纪律和国家法律的追究。

第四十一条　对党员的纪律处分有五种：警告、严重警告、撤销党内职务、留党察看、开除党籍。

留党察看最长不超过两年。党员在留党察看期间没有表决权、选举权和被选举权。党员经过留党察看，确已改正错误的，应当恢复其党员的权利；坚持错误不改的，应当开除党籍。

开除党籍是党内的最高处分。各级党组织在决定或批准开除党员党籍的时候，应当全面研究有关的材料和意见，采取十分慎重的态度。

第四十二条　对党员的纪律处分，必须经过支部大会讨论决定，报党的基层委员会批准；如果涉及的问题比较重要或复杂，或给党员以开除党籍的处分，应分别不同情况，报县级或县级以上党的纪律检查委员会审查批准。在特殊情况下，县级和县级以上各级党的委员会和纪律检查委员会有权直接决定给党员以纪律处分。

对党的中央委员会委员、候补委员，给以警告、严重警告处分，由中央纪律检查委员会常务委员会审议后，报党中央批准。对地方各级党的委员会委员、候补委员，给以警告、严重警告处分，应由上一级纪律检查委员会批准，并报它的同级党的委员会备案。

对党的中央委员会和地方各级委员会的委员、候补委员，给以撤销党内职务、留党察看或开除党籍的处分，必须由本人所在的委员会全体会议三分之二以上的多数决定。在全体会议闭会期间，可以先由中央政治局和地方各级委员会常务委员会作出处理决定，待召开委员会全体会议时予以追认。对地方各级委员会委员和候补委员的上述处分，必须经过上级纪律检查委员会常务委员会审议，由这一级纪律检查委员会报同级党的委员会批准。

严重触犯刑律的中央委员会委员、候补委员，由中央政治局决定开除其党籍；严重触犯刑律的地方各级委员会委员、候补委员，由同级委员会常务委员会决定开除其党籍。

第四十三条　党组织对党员作出处分决定，应当实事求是地查清事实。处分决定所依据的事实材料和处分决定必须同本人见面，听取本人说明情况和申辩。如果本人对处分决定不服，可以提出申诉，有关党组织必须负责处理或者迅速转递，不得扣压。对于确属坚持错误意见和无理要求的人，要给以批评教育。

第四十四条　党组织如果在维护党的纪律方面失职，必须问责。

对于严重违犯党的纪律、本身又不能纠正的党组织，上一级党的委员会在查明核实后，应根据情节严重的程度，作出进行改组或予以解散的决定，并报再上一级党的委员会审查批准，正式宣布执行。

第八章　党的纪律检查机关

第四十五条　党的中央纪律检查委员会在党的中央委员会领导下进行工作。党的地方各级纪律检查委员会和基层纪律检查委员会在同级党的委员会和上级纪律检查委员会双重领导下进行工作。上级党的纪律检查委员会加强对下级纪律检查委员会的领导。

党的各级纪律检查委员会每届任期和同级党的委员会相同。

党的中央纪律检查委员会全体会议，选举常务委员会和书记、副书记，并报党的中央委员会批准。党的地方各级纪律检查委员会全体会议，选举常务委员会和书记、副书记，并由同级党的委员会通过，报上级党的委员会批准。党的基层委员会是设立纪律检查委员会，还是设立纪律检查委员，由它的上一级党组织根据具体情况决定。党的总支部委员会和支部委员会设纪律检查委员。

党的中央和地方纪律检查委员会向同级党和国家机关全面派驻党的纪律检查组，按照规定向有关国有企业、事业单位派驻党的纪律检查组。纪律检查组组长参加驻在单位党的领导组织的有关会议。他们的工作必须受到该单位党的领导组织的支持。

第四十六条　党的各级纪律检查委员会是党内监督专责机关，主要任务是：维护党的章程和其他党内法规，检查党的路线、方针、政策和决议的执行情况，协助党的委员会推进全面从严治党、加强党风建设和组织协调反腐败工作，推动完善党和国家监督体系。

党的各级纪律检查委员会的职责是监督、执纪、问责，要经常对党员进行遵守纪律的教育，作出关于维护党纪的决定；对党的组织和党员领导干部履行职责、行使权力进行监督，受理处置党员群众检举举报，开展谈话提醒、约谈函询；检查和处理党的组织和党员违反党的章程和其他党内法规的比较重要或复杂的案件，决定或取消对这些案件中的党员的处分；进行问责或提出责任追究的建议；受理党员的控告和申诉；保障党员的权利。

各级纪律检查委员会要把处理特别重要或复杂的案件中的问题和处理的结果，向同级党的委员会报告。党的地方各级纪律检查委员会和基层纪律检查委员会要同时向上级纪律检查委员会报告。

各级纪律检查委员会发现同级党的委员会委员有违犯党的纪律的行为，可以先进行初步核实，如果需要立案检查的，应当在向同级党的委员会报告的同时向上一级纪律检查委员会报告；涉及常务委员的，报告上一级纪律检查委员会，由上一级纪律检查委员会进行初步核实，需要审查的，由上一级纪律检查委员会报它的同级党的委员会批准。

第四十七条 上级纪律检查委员会有权检查下级纪律检查委员会的工作，并且有权批准和改变下级纪律检查委员会对于案件所作的决定。如果所要改变的该下级纪律检查委员会的决定，已经得到它的同级党的委员会的批准，这种改变必须经过它的上一级党的委员会批准。

党的地方各级纪律检查委员会和基层纪律检查委员会如果对同级党的委员会处理案件的决定有不同意见，可以请求上一级纪律检查委员会予以复查；如果发现同级党的委员会或它的成员有违犯党的纪律的情况，在同级党的委员会不给予解决或不给予正确解决的时候，有权向上级纪律检查委员会提出申诉，请求协助处理。

第九章 党　　组

第四十八条 在中央和地方国家机关、人民团体、经济组织、文化组织和其他非党组织的领导机关中，可以成立党组。党组发挥领导作用。党组的任务，主要是负责贯彻执行党的路线、方针、政策；加强对本单位党的建设的领导，履行全面从严治党责任；讨论和决定本单位的重大问题；做好干部管理工作；讨论和决定基层党组织设置调整和发展党员、处分党员等重要事项；团结党外干部和群众，完成党和国家交给的任务；领导机关和直属单位党组织的工作。

第四十九条 党组的成员，由批准成立党组的党组织决定。党组设书记，必要时还可以设副书记。

党组必须服从批准它成立的党组织领导。

第五十条 在对下属单位实行集中统一领导的国家工作部门和有关单位的领导机关中，可以建立党委，党委的产生办法、职权和工作任务，由中央另行规定。

第十章　党和共产主义青年团的关系

第五十一条　中国共产主义青年团是中国共产党领导的先进青年的群团组织，是广大青年在实践中学习中国特色社会主义和共产主义的学校，是党的助手和后备军。共青团中央委员会受党中央委员会领导。共青团的地方各级组织受同级党的委员会领导，同时受共青团上级组织领导。

第五十二条　党的各级委员会要加强对共青团的领导，注意团的干部的选拔和培训。党要坚决支持共青团根据广大青年的特点和需要，生动活泼地、富于创造性地进行工作，充分发挥团的突击队作用和联系广大青年的桥梁作用。

团的县级和县级以下各级委员会书记，企业事业单位的团委员会书记，是党员的，可以列席同级党的委员会和常务委员会的会议。

第十一章　党 徽 党 旗

第五十三条　中国共产党党徽为镰刀和锤头组成的图案。

第五十四条　中国共产党党旗为旗面缀有金黄色党徽图案的红旗。

第五十五条　中国共产党的党徽党旗是中国共产党的象征和标志。党的各级组织和每一个党员都要维护党徽党旗的尊严。要按照规定制作和使用党徽党旗。

中国共产党巡视工作条例

1. 2015 年 6 月 26 日中共中央政治局会议审议批准，2015 年 8 月 3 日中共中央发布

2. 2024 年 1 月 31 日中共中央政治局会议第二次修订，2024 年 2 月 8 日中共中央发布

第一章　总　　则

第一条　为了坚持和加强党对巡视工作的全面领导，推进新时代巡视工作高质量发展，根据《中国共产党章程》，制定本条例。

第二条　巡视工作是上级党组织对下级党组织履行党的领导职能责任的政治监督，根本任务是坚决维护习近平总书记党中央的核心、全党的核心地位，坚决维护以习近平同志为核心的党中央权威和集中统一领导。

巡视工作坚持发现问题、形成震慑，推动改革、促进发展的方针。

第三条 巡视工作以马克思列宁主义、毛泽东思想、邓小平理论、“三个代表”重要思想、科学发展观、习近平新时代中国特色社会主义思想为指导，深入贯彻落实习近平总书记关于党的自我革命的重要思想，深刻领悟“两个确立”的决定性意义，增强“四个意识”、坚定“四个自信”、做到“两个维护”，尊崇党章，依规治党，全面贯彻党的巡视工作方针，推进政治监督具体化、精准化、常态化，发挥政治巡视利剑作用，加强巡视整改和成果运用，促进完善党和国家监督体系、健全全面从严治党体系，为深入推进党的自我革命、解决大党独有难题提供有力保障，确保党始终成为中国特色社会主义事业的坚强领导核心。

第四条 巡视工作遵循下列原则：

（一）坚持党中央集中统一领导、分级负责；

（二）坚持围绕中心、服务大局；

（三）坚持人民立场、贯彻群众路线；

（四）坚持问题导向、发扬斗争精神；

（五）坚持实事求是、依规依纪依法。

第二章 组织领导和机构职责

第五条 巡视工作在党中央集中统一领导下，实行党组织分级负责、巡视机构组织实施、纪检监察机关和组织部门协助、有关职能部门支持、被巡视党组织配合、人民群众参与的体制机制。

第六条 党的中央和省、自治区、直辖市委员会实行巡视制度，设立巡视机构，在一届任期内，对所管理的地方、部门、企事业单位党组织实现巡视全覆盖。

中央有关部委、中央国家机关部门党组（党委）和中管金融企业、中管企业、中管高校等党委（党组）根据工作需要，开展巡视工作，设立巡视机构，原则上按照党组织隶属关系和干部管理权限，对下一级单位党组织进行巡视监督。

第七条 开展巡视工作的党组织应当把巡视作为推进全面从严治党、履行全面监督职责的重要抓手，承担巡视工作的主体责任。主要职责是：

（一）贯彻落实党中央关于巡视工作的决策部署和习近平总书记关于巡视工作的重要指示要求；

（二）研究部署巡视工作的重大事项，按照权限制定巡视工作党内法规和规范性文件；

（三）审定巡视工作规划、年度计划和阶段任务安排，统筹谋划推进巡视全覆盖，定期听取巡视工作汇报；

（四）统筹加强巡视整改和成果运用；

（五）统筹构建巡视巡察上下联动工作格局；

（六）发挥巡视综合监督平台作用，推动巡视监督与其他监督贯通协调；

（七）统筹加强巡视机构和干部队伍建设；

（八）研究决定巡视工作其他重要事项。

党组织主要负责人承担巡视工作第一责任人责任。

第八条　开展巡视工作的党组织设立巡视工作领导小组。巡视工作领导小组向同级党组织负责并报告工作。

中央巡视工作领导小组组长由中央纪律检查委员会书记担任，副组长一般由中央组织部部长和中央纪律检查委员会分管日常工作的副书记担任。

省、自治区、直辖市党委巡视工作领导小组组长由同级党的纪律检查委员会书记担任，副组长一般由同级党委组织部部长担任。

中央有关部委、中央国家机关部门党组（党委）和中管金融企业、中管企业、中管高校等党委（党组）巡视工作领导小组组长一般由党组、党委书记（包括不设党组、党委的单位领导班子主要负责人）担任，副组长一般由党组、党委分管有关工作的领导班子成员和纪检监察机构主要负责人担任。

第九条　巡视工作领导小组的主要职责是：

（一）贯彻落实党中央决策部署和同级党组织工作要求；

（二）研究提出巡视工作规划、年度计划和阶段任务安排，组织实施巡视全覆盖；

（三）听取巡视工作领导小组办公室、巡视组工作汇报；

（四）向同级党组织报告巡视工作情况；

（五）在同级党组织领导下，组织开展巡视反馈、通报和移交工作，督促推动有关责任主体落实巡视整改和成果运用责任；

（六）指导下级党组织巡视巡察工作；

（七）推动巡视监督与其他监督贯通协调；

（八）推进巡视干部队伍建设，对巡视组进行管理和监督；

（九）研究处理巡视工作其他重要事项。

第十条 中央巡视工作领导小组办公室是中央巡视工作领导小组的日常办事机构，设在中央纪律检查委员会。

省、自治区、直辖市党委巡视工作领导小组办公室为党委工作部门，承担党委巡视工作领导小组日常工作，设在同级党的纪律检查委员会。

中央有关部委、中央国家机关部门党组（党委）和中管金融企业、中管企业、中管高校等党委（党组）巡视工作领导小组办公室可以单独设立，也可以与内设机构合署办公，应当配备相应专职人员，承担党组、党委巡视工作领导小组日常工作。

第十一条 巡视工作领导小组办公室的主要职责是：

（一）贯彻落实党中央决策部署和同级党组织及其巡视工作领导小组的工作要求，对有关决定事项进行督办；

（二）向巡视工作领导小组报告工作情况和重要事项；

（三）统筹、协调、指导、保障巡视组开展工作；

（四）负责巡视整改和成果运用的统筹协调、跟踪督促、汇总报告；

（五）负责对下级巡视巡察机构进行指导；

（六）负责协调有关机关、部门协助、支持巡视工作，推动建立巡视监督与其他监督贯通协调的具体机制；

（七）负责巡视工作理论研究、政策调研、制度建设、信息化建设等工作；

（八）配合有关部门加强对巡视干部的教育、培训、考核、管理和监督；

（九）负责巡视工作领导小组办公室和巡视组党建工作；

（十）办理巡视工作领导小组交办的其他事项。

第十二条 开展巡视工作的党组织设立巡视组。

巡视组分别设组长、副组长、巡视专员和其他职位。巡视组组长、副组长的具体人选根据每次巡视任务确定并授权。

巡视组应当按照民主集中制原则研究讨论决定重大事项。组长全面负责本组工作，副组长协助组长开展工作。

第十三条 巡视组的主要职责是：

（一）根据同级党组织及其巡视工作领导小组的部署要求开展巡视；

（二）向巡视工作领导小组报告巡视情况，提出意见建议；

（三）向被巡视党组织反馈巡视意见，向纪检监察机关、组织部门和有关单位移交巡视发现的问题和问题线索，参与推动巡视整改和成果运用；

（四）对巡视组干部进行日常教育、管理和监督；

（五）办理巡视工作领导小组交办的其他事项。

第十四条 纪检监察机关、组织部门应当协助同级党组织开展巡视工作，宣传、统战、政法、保密、审计、财政、统计、信访等部门和单位应当支持巡视工作，协同做好人员选派、情况通报、政策咨询、问题研判、措施配合、整改监督、成果运用等工作。

纪检监察机关派驻机构应当依据有关规定，协助驻在单位（含综合监督单位）党组、党委开展巡视工作。

第十五条 被巡视党组织领导班子及其成员应当自觉接受巡视监督，积极配合巡视工作。

党员、干部有义务向巡视组如实反映情况。

第三章 巡视对象和内容

第十六条 中央巡视对象是：

（一）省、自治区、直辖市党委及其领导班子，省、自治区、直辖市人大常委会、政府、政协党组，省、自治区、直辖市高级人民法院、人民检察院党组主要负责人，副省级城市党委和人大常委会、政府、政协党组主要负责人；

（二）中央部委领导班子，中央国家机关部门、人民团体党组（党委）；

（三）中管金融企业、中管企业、中管高校以及其他中管单位党委（党组）；

（四）党中央要求巡视的其他党组织。

第十七条 省、自治区、直辖市党委巡视对象是：

（一）市（地、州、盟）、县（市、区、旗）党委及其领导班子，市（地、州、盟）、县（市、区、旗）人大常委会、政府、政协党组，市（地、州、盟）中级人民法院、人民检察院和县（市、区、旗）人民法院、人民检察院党组主要负责人；

（二）省、自治区、直辖市党委工作部门领导班子，省一级国家机关部门、人民团体党组（党委）；

（三）省、自治区、直辖市管理的国有企业、事业单位党委（党组）；

（四）省、自治区、直辖市党委要求巡视的其他党组织。

第十八条 巡视工作应当紧盯权力和责任加强政治监督，严明政治纪律和政治规矩，重点检查下列情况：

（一）落实党的理论和路线方针政策、党中央重大决策部署特别是贯彻习近平总书记重要讲话和重要指示批示精神的情况，执行党章和其他党内法规、履行职能责任的情况，落实意识形态工作责任制的情况；

（二）落实全面从严治党主体责任和监督责任、推进党风廉政建设和反腐败斗争的情况，领导干部树立和践行正确政绩观、加强作风建设、落实中央八项规定及其实施细则精神、廉洁自律的情况；

（三）落实新时代党的组织路线，贯彻执行民主集中制，加强领导班子和干部人才队伍建设、基层党组织和党员队伍建设的情况；

（四）落实巡视监督以及审计、财会、统计等其他监督发现问题整改的情况；

（五）开展巡视工作的党组织要求了解的其他情况。

第十九条 巡视工作应当加强对被巡视党组织主要负责人的监督，重点检查其对党忠诚、履行全面从严治党第一责任人责任、依规依法履职用权、担当作为、廉洁自律等情况，对反映的重要问题进行深入了解，形成专题材料。

第二十条 开展巡视工作的党组织根据工作需要，采取常规巡视、专项巡视、机动巡视、“回头看”等方式组织开展巡视监督，必要时可以提级巡视。

第四章 工作程序、方式和权限

第二十一条 巡视组开展巡视前，根据工作需要，应当听取同级纪检监察机关和组织、宣传、统战、政法、保密、审计、财政、统计、信访等部门和单位关于被巡视党组织领导班子及其成员的有关情况通报。

第二十二条　巡视组进驻后，应当向被巡视党组织通报巡视任务，按照规定的工作方式和权限，开展巡视了解工作。

巡视组对反映被巡视党组织领导班子及其成员的重要问题和问题线索，应当进行深入了解。

第二十三条　巡视组采取下列方式了解情况：

（一）听取被巡视党组织的工作汇报和有关机关、部门的专题汇报；

（二）与被巡视党组织领导班子成员和其他干部群众进行个别谈话；

（三）受理反映被巡视党组织领导班子及其成员和下一级党组织领导班子主要负责人问题的来信、来电、来访等；

（四）抽查核实领导干部报告个人有关事项的情况；

（五）向有关知情人询问情况；

（六）调阅、复制有关文件、档案、会议记录等资料；

（七）召开座谈会；

（八）列席有关会议；

（九）进行民主测评、问卷调查；

（十）下沉调研了解情况；

（十一）开展专项检查；

（十二）提请有关单位予以协助；

（十三）开展巡视工作的党组织批准的其他方式。

第二十四条　巡视组应当严格执行请示报告制度，对巡视工作中的重要情况和重大问题及时向巡视工作领导小组请示报告。

巡视组依靠被巡视党组织开展工作，不干预被巡视党组织的正常工作，不履行执纪审查的职责。

第二十五条　巡视期间，对干部群众反映强烈、明显违反政策规定并属于被巡视党组织职权范围、能够及时解决的问题，巡视组应当按程序督促被巡视党组织立行立改。

巡视期间，对反映集中的党员、干部涉嫌违纪违法的问题线索，巡视组可以按程序移交有关纪检监察机关及时处置。

第二十六条　巡视组对了解的重要情况和问题，应当形成巡视报告；对普遍性、倾向性问题和体制机制等方面的重大问题，可以形成专题报告。

巡视组对巡视报告、专题报告等反映的问题，应当制作底稿。

巡视组对巡视报告反映的重要问题、提出的整改建议，应当按规定与被巡视党组织主要负责人进行沟通、听取其意见；对巡视报告反映的重要政策性问题，可以与有关职能部门进行沟通、听取其意见。

第二十七条　巡视工作领导小组应当及时听取巡视组的巡视情况汇报，研究提出巡视整改和成果运用的意见建议，报同级党组织决定。

第二十八条　开展巡视工作的党组织应当及时听取巡视工作领导小组有关情况汇报，研究并决定巡视整改和成果运用事项。必要时，可以直接听取巡视组的巡视情况汇报。

第二十九条　经同级党组织同意后，巡视工作领导小组应当及时组织向被巡视党组织领导班子及其主要负责人分别反馈巡视情况，指出问题，有针对性地提出整改意见。

根据同级党组织及其巡视工作领导小组要求，巡视工作领导小组办公室将巡视的有关情况通报有关职能部门及其分管领导。

第三十条　对巡视发现的问题和反映党员、干部涉嫌违纪违法的问题线索，巡视工作领导小组办公室和巡视组依据干部管理权限和职责分工，按程序分别移交纪检监察机关、组织部门或者有关单位。

对巡视发现的普遍性、倾向性问题和体制机制等方面的重大问题，可以采取制发巡视建议书或者其他适当方式，向有关职能部门提出加强监管、健全制度、深化改革等意见建议。

第三十一条　巡视进驻、反馈、整改等情况，应当以适当方式公开，接受党员、干部和人民群众监督。

第五章　巡视整改和成果运用

第三十二条　开展巡视工作的党组织应当加强对巡视整改和成果运用的组织领导，定期听取巡视整改和成果运用情况汇报。

党组织领导班子成员应当结合职责分工，统筹抓好分管领域的巡视整改和成果运用。

第三十三条　被巡视党组织承担巡视整改主体责任，应当把整改作为履行管党治党责任、推动高质量发展的重要抓手，融入日常工作、融入深化改革、融入全面从严治党、融入领导班子和干部队伍建设。

党组织主要负责人承担巡视整改第一责任人责任，领导班子其他成员承担“一岗双责”。

党组织主要负责人和领导班子其他成员有调整的，应当做好巡视整改交接工作，持续落实整改责任。

第三十四条　被巡视党组织应当自收到巡视反馈意见之日起，组织开展为期6个月的集中整改：

（一）研究制定巡视整改方案，建立问题清单、任务清单、责任清单，明确责任人、整改措施和时限；

（二）召开领导班子巡视整改专题民主生活会；

（三）全面抓好巡视反馈问题的整改落实；

（四）认真处置巡视移交的问题线索以及群众反映的信访事项；

（五）对巡视反馈的问题举一反三，健全制度、补齐短板、堵塞漏洞；

（六）向开展巡视工作的党组织的同级纪检监察机关、组织部门、巡视工作领导小组办公室报送集中整改进展情况报告。

集中整改结束后，被巡视党组织应当建立常态化、长效化整改工作机制，对尚未解决的问题持续抓好整改落实，根据工作实际适时报告后续整改情况。

第三十五条　开展巡视工作的党组织的同级纪检监察机关承担巡视整改监督责任，全面监督被巡视党组织落实巡视整改任务。主要职责是：

（一）对被巡视党组织制定的巡视整改方案进行审核把关，列席巡视整改专题民主生活会；

（二）建立巡视整改监督台账，综合运用听取汇报、召开推进会议、专题会商、调研督导、现场检查、开展整改评估、谈话提醒、约谈函询、提出纪检监察建议等方式加强日常监督；

（三）对巡视发现的全面从严治党等方面的突出问题督促推动开展集中整治、专项治理；

（四）依规依纪依法处置巡视移交的问题线索，自收到移交问题线索之日起6个月内，向巡视工作领导小组办公室反馈处置进展情况；

（五）牵头审核被巡视党组织的集中整改进展情况报告；

（六）指导派驻（派出）机构和下级纪检监察机关加强对被巡视党组织落实巡视整改情况的监督；

（七）通过巡视工作领导小组办公室向巡视工作领导小组报送巡视整改监督情况。

纪检监察机关派驻机构应当依据有关规定，将驻在单位（含综合监督单位）党组、党委开展巡视发现问题的整改情况纳入日常监督，推动整改落实。

第三十六条 开展巡视工作的党组织的组织部门结合职责履行巡视整改监督责任，监督被巡视党组织落实巡视整改任务。主要职责是：

（一）参与对被巡视党组织制定的巡视整改方案进行审核把关，列席巡视整改专题民主生活会；

（二）督促被巡视党组织落实新时代党的组织路线方面问题的整改，加强日常监督，对突出问题组织开展集中整治、专项治理；

（三）把巡视整改落实情况纳入被巡视党组织领导班子和领导干部年度考核重要内容，把巡视发现的问题以及整改落实情况作为领导班子建设和干部考核评价、选拔任用、管理监督的重要参考；

（四）对巡视移交的领导班子建设、贯彻执行民主集中制、干部选拔任用、人才队伍建设、基层党组织和党员队伍建设、干部担当作为等方面问题依规处置，自收到移交问题之日起6个月内，向巡视工作领导小组办公室反馈处置进展情况；

（五）审核被巡视党组织的集中整改进展情况报告中涉及新时代党的组织路线方面的内容；

（六）指导下级组织部门加强对被巡视党组织落实巡视整改情况的监督；

（七）通过巡视工作领导小组办公室向巡视工作领导小组报送巡视整改监督情况。

第三十七条 有关职能部门应当结合职责运用巡视成果，针对巡视通报的问题和移交的工作建议，加强调查研究，提出改进措施，推动改革、完善制度、深化治理，并自通报和移交之日起6个月内，向巡视工作领导小组办公室反馈办理进展情况。

第三十八条 巡视机构应当加强对巡视整改和成果运用的统筹督促，推动建立巡视整改会商、评估、问责等机制。

巡视机构应当向同级党组织报告巡视整改和成果运用的综合情况，对整改不到位的突出问题，推动有关机关、部门对有关党组织和责任人严肃问责。

第六章 队伍建设

第三十九条 开展巡视工作的党组织应当加强对巡视干部队伍建设的整体谋划，结合巡视工作特点建立健全制度机制，建设高素质专业化干部队伍。

选优配强巡视组组长、副组长，配备与巡视任务相适应的专职干部，防止照顾性安排。加强巡视干部规范管理，加大教育培训、轮岗交流力度。

重视在巡视岗位发现、培养、锻炼干部，有计划地安排优秀年轻干部、新提拔干部到巡视岗位锻炼，并将参加巡视工作的经历和表现，作为干部考核评价、选拔任用的参考。

第四十条　巡视干部应当具备下列条件：

（一）理想信念坚定，对党忠诚，自觉在思想上政治上行动上同以习近平同志为核心的党中央保持高度一致；

（二）坚持原则，敢于斗争，担当作为，依法办事，公道正派，清正廉洁；

（三）模范遵守党的纪律和国家法律法规，严守党和国家的秘密；

（四）具有履行巡视监督职责的专业知识和较强的发现问题、沟通协调、文字综合等能力；

（五）具有正常履行职责的身体条件和心理素质。

抽调人员参加巡视工作，应当按照上述条件，严把政治关、品行关、能力关、作风关、廉洁关，按程序征求党风廉政意见。

对不适合从事巡视工作的人员，应当及时予以调整。

第四十一条　巡视机构应当加强作风建设和纪律建设，督促巡视干部严守政治纪律和政治规矩，严格落实中央八项规定及其实施细则精神，带头反对形式主义、官僚主义、享乐主义和奢靡之风，严格执行巡视工作纪律，做到忠诚干净担当、敢于善于斗争。

第四十二条　巡视机构、巡视干部应当自觉接受党组织监督、民主监督、群众监督等各方面监督，带头强化自我监督。建立健全内控机制，加强对巡视干部特别是巡视组组长、副组长等关键岗位人员的监督，严格执行回避、保密、重大事项请示报告、作风纪律评估等制度规定，依规依纪依法开展巡视工作。

任何单位和个人对巡视机构、巡视干部的违规违纪违法行为有权提出检举、控告。

第七章　责任追究

第四十三条　开展巡视工作的党组织及其巡视工作领导小组领导巡视工

作不力，发生严重问题的，依据有关规定追究有关责任人员的责任。

第四十四条　有关机关、部门和单位违反规定不协助、支持巡视工作，造成严重后果的，依据有关规定追究有关责任人员的责任。

第四十五条　巡视工作人员有下列情形之一的，视情节轻重，依据有关规定给予批评教育、责令检查、诫勉、组织处理或者党纪、政务处分；构成犯罪的，依法追究刑事责任：

（一）对应当发现的重要问题没有发现；

（二）不如实报告巡视情况，隐瞒、歪曲、捏造事实；

（三）私自留存巡视工作资料，泄露与巡视工作有关的国家秘密、工作秘密、商业秘密和个人隐私等未公开信息；

（四）工作中超越权限，造成不良后果；

（五）利用巡视工作的便利谋取私利或者为他人谋取不正当利益；

（六）违反巡视工作纪律的其他行为。

第四十六条　被巡视党组织及其工作人员有下列情形之一的，视情节轻重，依据有关规定对该党组织领导班子主要负责人或者其他有关责任人员，给予批评教育、责令检查、诫勉、组织处理或者党纪、政务处分；构成犯罪的，依法追究刑事责任：

（一）隐瞒不报或者故意向巡视组提供虚假情况；

（二）拒绝或者不按照要求向巡视组提供有关文件资料；

（三）指使、强令有关单位或者人员干扰、阻挠巡视工作，或者诬告、陷害他人；

（四）组织领导巡视整改不力，落实巡视整改要求不到位，敷衍应付、虚假整改；

（五）对反映问题的干部群众进行威胁、打击、报复、陷害；

（六）其他不配合或者干扰巡视工作的情形。

第八章　巡 察 工 作

第四十七条　党的市（地、州、盟）和县（市、区、旗）委员会建立巡察制度，设立巡察机构，在一届任期内，对所管理的党组织实现巡察全覆盖。

其他党组织需要开展巡察工作的，应当通过上级党委（党组）巡视工作领导小组报党委（党组）批准。

第四十八条　市（地、州、盟）党委巡察对象是：党委工作部门领导班子，市一级国家机关部门、人民团体党组（党委），市（地、州、盟）管理的国有企业、事业单位党组织，以及党委要求巡察的其他党组织。

县（市、区、旗）党委巡察对象是：党委工作部门领导班子，县一级国家机关部门、人民团体党组（党委），县（市、区、旗）管理的国有企业、事业单位党组织，所辖的乡镇（街道）、村（社区）党组织，以及党委要求巡察的其他党组织。

第四十九条　巡察工作应当坚守政治监督定位，聚焦党中央决策部署在基层落实情况、群众身边不正之风和腐败问题、基层党组织和党员队伍建设、巡察整改和成果运用等加强监督检查。

第五十条　巡察工作的组织领导和机构职责、工作程序和方式权限、整改和成果运用、队伍建设、责任追究等，参照本条例关于巡视工作的规定，结合实际确定。

第九章　附　　则

第五十一条　中国人民解放军和中国人民武装警察部队的党组织实行巡视制度的规定，由中央军委参照本条例制定。

第五十二条　本条例由中央巡视工作领导小组办公室负责解释。

第五十三条　本条例自发布之日起施行。此前发布的其他有关巡视工作的规定，凡与本条例不一致的，按照本条例执行。

省、自治区、直辖市党委对县（市、区、旗）巡视工作实施办法

中共中央纪律检查委员会、中共中央组织部2012年8月2日印发

第一条　为加强对县（市、区、旗）（以下简称县）党组织领导班子及其成员的监督，规范省、自治区、直辖市党委对县巡视工作，根据《中国共产党巡视工作条例（试行）》，制定本办法。

第二条　省、自治区、直辖市党委在每届任期内对县至少巡视1次。对较长时间没有巡视或者群众反映问题较多的县应当先行安排巡视。

第三条　对一个县的集中巡视时间一般为1个月左右。根据被巡视县的

地域、人口、经济社会发展等实际情况，巡视时间可作适当调整，对问题较多、情况复杂的县可以延长巡视时间。

第四条 对县巡视工作应当和对市（地、州、盟）（以下简称市）巡视工作有机结合。对市及所辖县的巡视工作，可安排同一巡视组，采取市县同步（先县后市或者先市后县）等方式进行。

第五条 省、自治区、直辖市党委巡视工作领导小组（以下简称领导小组）要把对县巡视列入重要议程，审议决定工作规划、计划和方案，听取巡视情况汇报（原则上在每批巡视结束后30个工作日内进行），研究提出巡视成果运用的意见建议，向省、自治区、直辖市党委报告巡视工作情况以及巡视发现的重要问题，研究处理对县巡视工作中的其他重要事项。

第六条 对县巡视的重点是县委书记、县长以及县委、县政府党组领导班子。对群众反映强烈的其他领导干部也应适当进行了解。

第七条 巡视组按照《中国共产党巡视工作条例（试行）》第十二条所列内容进行监督，同时深入了解保障和改善民生、维护社会稳定情况及群众关心、社会关注的热点难点问题和损害群众利益的突出问题。根据不同时期党和国家及省、自治区、直辖市的重点工作与被巡视县的实际情况，巡视内容可以有所侧重。

第八条 巡视组要把发现问题、推动解决问题、促进工作作为开展工作的根本目的，按照《中国共产党巡视工作条例（试行）》第二十条规定的工作方式开展巡视。注重深入乡镇（街道）、村（社区）、企业事业单位等进行走访调研，必要时可进行暗访；拓宽信息来源，广泛收集相关社会舆论、网络舆情和新闻媒体报道等；高度重视群众来信来访，适当扩大谈话范围；科学组织民主测评和问卷调查，从整体上把握干部群众对领导班子及其成员的评价。

第九条 巡视组在巡视期间发现的重要情况和重大问题，要及时向领导小组报告；对群众反映强烈、明显违反规定并且能够及时解决的问题，报经领导小组同意并听取被巡视县所在的市委意见后，向被巡视县党组织或者其主要负责人提出处理意见，并督促及时进行整改。

第十条 巡视了解工作结束后，巡视组要写出巡视报告，并向领导小组汇报。汇报的重点是巡视中了解的重要情况和突出问题，以及提出的意见建议。对干部群众反映、举报领导班子及其成员的重要问题，都要以适当的形式向领导小组有关负责同志汇报。对了解到的影响经济社会发展和党的建设方面的重大问题，或者涉及重大政策调整、体制机制改革方面的问题，要形成专题报告，经领导小组审议同意后报送省、自治区、直辖市党委。

第十一条　巡视报告经领导小组同意后，巡视组要及时向被巡视县领导班子反馈巡视期间了解的情况和问题，有针对性地提出改进意见。反馈前要与被巡视县所在的市委沟通，并将反馈意见抄送该市委。

第十二条　省、自治区、直辖市党委巡视工作领导小组办公室（以下简称巡视办）在对县巡视中要认真履行综合协调、政策研究、制度建设等职责，做好以下工作：

（一）拟定巡视规划和计划；

（二）提前10个工作日将巡视工作安排书面通知被巡视县和其所在的市委；

（三）协调省、市两级相关部门向巡视组通报情况；

（四）协调巡视组进驻、汇报等事宜；

（五）根据领导小组意见审核提交省、自治区、直辖市党委的巡视情况报告；

（六）对巡视工作人员执行巡视工作纪律情况进行监督。

第十三条　巡视反馈结束后，对领导小组决定的事项，巡视办会同巡视组按照有关规定，对有关材料及时进行分类整理和综合分析，分别移交省、市两级纪检监察机关和组织等部门或者被巡视县党组织，适时跟踪督办，并向领导小组报告办理情况。

第十四条　巡视办要会同巡视组对当年巡视县领导班子的情况形成综合分析报告，经领导小组审议同意后报送省、自治区、直辖市党委并抄报中央巡视工作领导小组办公室。

第十五条　被巡视县所在的市委应当积极配合巡视机构开展对县巡视，做好以下工作：

（一）市委主要负责同志及本级纪检监察机关和组织、审计、信访等部门向巡视组介绍被巡视县党组织领导班子及其成员情况；

（二）委派市委领导班子成员参加对县巡视动员、反馈等会议，并对县领导班子配合巡视工作提出要求；

（三）指导和督促被巡视县按照巡视组提出的意见建议制定整改方

案，抓好整改落实；

（四）责成有关机关和部门研究本级运用对县巡视成果的措施，并督促落实。

第十六条 被巡视县所在的市委应当成立由市委领导同志负责、市纪委和市委组织部牵头、有关部门参加的巡视工作联络机构，配备相对固定的工作人员，负责与巡视办、巡视组的日常联络工作，办理巡视办、巡视组交办的事宜，协助巡视办、巡视组对被巡视县的整改工作进行督办。

第十七条 被巡视县党组织领导班子应当积极支持配合巡视组，协助做好相关工作。自收到巡视组反馈意见之日起30个工作日内报送整改方案，并在整改方案报送之日起6个月内报送整改情况报告。整改方案、整改情况报告须经巡视组审核，并通过巡视办报领导小组，同时抄报所在的市委。

第十八条 对一年之内接受过巡视的县的党政主要负责人提拔使用或者领导班子换届考察时，省或者市级纪检监察机关和组织部门要听取巡视组意见。巡视期间，对被巡视县领导班子成员进行调整或者决定对其立案调查、组织处理的，省或者市级纪检监察机关和组织部门要及时向巡视组通报。

第十九条 本办法由中央纪委商中央组织部解释。

第二十条 本办法自发布之日起施行。

中国共产党党内监督条例

2016年10月27日中国共产党第十八届中央委员会第六次全体会议通过

第一章 总 则

第一条 为坚持党的领导，加强党的建设，全面从严治党，强化党内监督，保持党的先进性和纯洁性，根据《中国共产党章程》，制定本条例。

第二条 党内监督以马克思列宁主义、毛泽东思想、邓小平理论、“三个代表”重要思想、科学发展观为指导，深入贯彻习近平总书记系列重要讲话精神，围绕统筹推进“五位一体”总体布局和协调推进“四个全面”战略布局，尊崇党章，依规治党，坚持党内监督和人民群众监督相结合，增强党在长期执政条件下自我净化、自我完善、自我革新、自我提高能力，确保党始终成为中国特色社会主义事业的坚强领导核心。

第三条　党内监督没有禁区、没有例外。信任不能代替监督。各级党组织应当把信任激励同严格监督结合起来，促使党的领导干部做到有权必有责、有责要担当，用权受监督、失责必追究。

第四条　党内监督必须贯彻民主集中制，依规依纪进行，强化自上而下的组织监督，改进自下而上的民主监督，发挥同级相互监督作用。坚持惩前毖后、治病救人，抓早抓小、防微杜渐。

第五条　党内监督的任务是确保党章党规党纪在全党有效执行，维护党的团结统一，重点解决党的领导弱化、党的建设缺失、全面从严治党不力，党的观念淡漠、组织涣散、纪律松弛，管党治党宽松软问题，保证党的组织充分履行职能、发挥核心作用，保证全体党员发挥先锋模范作用，保证党的领导干部忠诚干净担当。

党内监督的主要内容是：

（一）遵守党章党规，坚定理想信念，践行党的宗旨，模范遵守宪法法律情况；

（二）维护党中央集中统一领导，牢固树立政治意识、大局意识、核心意识、看齐意识，贯彻落实党的理论和路线方针政策，确保全党令行禁止情况；

（三）坚持民主集中制，严肃党内政治生活，贯彻党员个人服从党的组织，少数服从多数，下级组织服从上级组织，全党各个组织和全体党员服从党的全国代表大会和中央委员会原则情况；

（四）落实全面从严治党责任，严明党的纪律特别是政治纪律和政治规矩，推进党风廉政建设和反腐败工作情况；

（五）落实中央八项规定精神，加强作风建设，密切联系群众，巩固党的执政基础情况；

（六）坚持党的干部标准，树立正确选人用人导向，执行干部选拔任用工作规定情况；

（七）廉洁自律、秉公用权情况；

（八）完成党中央和上级党组织部署的任务情况。

第六条 党内监督的重点对象是党的领导机关和领导干部特别是主要领导干部。

第七条 党内监督必须把纪律挺在前面，运用监督执纪“四种形态”，经常开展批评和自我批评、约谈函询，让“红红脸、出出汗”成为常态；党纪轻处分、组织调整成为违纪处理的大多数；党纪重处分、重大职务调整的成为少数；严重违纪涉嫌违法立案审查的成为极少数。

第八条 党的领导干部应当强化自我约束，经常对照党章检查自己的言行，自觉遵守党内政治生活准则、廉洁自律准则，加强党性修养，陶冶道德情操，永葆共产党人政治本色。

第九条 建立健全党中央统一领导，党委（党组）全面监督，纪律检查机关专责监督，党的工作部门职能监督，党的基层组织日常监督，党员民主监督的党内监督体系。

第二章　党的中央组织的监督

第十条 党的中央委员会、中央政治局、中央政治局常务委员会全面领导党内监督工作。中央委员会全体会议每年听取中央政治局工作报告，监督中央政治局工作，部署加强党内监督的重大任务。

第十一条 中央政治局、中央政治局常务委员会定期研究部署在全党开展学习教育，以整风精神查找问题、纠正偏差；听取和审议全党落实中央八项规定精神情况汇报，加强作风建设情况监督检查；听取中央纪律检查委员会常务委员会工作汇报；听取中央巡视情况汇报，在一届任期内实现中央巡视全覆盖。中央政治局每年召开民主生活会，进行对照检查和党性分析，研究加强自身建设措施。

第十二条 中央委员会成员必须严格遵守党的政治纪律和政治规矩，发现其他成员有违反党章、破坏党的纪律、危害党的团结统一的行为应当坚决抵制，并及时向党中央报告。对中央政治局委员的意见，署真实姓名以书面形式或者其他形式向中央政治局常务委员会或者中央纪律检查委员会常务委员会反映。

第十三条 中央政治局委员应当加强对直接分管部门、地方、领域党组织和领导班子成员的监督，定期同有关地方和部门主要负责人就其履行全面从严治党责任、廉洁自律等情况进行谈话。

第十四条 中央政治局委员应当严格执行中央八项规定，自觉参加双重组织生活，如实向党中央报告个人重要事项。带头树立良好家风，加强对亲属和身边工作人员的教育和约束，严格要求配偶、子女及其配偶不得违规经商办企业，不得违规任职、兼职取酬。

第三章　党委（党组）的监督

第十五条　党委（党组）在党内监督中负主体责任，书记是第一责任人，党委常委会委员（党组成员）和党委委员在职责范围内履行监督职责。党委（党组）履行以下监督职责：

（一）领导本地区本部门本单位党内监督工作，组织实施各项监督制度，抓好督促检查；

（二）加强对同级纪委和所辖范围内纪律检查工作的领导，检查其监督执纪问责工作情况；

（三）对党委常委会委员（党组成员）、党委委员，同级纪委、党的工作部门和直接领导的党组织领导班子及其成员进行监督；

（四）对上级党委、纪委工作提出意见和建议，开展监督。

第十六条　党的工作部门应当严格执行各项监督制度，加强职责范围内党内监督工作，既加强对本部门本单位的内部监督，又强化对本系统的日常监督。

第十七条　党内监督必须加强对党组织主要负责人和关键岗位领导干部的监督，重点监督其政治立场、加强党的建设、从严治党，执行党的决议，公道正派选人用人，责任担当、廉洁自律，落实意识形态工作责任制情况。

上级党组织特别是其主要负责人，对下级党组织主要负责人应当平时多过问、多提醒，发现问题及时纠正。领导班子成员发现班子主要负责人存在问题，应当及时向其提出，必要时可以直接向上级党组织报告。

党组织主要负责人个人有关事项应当在党内一定范围公开，主动接受监督。

第十八条　党委（党组）应当加强对领导干部的日常管理监督，掌握其思想、工作、作风、生活状况。党的领导干部应当经常开展批评和自我批评，敢于正视、深刻剖析、主动改正自己的缺点错误；对同志的缺点错误应当敢于指出，帮助改进。

第十九条　巡视是党内监督的重要方式。中央和省、自治区、直辖市党委一届任期内，对所管理的地方、部门、企事业单位党组织全面巡视。巡视党的组织和党的领导干部尊崇党章、党的领导、党的建设和党的路线方针政策落实情况，履行全面从严治党责任、执行党的纪律、落实中央八项规定精神、党风廉政建设和反腐败工作以及选人用人情况。发现问题、形成震慑，推动改革、促进发展，发挥从严治党利剑作用。

中央巡视工作领导小组应当加强对省、自治区、直辖市党委，中央有关部委，中央国家机关部门党组（党委）巡视工作的领导。省、自治区、直辖市党委应当推动党的市（地、州、盟）和县（市、区、旗）委员会建立巡察制度，使从严治党向基层延伸。

第二十条 严格党的组织生活制度，民主生活会应当经常化，遇到重要或者普遍性问题应当及时召开。民主生活会重在解决突出问题，领导干部应当在会上把群众反映、巡视反馈、组织约谈函询的问题说清楚、谈透彻，开展批评和自我批评，提出整改措施，接受组织监督。上级党组织应当加强对下级领导班子民主生活会的指导和监督，提高民主生活会质量。

第二十一条 坚持党内谈话制度，认真开展提醒谈话、诫勉谈话。发现领导干部有思想、作风、纪律等方面苗头性、倾向性问题的，有关党组织负责人应当及时对其提醒谈话；发现轻微违纪问题的，上级党组织负责人应当对其诫勉谈话，并由本人作出说明或者检讨，经所在党组织主要负责人签字后报上级纪委和组织部门。

第二十二条 严格执行干部考察考核制度，全面考察德、能、勤、绩、廉表现，既重政绩又重政德，重点考察贯彻执行党中央和上级党组织决策部署的表现，履行管党治党责任，在重大原则问题上的立场，对待人民群众的态度，完成急难险重任务的情况。考察考核中党组织主要负责人应当对班子成员实事求是作出评价。考核评语在同本人见面后载入干部档案。落实党组织主要负责人在干部选任、考察、决策等各个环节的责任，对失察失责的应当严肃追究责任。

第二十三条 党的领导干部应当每年在党委常委会（或党组）扩大会议上述责述廉，接受评议。述责述廉重点是执行政治纪律和政治规矩、履行管党治党责任、推进党风廉政建设和反腐败工作以及执行廉洁纪律情况。述责述廉报告应当载入廉洁档案，并在一定范围内公开。

第二十四条 坚持和完善领导干部个人有关事项报告制度，领导干部应当按规定如实报告个人有关事项，及时报告个人及家庭重大情况，事先请示报告离开岗位或者工作所在地等。有关部门应当加强抽查核实。对故意虚报瞒报个人重大事项、篡改伪造个人档案资料的，一律严肃查处。

第二十五条 建立健全党的领导干部插手干预重大事项记录制度，发现利用职务便利违规干预干部选拔任用、工程建设、执纪执法、司法活动等问题，应当及时向上级党组织报告。

第四章 党的纪律检查委员会的监督

第二十六条 党的各级纪律检查委员会是党内监督的专责机关，履行监督执纪问责职责，加强对所辖范围内党组织和领导干部遵守党章党规党纪、贯彻执行党的路线方针政策情况的监督检查，承担下列具体任务：

（一）加强对同级党委特别是常委会委员、党的工作部门和直接领导的党组织、党的领导干部履行职责、行使权力情况的监督；

（二）落实纪律检查工作双重领导体制，执纪审查工作以上级纪委领导为主，线索处置和执纪审查情况在向同级党委报告的同时向上级纪委报告，各级纪委书记、副书记的提名和考察以上级纪委会同组织部门为主；

（三）强化上级纪委对下级纪委的领导，纪委发现同级党委主要领导干部的问题，可以直接向上级纪委报告；下级纪委至少每半年向上级纪委报告1次工作，每年向上级纪委进行述职。

第二十七条 纪律检查机关必须把维护党的政治纪律和政治规矩放在首位，坚决纠正和查处上有政策、下有对策，有令不行、有禁不止，口是心非、阳奉阴违，搞团团伙伙、拉帮结派，欺骗组织、对抗组织等行为。

第二十八条 纪委派驻纪检组对派出机关负责，加强对被监督单位领导班子及其成员、其他领导干部的监督，发现问题应当及时向派出机关和被监督单位党组织报告，认真负责调查处置，对需要问责的提出建议。

派出机关应当加强对派驻纪检组工作的领导，定期约谈被监督单位党组织主要负责人、派驻纪检组组长，督促其落实管党治党责任。

派驻纪检组应当带着实际情况和具体问题，定期向派出机关汇报工作，至少每半年会同被监督单位党组织专题研究 1 次党风廉政建设和反腐败工作。对能发现的问题没有发现是失职，发现问题不报告、不处置是渎职，都必须严肃问责。

第二十九条 认真处理信访举报，做好问题线索分类处置，早发现早报告，对社会反映突出、群众评价较差的领导干部情况及时报告，对重要检举事项应当集体研究。定期分析研判信访举报情况，对信访反映的典型性、普遍性问题提出有针对性的处置意见，督促信访举报比较集中的地方和部门查找分析原因并认真整改。

第三十条 严把干部选拔任用“党风廉洁意见回复”关，综合日常工作中掌握的情况，加强分析研判，实事求是评价干部廉洁情况，防止“带病提拔”、“带病上岗”。

第三十一条 接到对干部一般性违纪问题的反映，应当及时找本人核实，谈话提醒、约谈函询，让干部把问题讲清楚。约谈被反映人，可以与其所在党组织主要负责人一同进行；被反映人对函询问题的说明，应当由其所在党组织主要负责人签字后报上级纪委。谈话记录和函询回复应当认真核实，存档备查。没有发现问题的应当了结澄清，对不如实说明情况的给予严肃处理。

第三十二条 依规依纪进行执纪审查，重点审查不收敛不收手，问题线索反映集中、群众反映强烈，现在重要岗位且可能还要提拔使用的领导干部，三类情况同时具备的是重中之重。执纪审查应当查清违纪事实，让审查对象从学习党章入手，从理想信念宗旨、党性原则、作风纪律等方面检查剖析自己，审理报告应当事实清楚、定性准确，反映审查对象思想认识情况。

第三十三条 对违反中央八项规定精神的，严重违纪被立案审查开除党籍的，严重失职失责被问责的，以及发生在群众身边、影响恶劣的不正之风和腐败问题，应当点名道姓通报曝光。

第三十四条 加强对纪律检查机关的监督。发现纪律检查机关及其工作人员有违反纪律问题的，必须严肃处理。各级纪律检查机关必须加强自身建设，健全内控机制，自觉接受党内监督、社会监督、群众监督，确保权力受到严格约束。

第五章 党的基层组织和党员的监督

第三十五条 党的基层组织应当发挥战斗堡垒作用，履行下列监督职责：

（一）严格党的组织生活，开展批评和自我批评，监督党员切实履行义务，保障党员权利不受侵犯；

（二）了解党员、群众对党的工作和党的领导干部的批评和意见，定期向上级党组织反映情况，提出意见和建议；

（三）维护和执行党的纪律，发现党员、干部违反纪律问题及时教育或者处理，问题严重的应当向上级党组织报告。

第三十六条　党员应当本着对党和人民事业高度负责的态度，积极行使党员权利，履行下列监督义务：

（一）加强对党的领导干部的民主监督，及时向党组织反映群众意见和诉求；

（二）在党的会议上有根据地批评党的任何组织和任何党员，揭露和纠正工作中存在的缺点和问题；

（三）参加党组织开展的评议领导干部活动，勇于触及矛盾问题、指出缺点错误，对错误言行敢于较真、敢于斗争；

（四）向党负责地揭发、检举党的任何组织和任何党员违纪违法的事实，坚决反对一切派别活动和小集团活动，同腐败现象作坚决斗争。

第六章　党内监督和外部监督相结合

第三十七条　各级党委应当支持和保证同级人大、政府、监察机关、司法机关等对国家机关及公职人员依法进行监督，人民政协依章程进行民主监督，审计机关依法进行审计监督。有关国家机关发现党的领导干部违反党规党纪、需要党组织处理的，应当及时向有关党组织报告。审计机关发现党的领导干部涉嫌违纪的问题线索，应当向同级党组织报告，必要时向上级党组织报告，并按照规定将问题线索移送相关纪律检查机关处理。

在纪律审查中发现党的领导干部严重违纪涉嫌违法犯罪的，应当先作出党纪处分决定，再移送行政机关、司法机关处理。执法机关和司法机关依法立案查处涉及党的领导干部案件，应当向同级党委、纪委通报；该干部所在党组织应当根据有关规定，中止其相关党员权利；依法受到刑事责任追究，或者虽不构成犯罪但涉嫌违纪的，应当移送纪委依纪处理。

第三十八条　中国共产党同各民主党派长期共存、互相监督、肝胆相照、荣辱与共。各级党组织应当支持民主党派履行监督职能，重视民主党派和无党派人士提出的意见、批评、建议，完善知情、沟通、反馈、落实等机制。

第三十九条 各级党组织和党的领导干部应当认真对待、自觉接受社会监督，利用互联网技术和信息化手段，推动党务公开、拓宽监督渠道，虚心接受群众批评。新闻媒体应当坚持党性和人民性相统一，坚持正确导向，加强舆论监督，对典型案例进行剖析，发挥警示作用。

第七章 整改和保障

第四十条 党组织应当如实记录、集中管理党内监督中发现的问题和线索，及时了解核实，作出相应处理；不属于本级办理范围的应当移送有权限的党组织处理。

第四十一条 党组织对监督中发现的问题应当做到条条要整改、件件有着落。整改结果应当及时报告上级党组织，必要时可以向下级党组织和党员通报，并向社会公开。

对于上级党组织交办以及巡视等移交的违纪问题线索，应当及时处理，并在3个月内反馈办理情况。

第四十二条 党委（党组）、纪委（纪检组）应当加强对履行党内监督责任和问题整改落实情况的监督检查，对不履行或者不正确履行党内监督职责，以及纠错、整改不力的，依照《中国共产党纪律处分条例》、《中国共产党问责条例》等规定处理。

第四十三条 党组织应当保障党员知情权和监督权，鼓励和支持党员在党内监督中发挥积极作用。提倡署真实姓名反映违纪事实，党组织应当为检举控告者严格保密，并以适当方式向其反馈办理情况。对干扰妨碍监督、打击报复监督者的，依纪严肃处理。

第四十四条 党组织应当保障监督对象的申辩权、申诉权等相关权利。经调查，监督对象没有不当行为的，应当予以澄清和正名。对以监督为名侮辱、诽谤、诬陷他人的，依纪严肃处理；涉嫌犯罪的移送司法机关处理。监督对象对处理决定不服的，可以依照党章规定提出申诉。有关党组织应当认真复议复查，并作出结论。

第八章 附 则

第四十五条 中央军事委员会可以根据本条例，制定相关规定。

第四十六条 本条例由中央纪律检查委员会负责解释。

第四十七条　本条例自发布之日起施行。

中国共产党问责条例

1. 2019年7月30日中共中央政治局会议审议批准
2. 2019年8月25日中共中央发布

第一条　为了坚持党的领导，加强党的建设，全面从严治党，保证党的路线方针政策和党中央重大决策部署贯彻落实，规范和强化党的问责工作，根据《中国共产党章程》，制定本条例。

第二条　党的问责工作坚持以马克思列宁主义、毛泽东思想、邓小平理论、“三个代表”重要思想、科学发展观、习近平新时代中国特色社会主义思想为指导，增强“四个意识”，坚定“四个自信”，坚决维护习近平总书记党中央的核心、全党的核心地位，坚决维护党中央权威和集中统一领导，围绕统筹推进“五位一体”总体布局和协调推进“四个全面”战略布局，落实管党治党政治责任，督促各级党组织、党的领导干部负责守责尽责，践行忠诚干净担当。

第三条　党的问责工作应当坚持以下原则：

（一）依规依纪、实事求是；

（二）失责必问、问责必严；

（三）权责一致、错责相当；

（四）严管和厚爱结合、激励和约束并重；

（五）惩前毖后、治病救人；

（六）集体决定、分清责任。

第四条　党委（党组）应当履行全面从严治党主体责任，加强对本地区本部门本单位问责工作的领导，追究在党的建设、党的事业中失职失责党组织和党的领导干部的主体责任、监督责任、领导责任。

纪委应当履行监督专责，协助同级党委开展问责工作。纪委派驻（派出）机构按照职责权限开展问责工作。

党的工作机关应当依据职能履行监督职责，实施本机关本系统本领域的问责工作。

第五条 问责对象是党组织、党的领导干部，重点是党委（党组）、党的工作机关及其领导成员，纪委、纪委派驻（派出）机构及其领导成员。

第六条 问责应当分清责任。党组织领导班子在职责范围内负有全面领导责任，领导班子主要负责人和直接主管的班子成员在职责范围内承担主要领导责任，参与决策和工作的班子成员在职责范围内承担重要领导责任。

对党组织问责的，应当同时对该党组织中负有责任的领导班子成员进行问责。

党组织和党的领导干部应当坚持把自己摆进去、把职责摆进去、把工作摆进去，注重从自身找问题、查原因，勇于担当、敢于负责，不得向下级党组织和干部推卸责任。

第七条 党组织、党的领导干部违反党章和其他党内法规，不履行或者不正确履行职责，有下列情形之一，应当予以问责：

（一）党的领导弱化，“四个意识”不强，“两个维护”不力，党的基本理论、基本路线、基本方略没有得到有效贯彻执行，在贯彻新发展理念，推进经济建设、政治建设、文化建设、社会建设、生态文明建设中，出现重大偏差和失误，给党的事业和人民利益造成严重损失，产生恶劣影响的；

（二）党的政治建设抓得不实，在重大原则问题上未能同党中央保持一致，贯彻落实党的路线方针政策和执行党中央重大决策部署不力，不遵守重大事项请示报告制度，有令不行、有禁不止，阳奉阴违、欺上瞒下，团团伙伙、拉帮结派问题突出，党内政治生活不严肃不健康，党的政治建设工作责任制落实不到位，造成严重后果或者恶劣影响的；

（三）党的思想建设缺失，党性教育特别是理想信念宗旨教育流于形式，意识形态工作责任制落实不到位，造成严重后果或者恶劣影响的；

（四）党的组织建设薄弱，党建工作责任制不落实，严重违反民主集中制原则，不执行领导班子议事决策规则，民主生活会、“三会一课”等党的组织生活制度不执行，领导干部报告个人有关事项制度执行不力，党组织软弱涣散，违规选拔任用干部等问题突出，造成恶劣影响的；

（五）党的作风建设松懈，落实中央八项规定及其实施细则精神不力，“四风”问题得不到有效整治，形式主义、官僚主义问题突出，执行党中央决策部署表态多调门高、行动少落实差，脱离实际、脱离群众，拖沓敷衍、推诿扯皮，造成严重后果的；

（六）党的纪律建设抓得不严，维护党的政治纪律、组织纪律、廉洁纪律、群众纪律、工作纪律、生活纪律不力，导致违规违纪行为多发，造成恶劣影响的；

（七）推进党风廉政建设和反腐败斗争不坚决、不扎实，削减存量、遏制增量不力，特别是对不收敛、不收手，问题线索反映集中、群众反映强烈，政治问题和经济问题交织的腐败案件放任不管，造成恶劣影响的；

（八）全面从严治党主体责任、监督责任落实不到位，对公权力的监督制约不力，好人主义盛行，不负责不担当，党内监督乏力，该发现的问题没有发现，发现问题不报告不处置，领导巡视巡察工作不力，落实巡视巡察整改要求走过场、不到位，该问责不问责，造成严重后果的；

（九）履行管理、监督职责不力，职责范围内发生重特大生产安全事故、群体性事件、公共安全事件，或者发生其他严重事故、事件，造成重大损失或者恶劣影响的；

（十）在教育医疗、生态环境保护、食品药品安全、扶贫脱贫、社会保障等涉及人民群众最关心最直接最现实的利益问题上不作为、乱作为、慢作为、假作为，损害和侵占群众利益问题得不到整治，以言代法、以权压法、徇私枉法问题突出，群众身边腐败和作风问题严重，造成恶劣影响的；

（十一）其他应当问责的失职失责情形。

第八条　对党组织的问责，根据危害程度以及具体情况，可以采取以下方式：

（一）检查。责令作出书面检查并切实整改。

（二）通报。责令整改，并在一定范围内通报。

（三）改组。对失职失责，严重违犯党的纪律、本身又不能纠正的，应当予以改组。

对党的领导干部的问责，根据危害程度以及具体情况，可以采取以下方式：

（一）通报。进行严肃批评，责令作出书面检查、切实整改，并在一定范围内通报。

（二）诫勉。以谈话或者书面方式进行诫勉。

（三）组织调整或者组织处理。对失职失责、危害较重，不适宜担任现职的，应当根据情况采取停职检查、调整职务、责令辞职、免职、降职等措施。

（四）纪律处分。对失职失责、危害严重，应当给予纪律处分的，依照《中国共产党纪律处分条例》追究纪律责任。

上述问责方式，可以单独使用，也可以依据规定合并使用。问责方式有影响期的，按照有关规定执行。

第九条 发现有本条例第七条所列问责情形，需要进行问责调查的，有管理权限的党委（党组）、纪委、党的工作机关应当经主要负责人审批，及时启动问责调查程序。其中，纪委、党的工作机关对同级党委直接领导的党组织及其主要负责人启动问责调查，应当报同级党委主要负责人批准。

应当启动问责调查未及时启动的，上级党组织应当责令有管理权限的党组织启动。根据问题性质或者工作需要，上级党组织可以直接启动问责调查，也可以指定其他党组织启动。

对被立案审查的党组织、党的领导干部问责的，不再另行启动问责调查程序。

第十条 启动问责调查后，应当组成调查组，依规依纪依法开展调查，查明党组织、党的领导干部失职失责问题，综合考虑主客观因素，正确区分贯彻执行党中央或者上级决策部署过程中出现的执行不当、执行不力、不执行等不同情况，精准提出处理意见，做到事实清楚、证据确凿、依据充分、责任分明、程序合规、处理恰当，防止问责不力或者问责泛化、简单化。

第十一条 查明调查对象失职失责问题后，调查组应当撰写事实材料，与调查对象见面，听取其陈述和申辩，并记录在案；对合理意见，应当予以采纳。调查对象应当在事实材料上签署意见，对签署不同意见或者拒不签署意见的，调查组应当作出说明或者注明情况。

调查工作结束后，调查组应当集体讨论，形成调查报告，列明调查对象基本情况、调查依据、调查过程，问责事实，调查对象的态度、认识及其申辩，处理意见以及依据，由调查组组长以及有关人员签名后，履行审批手续。

第十二条　问责决定应当由有管理权限的党组织作出。

对同级党委直接领导的党组织，纪委和党的工作机关报经同级党委或者其主要负责人批准，可以采取检查、通报方式进行问责。采取改组方式问责的，按照党章和有关党内法规规定的权限、程序执行。

对同级党委管理的领导干部，纪委和党的工作机关报经同级党委或者其主要负责人批准，可以采取通报、诫勉方式进行问责；提出组织调整或者组织处理的建议。采取纪律处分方式问责的，按照党章和有关党内法规规定的权限、程序执行。

第十三条　问责决定作出后，应当及时向被问责党组织、被问责领导干部及其所在党组织宣布并督促执行。有关问责情况应当向纪委和组织部门通报，纪委应当将问责决定材料归入被问责领导干部廉政档案，组织部门应当将问责决定材料归入被问责领导干部的人事档案，并报上一级组织部门备案；涉及组织调整或者组织处理的，相应手续应当在1个月内办理完毕。

被问责领导干部应当向作出问责决定的党组织写出书面检讨，并在民主生活会、组织生活会或者党的其他会议上作出深刻检查。建立健全问责典型问题通报曝光制度，采取组织调整或者组织处理、纪律处分方式问责的，应当以适当方式公开。

第十四条　被问责党组织、被问责领导干部及其所在党组织应当深刻汲取教训，明确整改措施。作出问责决定的党组织应当加强督促检查，推动以案促改。

第十五条　需要对问责对象作出政务处分或者其他处理的，作出问责决定的党组织应当通报相关单位，相关单位应当及时处理并将结果通报或者报告作出问责决定的党组织。

第十六条　实行终身问责，对失职失责性质恶劣、后果严重的，不论其责任人是否调离转岗、提拔或者退休等，都应当严肃问责。

第十七条　有下列情形之一的，可以不予问责或者免予问责：

（一）在推进改革中因缺乏经验、先行先试出现的失误，尚无明确限制的探索性试验中的失误，为推动发展的无意过失；

（二）在集体决策中对错误决策提出明确反对意见或者保留意见的；

（三）在决策实施中已经履职尽责，但因不可抗力、难以预见等因素造成损失的。

对上级错误决定提出改正或者撤销意见未被采纳，而出现本条例第七条所列问责情形的，依照前款规定处理。上级错误决定明显违法违规的，应当承担相应的责任。

第十八条 有下列情形之一，可以从轻或者减轻问责：

（一）及时采取补救措施，有效挽回损失或者消除不良影响的；

（二）积极配合问责调查工作，主动承担责任的；

（三）党内法规规定的其他从轻、减轻情形。

第十九条 有下列情形之一，应当从重或者加重问责：

（一）对党中央、上级党组织三令五申的指示要求，不执行或者执行不力的；

（二）在接受问责调查和处理中，不如实报告情况，敷衍塞责、推卸责任，或者唆使、默许有关部门和人员弄虚作假，阻扰问责工作的；

（三）党内法规规定的其他从重、加重情形。

第二十条 问责对象对问责决定不服的，可以自收到问责决定之日起1个月内，向作出问责决定的党组织提出书面申诉。作出问责决定的党组织接到书面申诉后，应当在1个月内作出申诉处理决定，并以书面形式告知提出申诉的党组织、领导干部及其所在党组织。

申诉期间，不停止问责决定的执行。

第二十一条 问责决定作出后，发现问责事实认定不清楚、证据不确凿、依据不充分、责任不清晰、程序不合规、处理不恰当，或者存在其他不应当问责、不精准问责情况的，应当及时予以纠正。必要时，上级党组织可以直接纠正或者责令作出问责决定的党组织予以纠正。

党组织、党的领导干部滥用问责，或者在问责工作中严重不负责任，造成不良影响的，应当严肃追究责任。

第二十二条 正确对待被问责干部，对影响期满、表现好的干部，符合条件的，按照干部选拔任用有关规定正常使用。

第二十三条 本条例所涉及的审批权限均指最低审批权限，工作中根据需要可以按照更高层级的审批权限报批。

第二十四条 纪委派驻（派出）机构除执行本条例外，还应当执行党中央以及中央纪委相关规定。

第二十五条　中央军事委员会可以根据本条例制定相关规定。

第二十六条　本条例由中央纪律检查委员会负责解释。

第二十七条　本条例自 2019 年 9 月 1 日起施行。2016 年 7 月 8 日中共中央印发的《中国共产党问责条例》同时废止。此前发布的有关问责的规定，凡与本条例不一致的，按照本条例执行。

中国共产党党组工作条例

1. 2019 年 3 月 29 日中共中央政治局会议审议批准
2. 2019 年 4 月 6 日中共中央发布

第一章　总　　则

第一条　为了进一步规范和改进党组工作，坚持和加强党的全面领导，提高党的长期执政能力和领导水平，更好发挥党总揽全局、协调各方的领导核心作用，根据《中国共产党章程》，制定本条例。

第二条　党组是党在中央和地方国家机关、人民团体、经济组织、文化组织和其他非党组织的领导机关中设立的领导机构，在本单位发挥领导作用，是党对非党组织实施领导的重要组织形式。

第三条　党组工作必须坚持以马克思列宁主义、毛泽东思想、邓小平理论、“三个代表”重要思想、科学发展观、习近平新时代中国特色社会主义思想为指导，坚决维护习近平总书记核心地位，坚决维护党中央权威和集中统一领导，切实履行领导职责，充分发挥领导作用，不断提高领导水平，确保本单位全面贯彻党的基本理论、基本路线、基本方略，确保党始终成为中国特色社会主义事业的坚强领导核心。

第四条　党组工作应当遵循以下原则：

（一）坚持旗帜鲜明讲政治，加强党的领导，增强“四个意识”、坚定“四个自信”、做到“两个维护”，坚决贯彻落实党的理论和路线方针政策，坚决贯彻落实党中央重大决策部署，在思想上政治上行动上同以习近平同志为核心的党中央保持高度一致；

（二）坚持全面从严治党，担当管党治党主体责任，贯彻新时代党的建设总要求，贯彻新时代党的组织路线，推动全面从严治党向纵深发展；

（三）坚持民主集中制，确保党组活力和坚强有力，推动形成良好政治局面；

（四）坚持依据党章党规开展工作，在宪法法律范围内活动；

（五）坚持正确领导方式，实现党组发挥领导作用与本单位领导班子依法依章程履行职责相统一。

第五条 党中央和地方各级党委加强对党组工作的领导。党组必须服从批准其设立的党组织领导。

党委组织部门负责党组设立审核、日常管理等方面的具体工作，纪检监察机关、党的机关工委和其他工作机关根据职责做好相关工作。

第二章 设 立

第六条 中央和地方国家机关、人民团体、经济组织、文化组织和其他非党组织的领导机关中，有党员领导成员3人以上的，经批准可以设立党组。

第七条 下列单位一般应当设立党组：

（一）县级以上人大常委会、政府、政协、法院、检察院；

（二）县级以上政府工作部门、派出机关（街道办事处除外）、直属事业单位；

（三）县级以上工会、妇联等人民团体；

（四）中管企业；

（五）县级以上政府设立的有关管委会的工作部门；

（六）其他有必要设立党组的单位。

第八条 下列单位经党中央批准，可以设立党组：

（一）全国性的重要文化组织、社会组织；

（二）其他需要设立党组的单位。

第九条 下列单位一般不设立党组：

（一）领导机关中的党员领导成员不足3人的；

（二）与党的机关合并设立或者合署办公的；

（三）由党的机关代管或者管理等并纳入党的机关序列的；

（四）县级以上政府直属事业单位以外的其他事业单位；

（五）共青团组织；

（六）中管企业的下属企业，地方国有企业；

（七）地方文化组织、社会组织。

第十条 市级以上人大常委会、政府、政协，应当设立机关党组。

县级人大常委会、政府、政协根据工作需要，可以设立机关党组。

人大常委会、政府、政协设立机关党组的，其办公厅（室）不再设立党组。

第十一条 下列单位经批准，可以设立分党组：

（一）国务院有关部门的派出机构；

（二）具有行业、系统管理需要的国务院有关直属事业单位、中央一级有关人民团体的下属单位；

（三）省级以上人大、政协的专门委员会；

（四）市级以上法院、检察院的派出机构。

设立分党组的单位，其下属单位不再设立分党组。

第十二条 党组的设立，应当由党中央或者本级地方党委审批。有关管委会的工作部门设立党组，由本级党委授权管委会党工委审批。党组不得审批设立党组。

分党组的设立，由党组报本级党委组织部门审批。

新成立的有关单位符合设立党组条件的，党中央或者本级地方党委可以根据需要作出设立党组的决定，也可以由需要设立党组的单位或者其上级主管部门党组织提出设立申请，由党中央或者本级地方党委审批。

变更、撤销党组的，由批准其设立的党组织作出决定。

第十三条 国家机关、人民团体党组一般不设立工作机构，确需设立的经批准可以在本单位有关内设机构加挂党组办公室牌子。

第十四条 党组设书记，必要时可以设副书记。

党组书记一般由本单位领导班子主要负责人担任，主要负责人不是中共党员或者由上级领导兼任以及因其他情况不宜担任党组书记的，党组书记、主要负责人可以分设。党组其他成员一般由本单位领导班子成员中的党员干部、派驻本单位的纪检监察组组长担任，必要时也可以由本单位重要职能部门或者下属单位党员主要负责人担任。

国有企业党组书记根据企业内部治理结构形式确定，建立董事会的一般由董事长担任，未建立董事会的一般由总经理担任。党组其他成员一般由进入董事会、监事会、经理层的党员领导人员和纪检监察组组长（派驻本企业的纪检监察组组长）根据工作需要担任。

党组成员一般设3至7人。副省部级以上单位、中管企业党组成员一般不超过9人，个别单位确需增加的，由党中央决定。市县两级政府及县级以上地方政府个别工作部门确需增加的，按程序报请省级党委批准，但总数不得超过9人。

第十五条 党组成员除应当具备党章和《党政领导干部选拔任用工作条例》规定的党员领导干部的基本条件外，还应当有3年以上党龄，其中厅局级以上单位的党组成员应当有5年以上党龄。

党组成员的任免一般由批准设立党组的党组织决定。实行双重领导的单位设立党组的，其党组成员的任免按照干部管理权限执行。分党组成员的任免由上级单位党组决定。企业党组成员的任免，按照干部管理权限执行。

第三章 职 责

第十六条 党组发挥把方向、管大局、保落实的领导作用，全面履行领导责任，加强对本单位业务工作和党的建设的领导，推动党的主张和重大决策转化为法律法规、政策政令和社会共识，确保党的理论和路线方针政策的贯彻落实。

第十七条 党组讨论和决定本单位下列重大问题：

（一）贯彻落实党中央以及上级党组织决策部署的重大举措；

（二）制定拟订法律法规规章和重要规范性文件中的重大事项；

（三）业务工作发展战略、重大部署和重大事项；

（四）重大改革事项；

（五）重要人事任免等事项；

（六）重大项目安排；

（七）大额资金使用、大额资产处置、预算安排；

（八）职能配置、机构设置、人员编制事项；

（九）审计、巡视巡察、督查检查、考核奖惩等重大事项；

（十）重大思想动态的政治引导；

（十一）党的建设方面的重大事项；

（十二）其他应当由党组讨论和决定的重大问题。

党组应当紧密结合本单位实际，对前款规定的重大问题进行明确细化、列出具体清单。清单内容根据需要动态调整。

第十八条 党组必须坚持党建工作与业务工作同谋划、同部署、同推进、同考核，加强对本单位党的建设的领导，落实新时代党的建设总要求，履行全面从严治党责任，提高党的建设质量。具体包括：

（一）把党的政治建设摆在首位，增强“四个意识”、坚定“四个自信”、做到“两个维护”，提高政治站位，彰显政治属性，强化政治引领，切实增强政治能力，始终在政治立场、政治方向、政治原则、政治道路上同以习近平同志为核心的党中央保持高度一致；

（二）强化理论武装，组织学习习近平新时代中国特色社会主义思想，推进“两学一做”学习教育常态化制度化，引导党员、干部坚定理想信念宗旨，自觉加强党性锻炼；

（三）落实意识形态工作责任制，确保业务工作体现意识形态工作要求、维护意识形态安全；

（四）按照党管干部、党管人才原则，加强高素质专业化干部队伍建设，做好人才工作；

（五）加强党的基层组织建设和党员队伍建设，讨论和决定基层党组织设置调整和发展党员、处分党员等重要事项；

（六）加强和改进作风，密切联系群众，严格落实中央八项规定精神，坚决反对“四风”特别是形式主义、官僚主义；

（七）加强党的纪律建设，履行党风廉政建设主体责任，支持纪检监察机关履行监督责任；

（八）推进建章立制，建立健全体现党中央要求、符合本单位特点、比较完备、务实管用的党建工作制度，并抓好落实。

党组领导机关和直属单位党组织的工作，支持配合党的机关工委对本单位党的工作的统一领导，自觉接受党的机关工委对其履行机关党建主体责任的指导督促。

党组书记必须认真履行抓党建第一责任人职责，党组其他成员按照“一岗双责”要求抓好职责范围内党的建设工作。

第十九条　党组应当加强对本单位统战工作和工会、共青团、妇联等群团工作的领导，重视对党外干部、人才的培养使用，更好团结带领党外干部和群众，凝聚各方面智慧力量，完成党中央以及上级党组织交给的任务。

第二十条　实行双重领导并以上级单位领导为主的单位党组，可以讨论和决定本系统工作规划部署、机构设置、干部队伍管理、党的建设等重要事项。

国有企业党组讨论和决定重大事项时，应当与《中华人民共和国公司法》、《中华人民共和国企业国有资产法》等法律法规相符合，并与公司章程相衔接。重大经营管理事项必须经党组研究讨论后，再由董事会或者经理层作出决定。

第二十一条 党组书记主持党组全面工作，负责召集和主持党组会议，组织党组活动，签发党组文件。

党组副书记和党组其他成员根据党组决定，按照授权负责有关工作，行使相关职权。

党组书记空缺时，上级党组织可以指定党组副书记或者党组其他成员主持党组日常工作。

第二十二条 党组及其成员应当自觉加强自身建设，坚定政治信仰，增强“四个意识”、坚定“四个自信”、做到“两个维护”，严肃党内政治生活，严守党的纪律规矩，弘扬党的优良传统作风，不断提高领导本领，敢于担当负责，自觉接受监督，在深入学习贯彻习近平新时代中国特色社会主义思想上作表率，在始终同以习近平同志为核心的党中央保持高度一致上作表率，在坚决贯彻落实党中央决策部署上作表率。

第四章 组织原则

第二十三条 党组及其成员必须始终在政治立场、政治方向、政治原则、政治道路上同以习近平同志为核心的党中央保持高度一致，坚决执行党中央决策部署以及上级党组织决定，党组任何工作部署都必须以贯彻党中央精神为前提，坚决维护习近平总书记核心地位，坚决维护党中央权威和集中统一领导。

第二十四条 下列党组在履行职责过程中，除必须服从批准其设立的党组织领导外，还应当按照规定接受有关党组的领导或者指导：

（一）人大常委会机关党组、政府机关党组、政协机关党组，分别接受人大常委会党组、政府党组、政协党组的领导；

（二）政府工作部门党组、政府派出机关党组、政府直属事业单位党组，接受政府党组的指导督促；

（三）政府工作部门管理的单位党组，接受部门党组的指导督促；

（四）实行双重领导的单位党组，接受上级单位党组的领导。

中央组织部负责全国国有企业党建工作的宏观指导，会同国务院国资委党委履行对中管企业党建工作的具体指导职能，国务院国资委党委履行对中管企业党建工作的日常管理职责。

第二十五条　分党组应当接受上级单位党组的领导，上级单位设立机关党组的，还应当接受机关党组的指导。

第二十六条　党组应当按照《中国共产党重大事项请示报告条例》等有关规定，向批准其设立的党组织和其他有关党组织请示报告工作。

县级以上人大常委会党组、政府党组、政协党组、法院党组、检察院党组应当按照规定，向本级党委请示报告工作。

第二十七条　党组对有关重要问题作出决定时，应当根据需要充分征求机关和直属单位党组织以及本单位党员群众的意见，重要情况应当及时进行通报。党组应当按照规定实行党务公开。

第二十八条　党组实行集体领导制度。凡属党组职责范围内的事项，必须执行少数服从多数的原则，由党组成员集体讨论和决定，任何个人或者少数人无权擅自决定。

党组书记应当带头执行民主集中制，不得凌驾于组织之上，不得独断专行。党组其他成员应当对党组讨论和决定的事项积极提出意见和建议。

党组成员必须坚决服从党组集体决定，有不同意见的，在坚决执行的前提下，可以声明保留，也可以向上级党组织反映，但不得在其他场合发表不同意见。

第二十九条　以党组名义发布或者上报的文件、发表的文章，党组成员代表党组的讲话和报告，应当事先经党组集体讨论或者传批审定。党组成员署名发表或者出版同工作有关的文章、著作、言论，应当事先经党组审定或者党组书记批准。

党组成员在调查研究、检查指导工作或者参加其他公务活动时发表的个人意见，应当符合党中央以及上级党组织、党组的有关精神。

第五章　决策与执行

第三十条　党组应当按照集体领导、民主集中、个别酝酿、会议决定的原则作出决策，实行科学决策、民主决策、依法决策。

第三十一条　党组作出重大决策，一般应当经过调查研究、征求意见、充分酝酿等程序，按照规则由集体讨论和决定。

党组讨论和决定人事任免事项，应当严格按照《党政领导干部选拔任用工作条例》等有关规定执行。

党组讨论和决定基层党组织设置调整和发展党员、处分党员重要事项，应当严格按照党章党规和党中央有关规定执行。

第三十二条 党组决策一般采用党组会议形式。党组会议一般每月召开1次，遇有重要情况可以随时召开。

党组会议议题由党组书记提出，或者由党组其他成员提出建议、党组书记综合考虑后确定。会议议题应当提前书面通知党组成员。

第三十三条 党组会议应当有半数以上党组成员到会方可召开，讨论和决定干部任免、处分党员事项必须有三分之二以上党组成员到会。党组成员因故不能参加会议的应当在会前请假，其意见可以用书面形式表达。党组会议议题涉及本人或者其亲属以及存在其他需要回避情形的，有关党组成员应当回避。

根据工作需要，召开党组会议可以请不是党组成员的本单位领导班子成员列席。会议召集人可以根据议题指定有关人员列席会议。批准其设立的党组织等可以派员列席党组会议。

第三十四条 党组会议议题提交表决前，应当进行充分讨论。

表决可以采用口头、举手、无记名投票或者记名投票等方式进行，赞成票超过应到会党组成员半数为通过。未到会党组成员的书面意见不得计入票数。表决实行会议主持人末位表态制。会议研究决定多个事项的，应当逐项进行表决。

党组会议由专门人员如实记录，决定事项应当编发会议纪要，并按照规定存档备查。

第三十五条 党组决策一经作出，应当坚决执行。党组应当督促推动本单位领导班子依法依章程及时全面落实党组决策。党组成员应当在职责范围内认真抓好党组决策贯彻落实。

党组应当建立有效的督查、评估和反馈机制，确保党组决策落实。

第六章 党组性质党委

第三十六条 党组性质党委，是指党在对下属单位实行集中统一领导的国家工作部门和有关单位的领导机关中设立的领导机构，在本单位、本系统发挥领导作用。

党组性质党委，由上级党组织直接批准设立，不同于由选举产生的地方党委和基层党委。

第三十七条　下列国家工作部门和单位经批准，可以设立党组性质党委：

（一）对下属单位实行集中统一领导的国家工作部门；

（二）根据中央授权对有关单位实行集中统一领导的国家工作部门；

（三）政治要求高、工作性质特殊、系统规模大的国家工作部门；

（四）对下级单位实行垂直管理的国家工作部门；

（五）金融监管机构；

（六）中管金融企业。

地方国家机关设立党组性质党委，一般应当同中央国家机关对应。

第三十八条　党组性质党委的设立、变更和撤销，一般应当由党中央或者本级地方党委审批。

对下属单位实行集中统一领导的国家工作部门和单位党组性质党委，根据党中央授权可以负责审批下属单位党组性质党委的设立、变更和撤销。

党组性质党委根据需要并按照规定权限和程序审批后，可以设立工作机构。

第三十九条　党组性质党委除履行本条例第三章规定的党组相关职责外，还领导或者指导本系统党组织的工作，讨论和决定下属单位工作规划部署、机构设置、干部队伍管理、党的建设等重要事项。

第七章　监督与追责

第四十条　建立党组（党委）书记述责述廉制度。批准设立党组（党委）的党组织根据需要可以听取党组（党委）书记报告履职情况，加强对权力运行的监督制约。

建立党组（党委）及其成员履职考核制度，一般由批准设立党组（党委）的党组织负责考核，纪检监察机关、党的有关工作机关、党的机关工委参与。

实行双重领导且以上级单位领导为主的单位党组（党委）及其成员，可以由上级单位党组（党委）会同地方党委组织开展考核。具体考核工作按照党中央有关规定执行。

实行垂直管理单位的党组性质党委及其成员，由上级单位党组性质党委组织开展考核，如有需要，可以按照规定征求地方党委意见。

党组（党委）及其成员执行本条例情况，应当自觉接受纪检监察机关、本单位基层党组织和党员群众的监督，纳入巡视巡察范围和党员民主评议内容。

第四十一条　党组（党委）及其成员、有关党组织及其工作人员应当严格按照本条例履行职责。违反本条例的，根据情节轻重，给予批评教育、责令作出检查、诫勉、通报批评或者调离岗位、责令辞职、免职、降职等处理，或者依规依纪依法给予处分；涉嫌犯罪的，依法追究刑事责任。

对发生集体违反本条例行为的，或者在其他党组（党委）成员出现严重违反本条例行为上存在重大过失的，还应当追究党组（党委）书记的相关责任。

党组（党委）重大决策失误的，对参与决策的党组（党委）成员实行终身责任追究。

党组（党委）成员在讨论和决定有关事项时，对重大失误决策明确持不赞成态度或者保留意见的，应当免除或者减轻责任。

第八章　附　　则

第四十二条　党组性质党委、机关党组、分党组的设立和运行等，除本条例有专门规定外，适用党组有关规定。

第四十三条　党组（党委）应当根据本条例，结合实际制定和完善工作规则。

第四十四条　本条例由中央组织部会同中央办公厅解释。

第四十五条　本条例自2019年4月6日起施行。2015年6月11日中共中央印发的《中国共产党党组工作条例（试行）》同时废止。其他有关党组（党委）规定，凡与本条例不一致的，按照本条例执行。

中国共产党党员权利保障条例

1. 2004年9月9日中共中央政治局常委会会议审议批准，2004年9月22日中共中央发布

2. 2020年11月30日中共中央政治局会议修订，2020年12月25日中共中央发布

第一章　总　　则

第一条　为了坚持党的领导，加强党的建设，发扬党内民主，保障党员权利，增强党的生机活力，根据《中国共产党章程》，制定本条例。

第二条　党员权利保障坚持以马克思列宁主义、毛泽东思想、邓小平理论、“三个代表”重要思想、科学发展观、习近平新时代中国特色社会主义思想为指导，增强“四个意识”、坚定“四个自信”、做到“两个维护”，不忘初心、牢记使命，坚定不移全面从严治党，推动各级党组织落实和保障党员权利，激发广大党员的积极性、主动性、创造性，增强党的创造力、凝聚力、战斗力，永葆党的先进性和纯洁性，为全面建设社会主义现代化国家、实现中华民族伟大复兴作出贡献。

第三条　党员权利保障应当遵循以下原则：

（一）坚持民主和集中相结合，既激发党员参与党内事务的热情，又要求党员按照党性原则行使权利；

（二）坚持义务和权利相统一，切实履行党章规定的义务，正确行使各项权利，在宪法和法律的范围内活动；

（三）坚持在党的纪律面前人人平等，不允许任何党员享有特权；

（四）坚持充分全面保障党员权利，完善权利保障措施，畅通权利行使渠道，增强工作实效。

第四条　党组织必须尊重党员主体地位，强化管党治党政治责任，将党员权利保障融入新时代党的建设，严格按照党章和其他党内法规保障党员各项权利、完善党员权利保障制度机制。

党员应当增强党的观念和主体意识，将行使党章规定的权利作为对党应尽的责任，向党组织讲真话、讲实话、讲心里话，敢于担当、敢于负责，遵守纪律规矩，正确行使权利。

第五条　任何侵犯党员权利的行为必须受到追究。党组织应当以事实为根据、以党章党规党纪为准绳，对侵犯党员权利行为作出认定和处理。

第二章　党员权利的行使

第六条　党员享有的党章规定的各项权利必须受到尊重和保护，党的任何一级组织、任何党员都无权剥夺。预备党员除了没有表决权、选举权和被选举权以外，享有同正式党员一样的权利。

党员行使权利时不得侵犯其他党员的权利。

第七条　党员有党内知情权，有权按照规定参加党的有关会议、阅读党的有关文件，了解党的路线方针政策和决议，本人所在党组织贯彻党中央决策部署以及上级党组织决定、落实全面从严治党主体责任、开展重点工作情况以及其他党内事务。

第八条 党员有接受党的教育培训权，有权提出教育培训要求，参加党组织安排的集中学习教育、专题学习教育、集中轮训、脱产培训、网络培训。

第九条 党员有党内参加讨论权，有权在党的会议上和党报党刊上参加关于党的理论、政策的学习讨论，并充分发表意见；有权按照规定在党内参加有关重要决策和重要问题的讨论，参加党组织开展的征求意见等活动，反映真实情况，积极建言献策。

党员在讨论党的基本理论、基本路线、基本方略的过程中，应当自觉同党中央保持高度一致。

第十条 党员有党内建议和倡议权，有权以口头或者书面方式对本人所在党组织、上级党组织直至中央的各方面工作提出建议和倡议，有权按照规定在干部选拔任用中推荐优秀干部，在党组织巡视巡察、检查督查中对党的工作提出建议。

第十一条 党员有党内监督权，有权在党的会议上以口头或者书面方式有根据地批评党的任何组织和任何党员，揭露、要求纠正工作中存在的缺点和问题，在民主评议中指出领导干部和其他党员的缺点错误；有权向党组织反映对本人所在党组织、领导干部、其他党员的意见。党员以书面方式提出的批评意见应当按照规定送被批评者或者有关党组织。

党员有权向党组织负责地揭发、检举党的任何组织和任何党员的违纪违法事实，提出处理、处分有违纪违法行为党组织和党员的要求。

党员进行批评、揭发、检举以及提出处理、处分要求，应当通过组织渠道，不得随意扩散传播、网络散布，不得夸大和歪曲事实，更不得捏造事实、诬告陷害。

第十二条 党员有党内提出罢免撤换要求权，有权向所在党组织或者上级党组织反映领导干部不称职的情况，负责地提出罢免或者撤换不称职领导干部的要求。

党员提出罢免或者撤换要求应当严肃负责，按照组织原则，符合有关程序。

第十三条 党员有党内表决权，有权按照规定在党组织讨论决定问题时参加表决，在表决前了解情况，在讨论中充分发表意见。表决时可以表示赞成、不赞成或者弃权。

第十四条　党员有党内选举权，有权参加党内选举，了解候选人情况、要求改变候选人、不选任何一个候选人和另选他人。

党员有党内被选举权，有权经过规定程序成为候选人和当选。

第十五条　党员有党内申辩权，有权实事求是地对被反映的本人问题向党组织作出说明、解释；在基层党组织讨论决定对自身处分或者作出鉴定时，有权参加和进行申辩，其他党员可以为其作证和辩护。

第十六条　党员有党内提出不同意见权，对党的决议和政策如有不同意见，在坚决执行的前提下，有权向党组织声明保留，并且可以把自己的意见向党的上级组织直至中央反映；有权按照规定在党组织讨论决定"三重一大"事项或者征求意见、干部选拔任用以及公示等过程中提出不同意见。

党员不得公开发表同中央决定不一致的意见。

第十七条　党员有党内请求权，遇到重要问题需要党组织帮助解决的，有权按照规定程序逐级向本人所在党组织、上级党组织直至中央提出请求，并要求有关党组织给予负责的答复。

第十八条　党员有党内申诉权，对于党组织给予本人的处理、处分或者作出的鉴定、审查结论不服的，有权按照规定程序逐级向本人所在党组织、上级党组织直至中央提出申诉。

党员认为党组织给予其他党员的处理、处分或者作出的鉴定、审查结论不当的，有权按照规定程序逐级向党组织直至中央提出意见。

第十九条　党员有党内控告权，合法权益受到党组织或者其他党员侵害的，有权向本人所在党组织、上级党组织直至中央提出控告，要求对侵害其合法权益的行为依规依纪进行处理。

第三章　保障措施

第二十条　党组织应当按照规定确定党务公开的内容、方式和范围，保障党员及时了解党内事务。

党的代表大会、代表会议和党的委员会全体会议以及其他重要会议召开后，党组织应当按照规定将会议内容和精神向党员传达。党组织作出的决议决定应当按照规定及时向党员通报。

党组织应当按照规定为党员提供阅读党内有关文件的必要条件。党员因缺乏阅读能力或者其他原因无法直接阅读文件的，党组织应当按照规定向其传达文件精神。

第二十一条 党组织应当按照规定召开党员大会、党小组会、支部委员会会议和组织生活会，开展谈心谈话，组织民主评议，保障党员参加学习讨论、议事决策，进行批评和自我批评。

第二十二条 党组织应当按照规定、有计划地对党员进行教育和培训，深入开展党的创新理论教育，加强党性教育和理想信念教育，注重了解和掌握党员的学习需求，创新教育培训方式，有针对性地开展政策、科技、管理、法规等培训，保证党员接受教育培训的学时和质量。

第二十三条 党组织作出重要决议决定前，应当通过调研、论证、咨询等方式，充分征求党员意见，在党内凝聚共识、汇集智慧。党的路线方针政策和党中央重大决策部署、重要党内法规研究制定过程中，应当在一定范围内征求党员意见。党的地方组织、基层组织研究作出重要决议决定，应当在本级组织管辖的一定范围内征求党员意见。一般情况下，对于存在重大分歧的，应当在进一步调查研究、交换意见后再启动决策程序。

第二十四条 党组织应当积极利用党的会议、报刊、网站，为党员参加党的理论和政策讨论、发表认识体会、提出意见建议提供条件。注重汇总研究党员意见，用以加强和改进党的工作。下级党组织应当根据上级党组织的安排，组织党员参加讨论。

第二十五条 党组织应当紧扣新时代党建工作特点和党员权利保障要求，创新保障党员权利的方法手段，为党员行使权利提供便捷渠道。

第二十六条 党组织讨论决定问题必须坚持民主集中制，执行少数服从多数原则，决定重要问题应当按照规定进行表决。表决前应当充分讨论酝酿，表决情况和不同意见及其理由应当如实记录。

第二十七条 党组织应当支持和鼓励党员对党的工作提出建议和倡议。对于党员的建议和倡议，党组织应当认真听取、研究，合理的予以采纳；对于改进工作有重大帮助的，应当对提出建议和倡议的党员给予表扬。

党组织应当支持和保护向组织讲真话、报实情的党员，认真听取各种不同意见。对于持有不同意见的党员，只要本人坚决执行党的决议和政策，就不得对其歧视或者进行追究；对于持有错误意见的党员，应当进行批评、帮助、教育。

第二十八条 党组织应当健全党代表大会代表联系党员制度，支持和保障党代表大会代表加强与基层党员的联系，了解和反映党员意见和建议，听取党员对其履职的意见。领导干部应当认真执行直接联系党员制度，深入实际、深入基层，主动听取党员意见和诉求，及时回应党员关切。

第二十九条　党组织进行选举时，应当严格执行选举制度规则，充分体现选举人的意志。

党的任何组织和任何党员不得以任何方式妨碍党员在党内自主行使选举权和被选举权，不得阻挠有选举权和被选举权的人到场，不得以任何方式追查选举人的投票意向。

第三十条　党员被依法留置、逮捕的，党组织应当按照管理权限中止其表决权、选举权和被选举权等党员权利。根据监察机关、司法机关处理结果，可以恢复其党员权利的，应当及时予以恢复。

党员受留党察看处分期间，没有表决权、选举权和被选举权。留党察看期间确有悔改表现的，期满后应当恢复其党员权利。

党员被停止党籍的，党员权利相应停止。对于停止党籍的党员，符合条件的，可以按照规定程序恢复党籍和党员权利。

第三十一条　党组织在巡视巡察和检查督查中，可以通过个别谈话、召开座谈会、调查研究、受理来信来访等方式，广泛收集和听取党员意见建议。

被巡视巡察、检查督查的党组织应当保障党员反映意见的权利，不得妨碍党员反映问题、提出建议。

第三十二条　党组织应当严格落实党内民主监督各项制度，畅通监督渠道，支持和鼓励党员发扬斗争精神，同各种违纪违法行为和不正之风作斗争。对于党员的批评、揭发、检举、控告以及提出的有关处理、处分和罢免、撤换要求，党组织应当按照规定及时恰当处理，并给予负责的答复。

党组织应当保障检举控告人的权益，对检举控告人的信息以及检举控告内容必须严格保密，严禁将检举控告材料转给被检举控告的组织和人员。提倡和鼓励实名检举控告，对实名检举控告优先办理、优先处置，告知受理情况、反馈处理结果；对于检举控告严重违纪违法问题经查证属实的，应当给予表扬。

对于党员检举控告和反映的问题，任何党组织和领导干部都不准隐瞒不报、拖延不办。对于通过正常渠道反映问题的党员，任何组织和个人都不准打击报复，不准擅自进行追查，不准采取调离工作岗位、降格使用等惩罚措施。

第三十三条 党组织应当建立健全激励机制，把党员在推进改革中因缺乏经验、先行先试出现的失误错误，同明知故犯的违纪违法行为区分开来；把尚无明确限制的探索性试验中的失误错误，同明令禁止后依然我行我素的违纪违法行为区分开来；把为推动发展的无意过失，同为谋取私利的违纪违法行为区分开来。正确把握党员在工作中出现失误错误的性质和影响，给予实事求是、客观公正的处理，保护党员担当作为的积极性。

第三十四条 对于诬告陷害行为，党组织应当依规依纪严肃处理。对于经核查认定党员受到失实检举控告、确有必要澄清的，应当按照规定对检举控告失实的具体问题进行澄清。

第三十五条 在对党员进行监督执纪中应当充分保障党员权利，严格依规依纪依法开展工作，不得使用违反党章党规党纪和法律法规的手段、措施。对于本人的说明和申辩、其他党员所作的证明和辩护，应当认真听取、如实记录、及时核实，合理的予以采纳；不予采纳的，应当说明理由。党员实事求是的申辩、作证和辩护，应当受到保护。

处理、处分所依据的事实材料应当同本人见面。处理、处分的决定应当向本人宣布，并写明党员的申诉权以及受理申诉的组织等内容。事实材料和决定应当由本人签署意见，对签署不同意见或者拒不签署意见的，应当作出说明或者注明情况。

第三十六条 党组织对受到处理、处分的党员应当进行跟踪回访，教育引导他们正确认识、改正错误，放下包袱、积极工作。对于影响期满、表现好的党员，符合条件的应当正常使用。

第三十七条 党组织应当认真处理党员的申诉，并给予负责的答复。对于党员的申诉，有关党组织应当按照规定进行复议、复查，不得扣压。上级党组织认为必要时，可以直接或者指定有关党组织进行复议、复查。

经复议、复查或者审查决定，对于全部或者部分纠正的案件，重新作出的决定应当在一定范围内宣布。对于处理正确而本人拒不接受的，给予批评教育；对于无正当理由反复申诉的，有关党组织应当正式通知本人不再受理并在适当范围内宣布。

党员对党组织给予其他党员的处理、处分或者鉴定、审查结论提出的意见，有关党组织应当认真研究处理。

第三十八条　企业、农村和街道、社区等党的基层组织应当注重维护流动党员权利，加强和改进流动党员管理和服务工作，健全流出地、流入地党组织沟通协调机制，保障流动党员正常参加组织生活、行使党员权利。

第三十九条　党组织应当关心党员思想、工作、学习、生活，做好党内关怀帮扶工作。对于党员提出的请求应当及时受理，合理合规的应当及时解决，一时难以解决的应当说明情况，不属于党组织职责范围的可以向有关部门反映。

第四章　职责任务和责任追究

第四十条　党委（党组）必须落实全面从严治党主体责任，加强对党员权利保障工作的领导，严格执行党员权利保障方面的党内法规和制度措施；明确同级纪委和党的工作机关、直属单位以及相当于这一层级的党组（党委）的相关任务和要求，督促下级党组织和领导干部履行相关职责，及时发现和纠正党员权利保障工作中存在的问题；宣传党员权利保障方面的党内法规和政策要求，经常开展党员义务和权利教育，引导广大党员增强责任意识、正确行使权利。

第四十一条　党的纪律检查机关应当担负起保障党员权利的职责，加强对党组织和领导干部履行党员权利保障工作职责情况的监督检查，受理和处置有关党员权利保障方面的检举、控告和申诉，检查和处理侵犯党员权利方面的案件，对侵犯党员权利的党组织和党员作出处理、处分决定或者提出处理、处分建议。

第四十二条　党委办公厅（室）、组织部、宣传部、统战部、政法委员会和党的机关工作委员会等党的工作机关应当结合自身职能和工作实际，抓好党员权利保障工作的落实；研究解决职责范围内党员权利保障工作的重要问题，向本级党委、纪委提出意见建议，为保障党员权利正常行使创造条件、提供服务。

第四十三条　党的基层组织应当发挥战斗堡垒作用，严格落实党员权利保障方面的法规制度，保障党员充分行使各项权利；经常了解党员意见和诉求，及时研究解决，发现党员权利受到侵犯的，及时处理或者向上级党组织报告。

第四十四条 领导干部特别是高级干部应当以身作则，带头履行党员义务、正确行使党员权利，提高民主素养，平等对待同志，自觉同特权思想和特权现象作斗争，营造党员积极行使权利的良好氛围。

领导干部应当模范遵守和严格执行党员权利保障方面的法规制度，支持和鼓励党员正常行使权利。各级党组织主要负责同志应当担负起第一责任人的职责，加强对党员权利保障工作的调查研究和相关机制建设，推动解决突出问题，抓好本地区本部门本单位党员权利保障工作的落实。

第四十五条 党组织和领导干部有下列侵犯党员权利情形之一的，应当依规依纪追究责任：

（一）不按照规定公开党内事务，侵犯党员知情权；

（二）违反民主集中制原则，压制、破坏党内民主，违规决定重大问题；

（三）在民主推荐、民主测评、民主评议、考核考察和党内选举等工作中，违背组织原则，以强迫、威胁、欺骗、拉拢等手段，妨碍党员自主行使表决权、选举权和被选举权等权利；

（四）对党员批评、揭发、检举、控告、申辩、作证、辩护、申诉等正常行使权利的行为进行追究，或者采取阻挠压制、打击报复等措施妨碍党员正常行使权利；

（五）泄露揭发、检举、控告等应当保密的信息；

（六）违规违法使用审查调查措施，侵犯党员合法权益；

（七）对党员正常行使权利的诉求消极应付、推诿扯皮，依照政策或者有关规定能够解决而不及时解决；

（八）其他侵犯党员权利的情形。

第四十六条 党员不正确行使权利，损害党、国家和人民利益，有下列行为之一的，应当依规依纪追究责任：

（一）公开发表违背党的理论路线方针政策和党中央重大决策部署的观点和意见；

（二）不按照组织原则和程序进行批评、揭发、检举、控告以及提出处理、处分、罢免、撤换要求，或者随意扩散、传播；

（三）制作、发布、传播违反党的纪律或者法律法规规定的网络信息或者其他信息；

（四）捏造事实、伪造材料诬告陷害；

（五）其他不正确行使党员权利的行为。

第四十七条　对于有侵犯党员权利行为的党组织，上级党组织应当责令改正；情节较重的，按照规定追究纪律责任。

对于有侵犯党员权利行为的党员，其所在党组织或者上级党组织可以采取责令停止侵权行为、责令赔礼道歉，以及批评教育、责令检查、诫勉等方式给予处理；情节较重的，按照规定给予组织调整或者组织处理、党纪处分。

第四十八条　党组织和领导干部违反党章和其他党内法规的规定，不履行或者不正确履行保障党员权利的职责，造成严重后果或者恶劣影响的，应当按照管理权限由相关党委（党组）、党的纪律检查机关或者党的工作机关予以问责。

第四十九条　对于因侵犯党员权利受到党纪追究或者在保障党员权利方面失职失责被问责的党员，需要给予政务处分或者其他处理的，作出党纪处分决定、问责决定的党组织应当通报相关单位，由相关单位依法给予政务处分或者其他处理；构成犯罪的，依法追究刑事责任。

第五章　附　　则

第五十条　中央军事委员会可以根据本条例制定相关规定。

第五十一条　本条例由中央纪律检查委员会商中央组织部解释。

第五十二条　本条例自发布之日起施行。

中国共产党纪律检查委员会工作条例

1. 2021年12月6日中共中央政治局会议审议批准

2. 2021年12月24日中共中央发布

第一章　总　　则

第一条　为了加强和规范新时代党的纪律检查委员会工作，根据《中国共产党章程》，制定本条例。

第二条　党的各级纪律检查委员会高举中国特色社会主义伟大旗帜，以马克思列宁主义、毛泽东思想、邓小平理论、“三个代表”重要思想、科学发展观、习近平新时代中国特色社会主义思想为指导，增强“四个意识”、坚定“四个自信”、做到“两个维护”，不忘初心、牢记使命，深入贯彻全面从严治党战略方针，坚定不移推进党风廉政建设和反腐败斗争，构建一体推进不敢腐、不能腐、不想腐体制机制，从严从实加强自身建设，自觉接受监督，充分发挥监督保障执行、促进完善发展作用。

第三条 党的各级纪律检查委员会是党内监督专责机关，是党推进全面从严治党、开展党风廉政建设和反腐败斗争的专门力量。

党的各级纪律检查委员会的主要任务是：维护党的章程和其他党内法规，检查党的理论和路线方针政策、党中央决策部署执行情况，协助党的委员会推进全面从严治党、加强党风建设和组织协调反腐败工作。

党的各级纪律检查委员会把坚决维护习近平总书记党中央的核心、全党的核心地位，维护党中央权威和集中统一领导作为最高政治原则和根本政治责任。

第四条 党的各级纪律检查委员会遵循以下原则开展工作：

（一）坚持党的全面领导，坚持党中央集中统一领导。

（二）坚持以人民为中心，践行党的根本宗旨和群众路线。

（三）坚持民主集中制，实行集体领导和个人分工负责相结合的制度。

（四）坚持严的主基调，全面从严、一严到底。

（五）坚持实事求是，依规依纪依法履行职责。

（六）坚持惩前毖后、治病救人，实现政治效果、纪法效果、社会效果有机统一。

第二章 领导体制

第五条 党的中央纪律检查委员会（国家监察委员会）在党中央领导下进行工作，履行党的最高纪律检查机关（国家最高监察机关）职责。

党的中央纪律检查委员会严格执行加强和维护党中央集中统一领导的各项制度要求，及时向中央政治局、中央政治局常务委员会请示汇报工作，研究重大事项、重要问题以及作出立案审查决定、给予党纪处分等事项向党中央请示报告。执行党中央重要决定的情况应当专题报告。

第六条　党的地方各级纪律检查委员会和基层纪律检查委员会在同级党的委员会和上级纪律检查委员会双重领导下进行工作。

党的地方各级纪律检查委员会和基层纪律检查委员会应当落实同级党的委员会推进全面从严治党、加强党风廉政建设和反腐败工作的部署，执行同级党委作出的决定，及时向同级党委汇报工作，按照规定请示报告重大事项。

上级党的纪律检查委员会加强对下级纪律检查委员会的领导，对下级纪委的工作作出部署、提出要求；督促指导和支持下级纪委开展同级监督，检查下级纪委的工作，定期听取工作汇报，开展政治和业务培训；坚持查办腐败案件以上级纪委领导为主，按照规定审议和批准下级纪委关于线索处置、立案审查、纪律处分等的请示报告，按照程序改变下级纪委作出的错误或者不当的决定，必要时直接审查或者组织、指挥审查下级纪委管辖范围内有重大影响或者复杂的案件。

第七条　党的中央纪律检查委员会与国家监察委员会合署办公，党的地方各级纪律检查委员会与地方各级监察委员会合署办公，实行一套工作机构、两个机关名称，履行党的纪律检查和国家监察两项职责，实现纪委监委领导体制和工作机制的统一融合，集中决策、一体运行，坚持纪严于法，执纪执法贯通。

第三章　产生和运行

第八条　党的中央纪律检查委员会由党的全国代表大会选举产生，每届任期和党的中央委员会任期相同。

党的中央纪律检查委员会全体会议，选举常务委员会和书记、副书记，并报党的中央委员会批准。

第九条　中央纪律检查委员会委员应当政治坚定、对党忠诚、敢于斗争、担当作为、清正廉洁，具备组织领导纪律检查工作、推进党风廉政建设和反腐败斗争的能力。

中央纪律检查委员会委员应当认真履行以下职责：

（一）参加中央纪委全体会议，积极发表意见、提出建议。

（二）在纪律检查机关担负具体工作的委员，应当模范履行岗位职责，高质量完成所承担的纪律检查工作。

（三）未在纪律检查机关担负具体工作的委员，应当支持和帮助本地区、本部门、本单位纪律检查机关开展工作；了解所在地区、部门、单位党组织和党员领导干部遵守党章党规党纪、贯彻落实党中央决策部署等情况，提出意见建议，重要问题及时向中央纪委常委会反映。

（四）对中央纪委的工作，以及中央纪委常委、其他中央纪委委员进行监督。

（五）承担中央纪委安排的其他任务。

第十条　党的中央纪律检查委员会通过召开全体会议的方式行使以下职权：

（一）制定贯彻落实党的全国代表大会和党中央决议决定的重大部署、重大措施。

（二）听取和审议常务委员会工作报告。

（三）选举常务委员会和书记、副书记。

（四）讨论和决定纪检监察工作的重大问题、重大事项。

（五）按照权限审议重要党内法规或者规范性文件。

（六）决定或者追认给予中央纪委委员撤销党内职务以上处分。

（七）研究决定常务委员会提请决定的事项，或者应当由全体会议决定的其他重要事项。

第十一条　党的中央纪律检查委员会全体会议每年至少召开一次，由中央纪律检查委员会常务委员会召集并主持。

党的中央纪律检查委员会全体会议应当有三分之二以上委员到会方可召开。委员因故不能参加会议的应当在会前请假，其意见可以用书面形式表达。根据需要，可以安排有关人员列席会议。

根据讨论和决定事项的不同，采用举手、无记名投票等方式进行表决，赞成票超过应到会委员半数的为通过。

对中央纪律检查委员会委员给予撤销党内职务以上处分，必须由应到会委员三分之二以上的多数决定，报党中央批准。

第十二条　中央纪律检查委员会常务委员会贯彻落实党中央决策部署，以及中央纪律检查委员会全体会议的决定和部署，向全体会议报告工作，接受监督。在全体会议闭会期间，行使中央纪律检查委员会职权，主要包括：

（一）讨论向党的全国代表大会的工作报告，向党中央请示报告工作，学习贯彻党中央决策部署。

（二）召集全体会议，对拟提交全体会议讨论和决定的事项先行审议、提出意见。

（三）讨论和决定纪检监察工作的重要问题、重要事项。

（四）按照权限审议党内法规或者规范性文件。

（五）听取以中央纪委名义立案审查的有关案件情况通报。

（六）按照权限讨论和决定对违犯党纪的党组织、党员处理、处分等事项。

（七）决定给予中央纪委委员撤销党内职务以上处分，并报党中央批准，待召开全体会议时予以追认。

（八）按照干部管理权限审议干部任免事项。

（九）研究决定应当由常务委员会决定的其他重要事项。

第十三条　中央纪律检查委员会常务委员会会议一般定期召开，遇有重要情况可以随时召开。

中央纪律检查委员会常务委员会会议由中央纪委书记召集并主持，会议议题由书记确定。

中央纪律检查委员会常务委员会会议应当有半数以上常委会委员到会方可召开。审议干部任免事项必须有三分之二以上常委会委员到会。根据需要，可以安排有关人员列席会议。

讨论和决定重要问题，应当进行表决。涉及多个事项的，应当逐项表决。表决可以根据讨论和决定事项的不同，采用口头、举手、无记名投票或者记名投票等方式进行，赞成票超过应到会常委会委员半数的为通过。

第十四条　中央纪律检查委员会办公会议一般定期召开，遇有重要情况可以随时召开。办公会议由中央纪委书记召集并主持，会议议题由书记确定，驻委的副书记、常委会委员及有关负责同志参加。办公会议研究或者决定以下事项：

（一）学习贯彻党中央决策部署。

（二）机关日常工作中需要研究、决定或者通报的重要事项。

（三）按照权限讨论和决定对违犯党纪的党的组织、党员处理、处分等事项。

（四）按照干部管理权限讨论和决定有关干部任免事项。

（五）其他需要提交办公会议讨论的重要事项。

第十五条 中央纪律检查委员会机关根据工作需要，设立必要的内设机构，依照有关规定配置机构职能和权限。

第十六条 党的地方各级纪律检查委员会由同级党的代表大会选举产生，每届任期和同级党的委员会任期相同。

党的地方各级纪律检查委员会全体会议，选举常务委员会和书记、副书记，并由同级党的委员会通过，报上级党的委员会批准。

上级党的委员会可以根据工作需要，在下级党的代表大会闭会期间，调动、任免下级纪律检查委员会书记、副书记。

第十七条 党的地方各级纪律检查委员会通过召开全体会议的方式行使以下职权：

（一）制定贯彻落实党中央决策部署以及中央纪委工作部署，同级党的代表大会和党委决议决定、上级纪委工作要求的重大措施。

（二）听取和审议常务委员会工作报告。

（三）选举常务委员会和书记、副书记。

（四）讨论和决定管辖范围内纪检监察工作的重大问题、重大事项。

（五）按照权限审议规范性文件。

（六）决定或者追认给予本级纪委委员撤销党内职务以上处分。

（七）研究决定常务委员会提请决定的事项，或者应当由全体会议决定的其他重要事项。

第十八条 地方各级纪律检查委员会常务委员会贯彻落实党中央决策部署以及中央纪委工作部署，落实同级党委、上级纪委、本级纪委全体会议的工作部署，向全体会议报告工作，接受监督。在全体会议闭会期间，行使本级纪律检查委员会职权，主要包括：

（一）讨论向同级党的代表大会的工作报告，向同级党委和上级纪委请示报告工作。

（二）召集全体会议，对拟提交全体会议讨论和决定的事项先行审议、提出意见。

（三）讨论和决定管辖范围内纪检监察工作的重要问题、重要事项。

（四）按照权限审议规范性文件。

（五）听取以本级纪委名义立案审查的有关案件情况通报。

（六）按照权限讨论和决定对违犯党纪的党组织、党员处理、处分等事项。

（七）决定给予本级纪委委员撤销党内职务以上处分，并报同级党委批准后，按照规定报上一级纪委备案或者批准，待召开本级纪委全体会议时予以追认。

（八）按照干部管理权限审议干部任免事项。

（九）研究决定应当由常务委员会决定的其他重要事项。

第十九条　地方各级纪律检查委员会委员的任职条件、履职要求，全体会议和常务委员会会议的召开、表决，以及机关机构设置等事项，参照本条例第九条、第十一条、第十三条、第十五条的规定执行。

第二十条　党的基层委员会是设立纪律检查委员会，还是设立纪律检查委员，由它的上一级党组织根据有关规定和具体情况决定。

党的基层纪律检查委员会由党员大会或者党员代表大会选举产生，每届任期和同级党的委员会任期相同。

党的基层纪律检查委员会选出的书记、副书记，经同级党的委员会通过后，报上级党组织批准。

基层纪律检查委员会委员的任职条件、履职要求等事项，按照有关规定执行。

第二十一条　党的基层纪律检查委员会根据需要及时召开全体会议，传达学习党中央决策部署以及中央纪委工作部署，传达学习同级党委和上级纪委的工作部署，提出贯彻落实的具体措施，研究讨论管辖范围内纪律检查工作的重要问题、重要事项，按照权限讨论或者决定对违犯党纪的党组织、党员处理、处分等事项。

第二十二条　乡镇和企业、机关、高校等单位中的党的基层纪律检查委员会应当按照党章、本条例和其他党内法规的有关规定，结合实际建立健全议事规则、工作制度，注重发挥纪委委员在监督执纪、议事决策方面的作用，根据工作需要可以组织纪委委员参与监督执纪有关事项。

党的基层纪律检查委员会可以按照有关规定，设立必要的工作机构，配备专职工作人员。

党的基层纪律检查委员会应当指导和督促同级党的委员会所属基层党组织纪律检查委员履行职责、发挥作用。

第二十三条 因调离本地区、辞去公职、退休等原因不适宜继续担任纪律检查委员会委员职务的，应当辞去或者按照程序免去其纪委委员职务。死亡、丧失国籍、被追究刑事责任、被停止党籍、受到撤销党内职务以上处分的，其纪委委员职务自动终止。辞去、免去或者自动终止地方纪委委员、基层纪委委员职务的，应当报上一级党的委员会备案。

第四章 主要任务

第二十四条 党的各级纪律检查委员会坚定维护党章，促进党组织和党员牢固树立党章意识、严格遵守党章规定，发挥党章作为管党治党总章程的作用，以严明的纪律巩固党的团结统一。切实维护各项党内法规，有规必依、执规必严、违规必究，保证党内法规得到有效执行，促进依规治党。

第二十五条 党的各级纪律检查委员会检查党的理论和路线方针政策的执行情况，坚持服务党和国家工作大局，坚决维护党中央权威和集中统一领导，推动党组织和党员统一意志、统一行动。加强对党中央决策部署落实情况的监督检查，坚持跟进监督、精准监督、全程监督，督促党组织和党员履职尽责、担当作为，确保党中央政令畅通、令行禁止。

第二十六条 党的各级纪律检查委员会协助同级党的委员会推进全面从严治党：

（一）协助同级党委制定全面从严治党规划、计划，推动各项工作落实。

（二）推动全面从严治党主体责任制度执行，检查同级党委领导班子成员包括“一把手”管党治党责任落实情况，监督下级党组织落实主体责任情况。

（三）加强对同级党委领导班子监督，发现班子成员包括“一把手”履职尽责、廉洁自律等方面重要问题，按照规定如实报告。

（四）协助同级党委加强对本地区本单位政治生态、党风廉政等情况分析，有关问题向同级党委报告并提出意见建议。

（五）协助同级党委开展巡视巡察工作。

（六）对日常监督、巡视巡察、审计监督等发现问题整改情况开展检查，通过加强监督推动整改常态化。

（七）协助起草相关党内法规和规范性文件。

（八）参与党委组织的管党治党有关专项工作。

坚持履行协助职责和监督责任有机结合，促进全面从严治党党委主体责任和纪委监督责任贯通协同。

第二十七条　党的各级纪律检查委员会协助同级党的委员会加强党风建设，锲而不舍落实中央八项规定精神，大力弘扬党的光荣传统和优良作风，驰而不息纠治形式主义、官僚主义、享乐主义和奢靡之风，坚决纠正损害群众利益的不正之风，保持党同人民群众的血肉联系。

第二十八条　党的各级纪律检查委员会协助同级党的委员会组织协调反腐败工作，坚定不移推进反腐败斗争，坚持和完善党中央集中统一领导、各级党委统筹指挥、纪委监委组织协调、职能部门高效协同、人民群众支持参与的反腐败工作体制机制。

发挥党委反腐败协调机构的统筹协调作用，开展反腐败国际追逃追赃等工作，加强相关部门协作配合，增强反腐败整体合力。

第二十九条　党的纪律检查工作坚持把一体推进不敢腐、不能腐、不想腐作为反腐败斗争的基本方针、新时代全面从严治党的重要方略，惩治震慑、制度约束、提高觉悟一体发力，系统施治、标本兼治，努力取得更多制度性成果和更大治理成效：

（一）坚持无禁区、全覆盖、零容忍，坚持重遏制、强高压、长震慑，坚持受贿行贿一起查，巩固不敢腐。

（二）坚持将惩治腐败与深化改革、促进治理贯通起来，深入查找制度和体制机制存在的问题，推动补齐制度短板、堵塞监管漏洞、规范权力运行，强化不能腐。

（三）坚持教育党员、干部坚定理想信念宗旨，提高党性觉悟，提升道德修养，涵养廉洁文化，筑牢思想上拒腐防变的堤坝，自觉不想腐。

第三十条　发挥党的纪律检查工作在党和国家监督体系中的重要作用，强化对权力运行的制约和监督，重点加强对领导干部特别是主要领导干部的监督，提升监督全覆盖质量，增强监督的政治性、严肃性、协同性、有效性。

深化纪检监察体制改革，推进纪律监督、监察监督、派驻监督、巡视监督统筹衔接，整合运用监督力量，构建系统集成、协同高效的监督机制。坚持以党内监督为主导，促进人大监督、民主监督、行政监督、司法监督、审计监督、财会监督、统计监督、群众监督、舆论监督等各类监督有机贯通、相互协调，健全信息沟通、线索移交、措施配合、成果共享等机制，形成常态长效的监督合力。

第五章 工作职责

第三十一条 党的各级纪律检查委员会围绕实现党章赋予的任务，坚持聚焦主责主业，履行监督、执纪、问责职责。

坚持把监督作为基本职责，抓早抓小、防微杜渐，综合考虑错误性质、情节后果、主观态度等因素，依规依纪依法、精准有效运用监督执纪“四种形态”：

（一）党员、干部有作风纪律方面的苗头性、倾向性问题或者轻微违纪问题，或者有一般违纪问题但具备免予处分情形的，运用监督执纪第一种形态，按照规定进行谈话提醒、批评教育、责令检查等，或者予以诫勉。

（二）党员、干部有一般违纪问题，或者违纪问题严重但具有主动交代等从轻减轻处分情形的，运用监督执纪第二种形态，按照规定给予警告、严重警告处分，或者建议单处、并处停职检查、调整职务、责令辞职、免职等处理。

（三）党员、干部有严重违纪问题，或者严重违纪并构成严重职务违法的，运用监督执纪第三种形态，按照规定给予撤销党内职务、留党察看、开除党籍处分，同时建议给予降职或者依法给予撤职、开除公职、调整其享受的待遇等处理。

（四）党员、干部严重违纪、涉嫌犯罪的，运用监督执纪第四种形态，按照规定给予开除党籍处分，同时依法给予开除公职、调整或者取消其享受的待遇等处理，再移送司法机关依法追究刑事责任。

第三十二条 党的各级纪律检查委员会应当把自觉遵守纪律的教育作为基础性工作，经常开展党章党规教育，强化党的政治纪律、组织纪律、廉洁纪律、群众纪律、工作纪律、生活纪律教育，深入开展警示教育，以案明纪、以案说法。

开展廉政教育，加强全面从严治党、党风廉政建设和反腐败工作的形势任务以及家风家教等宣传教育，推进廉洁文化建设，营造崇廉拒腐氛围。

根据形势需要，着眼保障党的中心工作，作出维护党纪的决定，制定相关法规文件，严明纪律要求，教育、引导和规范党组织、党员行为。

第三十三条　党的纪律检查委员会应当强化政治监督，重点监督党组织、党员特别是领导干部以下情况：

（一）对党忠诚，坚持党的领导，贯彻落实党的理论和路线方针政策、党中央决策部署，践行“两个维护”的情况。

（二）坚定理想信念宗旨，牢记初心使命，践行入党誓词，坚持中国特色社会主义制度的情况。

（三）落实全面从严治党主体责任和监督责任的情况。

（四）贯彻执行民主集中制，公正用权、依法用权、廉洁用权、担当作为的情况。

政治监督应当突出“关键少数”，重点加强对“一把手”、同级党委特别是常委会委员的监督。

第三十四条　党的纪律检查委员会应当加强日常监督，监督方式主要包括：座谈，召集、参加或者列席会议，了解党内同志和社会群众反映；查阅查询相关资料和信息数据；现场调查，驻点监督；督促巡视巡察整改；谈心谈话，听取工作汇报，听取述责述廉；建立健全党员领导干部廉政档案，开展党风廉政意见回复等工作。

开展专项监督，针对落实党中央决策部署中的突出问题，行业性、系统性、区域性的管党治党重点问题，形式主义、官僚主义、享乐主义和奢靡之风问题，群众反映强烈、损害群众利益的突出问题加强监督检查。必要时，可以组织、参加或者督促开展集中整治、专项治理。

加强基层监督，促进基层监督资源和力量整合，发挥纪检监察、巡察等作用，有效衔接村（居）务监督，建立监督信息网络平台，扩大群众参与，及时发现、处理群众身边的腐败问题和不正之风。

第三十五条　党的各级纪律检查委员会应当畅通信访举报渠道，依规依纪受理党员群众的信访举报，健全分办、交办、督办、反馈等工作机制。

对信访举报情况应当定期分析研判，对反映的典型性、普遍性、苗头性问题提出有针对性的工作建议，形成综合分析或者专题分析材料，向同级党委、上级纪委报告或者向有关党组织通报。

对于信访举报反映、监督执纪中发现以及巡视巡察机构和其他单位移交的问题线索，应当实行集中管理，采取谈话函询、初步核实、暂存待查、予以了结等方式分类处置，做到件件有着落。

第三十六条 党的各级纪律检查委员会对反映党组织、党员的问题线索经过初步核实，对于涉嫌违纪、需要追究党纪责任的，应当按照规定予以立案审查。

各级纪律检查委员会按照管理权限，审查违反党章和其他党内法规的比较重要或者复杂的案件，主要包括：同级党委委员、候补委员，同级纪委委员，同级党委管理的党员干部，以及同级党委工作部门，同级党委批准设立的党组（党委），下一级党委、纪委等涉嫌违纪案件；案情重大复杂，需要采取重要审查措施的案件；同级党委、上级纪委交办的其他案件。

地方各级纪律检查委员会和基层纪律检查委员会对于处理涉及同级党委委员、候补委员，同级党委管理的正职领导干部，同级纪委常委、监委委员等人员的案件，以及涉及政治问题、国家安全等特别重要或者复杂案件中的问题和处理的结果，在向同级党委报告的同时，即向上级纪委一并报告。

纪律审查工作应当依规依纪采取谈话、查询、调取、暂扣、封存、勘验检查、鉴定等措施，以及通过要求相关组织作出说明等方式，收集证据，查明事实，处置违纪所得。

第三十七条 党的各级纪律检查委员会根据纪律审查结果，依据相关党内法规，对应当追究党纪责任的党组织和党员进行纪律处理、处分。

对于各级纪律检查委员会立案审查的党员，需要给予纪律处分的，一般由负责审查的纪委提出处分意见，经被审查人所在党支部的党员大会讨论形成决议，并按照规定报党的基层委员会批准或者有权处分的党组织审批。在特殊情况下，县级和县级以上各级纪委有权直接决定给予党员纪律处分，主要包括：案情涉密、敏感；违纪案件跨地区跨部门跨单位；违纪党员所在的基层党组织无法正常履行职责、不正确履行职责或者其负责人同违纪问题有关联；违纪党员为县级或者县级以上各级党委管理的党员干部；党章和其他党内法规明确规定的相关情况。

地方各级纪律检查委员会和基层纪律检查委员会对同级党的委员

会处理案件的决定有不同意见的，可以请求上一级纪委予以复查。

建立健全处分决定执行公示、回访教育、情况报告和专项检查等制度，加强与相关党组织及职能部门的协作沟通，确保处分决定得到严格执行。

第三十八条　党的纪律检查委员会发现党组织、党的领导干部在党的建设、党的事业中失职失责的，应当依据相关党内法规开展问责调查，查明失职失责问题，向党的委员会提出责任追究的建议，或者按照规定的权限和程序作出问责决定。

第三十九条　党的纪律检查委员会对于党员因合法权益受到党组织或者其他党员侵害提出的控告，按照规定予以受理，及时恰当进行处理。通过办理党员的控告发现的违纪违法问题，按照本章规定进行检查和处理。

对于党员因不服纪委或者其他党组织给予本人的处理、处分而提出的申诉，按照规定予以受理，进行复议复查。

第四十条　党的各级纪律检查委员会应当依据相关党内法规，加强对党组织和领导干部履行保障党员权利工作职责的监督检查，依规依纪查处侵犯党员权利的行为。开展监督执纪工作，应当落实保障党员权利的规定和要求。

第四十一条　在监督检查、纪律审查等过程中，应当注意查找分析监督对象所在党组织党风廉政建设、管理监督等方面存在的突出问题，采取制发纪律检查建议书或者其他适当方式，提出有关强化管党治党、净化政治生态、健全制度、整改纠正等意见建议，督促指导和推动有关地区、部门、单位党组织举一反三、切实整改。

对于涉及党的建设、党的事业的普遍性、倾向性问题，应当进行深入调研，形成专题报告，报送同级党委、上级纪委或者通报相关党组织，推动解决问题、规范决策、完善政策、健全制度。

第六章　派驻、派出机构

第四十二条　党的中央纪律检查委员会国家监察委员会、地方各级纪律检查委员会监察委员会向同级党和国家机关全面派驻纪检监察组，按照规定可以向国有企业、事业单位等其他组织和单位派驻纪检监察组。

党的中央和地方各级委员会派出党的机关工作委员会、街道工作委员会等代表机关的，党的中央纪律检查委员会国家监察委员会、地方各级纪律检查委员会监察委员会可以相应派出纪检监察工作委员会。

第四十三条 派驻机构是派出它的党的纪律检查委员会监察委员会的组成部分，由派出机关直接领导、统一管理。

派出机构在派出它的党的纪律检查委员会监察委员会和本级党的工作委员会双重领导下进行工作。派出机构按照规定开展纪律检查工作，领导管辖范围内机关纪委等纪检机构的工作。

第四十四条 派驻机构根据派出机关授权开展监督执纪问责工作：

（一）加强对驻在单位（含综合监督单位）的监督，重点对驻在单位领导班子及其成员、党组（党委）管理的领导班子及其成员等进行监督。

（二）监督促进驻在单位领导班子贯彻落实党的理论和路线方针政策、党中央决策部署，履行全面从严治党主体责任。

（三）经常、及时地向派出机关报告情况和问题。

（四）加强对驻在单位纪检机构的业务指导和监督检查，促进其履行监督责任。

（五）认真处理信访举报，对问题线索进行集中管理和处置。

（六）依规依纪开展纪律审查，严肃查处违纪问题。

（七）按照管理权限作出问责决定或者提出问责建议。

（八）协助驻在单位党组（党委）做好巡视巡察工作。

（九）完成派出机关交办的其他任务。

第四十五条 健全派驻监督工作机制，统筹协调派出机关内设监督检查室、派驻纪检监察组、地方纪检监察机关、巡视巡察机构等力量，通过“室组”联动监督、“室组地”联合办案等方式，提高派驻监督质量。

县（市、区）纪律检查委员会监察委员会开展派驻监督工作，应当保证派驻机构人员力量，推动监督工作向基层延伸，采取综合派驻、工作协作等方式，提升监督效能。

第七章 队伍建设和监督

第四十六条 党的各级纪律检查委员会必须坚持以习近平新时代中国特色社会主义思想武装头脑、指导实践、推动工作，突出抓好党的政治建设，教育引导纪检干部不断提高政治判断力、政治领悟力、政治执行力，带头践行“两个维护”，敢于善于斗争，做到忠诚干净担当。

第四十七条　贯彻新时代党的组织路线，坚持党管干部，严把干部准入关，加强思想淬炼、政治历练、实践锻炼、专业训练，加强理论研究和学科建设，提高把握政策、监督执纪、做思想政治工作等能力，建设高素质专业化干部队伍。

第四十八条　加强作风建设和纪律建设，保证纪检干部严守政治纪律和政治规矩，模范遵守党的纪律和国家法律，坚持实事求是，深入开展调查研究，密切联系群众，树立纪律严明、作风深入、工作扎实、谦虚谨慎、秉公执纪的良好形象。

第四十九条　加强监督执纪规范化建设，健全法规制度，规范工作流程，牢固树立法治意识、程序意识、证据意识，依规依纪依法行使纪律检查权。

第五十条　党的纪律检查委员会必须接受最严格的约束和监督，在同级党委和上级纪委的领导、监督下强化自我监督，自觉接受党的组织和党员的监督。建立完善监督检查、审查调查、案件监督管理、案件审理相互协调、相互制约的工作机制，发挥内设干部监督机构、机关纪委等作用，加大监管和自我净化力度，坚决防治“灯下黑”。

党的纪律检查委员会应当自觉接受民主监督、群众监督、舆论监督等各方面监督。任何单位和个人对纪检机关、纪检干部的违纪违法行为，有权提出检举、控告。

第五十一条　严格执行纪检干部打听案情、过问案件、说情干预问题报告制度，有关情况应当登记备案。

纪检干部发现审查组工作人员未经批准接触被审查人、涉案人员及其特定关系人，或者存在交往情形的，应当及时报告并登记备案。

第五十二条　办理纪检事项的纪检干部存在可能影响事项公正处理情形的，应当主动申请回避，被审查人、检举控告人以及其他有关人员也有权要求其回避。

第五十三条　纪检干部应当严格执行保密制度，不准私自留存、隐匿、查阅、摘抄、复制、携带问题线索和涉案资料，严禁泄露审查工作情况。

纪检干部离职的，应当严格遵守有关离职后从业限制的规定，三年内不得从事与纪律检查工作相关的职业。

第五十四条　建立健全安全责任制，严格防范发生审查安全事故。组织开展经常性检查和不定期抽查，发现问题及时督促整改。

第五十五条 纪检干部有以案谋私、跑风漏气、滥用职权以及其他违规违纪违法行为的，必须严肃查处；构成犯罪的，依法追究刑事责任。

纪检机关及其领导干部履行职责过程中失职失责造成严重后果或者恶劣影响的，应当严肃问责。

第八章 附 则

第五十六条 新疆生产建设兵团党的各级纪律检查委员会，党的地区纪律检查委员会和相当于地区纪委的其他纪律检查委员会，党组（党委）纪检组（纪委），纪律检查委员，参照执行本条例。

第五十七条 中央军事委员会可以根据本条例，制定相关规定。

第五十八条 本条例由中央纪律检查委员会负责解释。

第五十九条 本条例自发布之日起施行。

纪检监察机关派驻机构工作规则

1. 2022年6月2日中共中央政治局常委会会议审议批准

2. 2022年6月22日中共中央办公厅发布

第一章 总 则

第一条 为了加强和规范纪检监察机关派驻机构工作，根据《中国共产党纪律检查委员会工作条例》和《中华人民共和国监察法》，制定本规则。

第二条 派驻机构工作坚持以习近平新时代中国特色社会主义思想为指导，增强“四个意识”、坚定“四个自信”、做到“两个维护”，坚持自我革命，坚持敢于斗争，坚持实事求是，深入贯彻全面从严治党战略方针，坚定不移推进党风廉政建设和反腐败斗争，建立健全系统集成、协同高效的派驻监督体制机制，增强“派”的权威和“驻”的优势，一体推进不敢腐、不能腐、不想腐，充分发挥监督保障执行、促进完善发展作用。

第三条 在党中央集中统一领导下，中央纪律检查委员会国家监察委员会向中央一级党和国家机关以及其他组织派驻纪检监察机构，地方各级纪律检查委员会监察委员会向本级党和国家机关以及其他组织派驻纪检监察机构。派驻机构是派出机关的组成部分，与驻在单位是监督和被监督的关系。

派驻机构应当强化政治监督，把坚持和加强党的领导贯穿工作全过程各方面，推动驻在单位切实做到“两个维护”，贯彻党的理论和路线方针政策，落实党中央决策部署。

第四条　派驻机构遵循以下原则开展工作：

（一）坚持党中央集中统一领导，强化组织自上而下的监督功能；

（二）坚持民主集中制，重要事项集体研究决定；

（三）坚持敢于善于监督，完善常态化监督工作机制；

（四）坚持职责定位，依规依纪依法履行职责；

（五）坚持各项监督统筹衔接，推动全面从严治党主体责任和监督责任一体落实；

（六）坚持监督与被监督相统一，自觉接受各方面监督。

第五条　派驻机构应当持续深化转职能、转方式、转作风，聚焦全面从严治党、党风廉政建设和反腐败工作，强化监督职责，突出工作重点，创新履职方式，有效运用“四种形态”，增强派驻监督全覆盖的有效性，推动派驻监督工作高质量发展。

第二章　组织设置

第六条　中央纪律检查委员会国家监察委员会向中央一级党和国家机关、中管金融企业派驻纪检监察组。地方各级纪律检查委员会监察委员会向本级党和国家机关、所管辖的国有金融企业派驻纪检监察组。

中央纪律检查委员会国家监察委员会、地方各级纪律检查委员会监察委员会按照规定向国有企业、普通高等学校等单位派驻纪检监察组；或者依法派驻监察机构，派驻监察专员并设立监察专员办公室，与该单位党的纪律检查机构合署办公。

对系统规模大、直属单位多、监督对象多的单位，可以单独派驻纪检监察组；对业务关联度高，或者需要统筹力量实施监督的相关单位，可以综合派驻纪检监察组。

第七条　派驻机构主要负责人按照规定担任驻在单位的党组（党委）成员，履行监督专责，不分管驻在单位工作。

派驻机构主要负责人实行交流任职、定期轮岗。

第八条　派驻机构的领导机构是组务会。组务会由派驻机构正职、副职组成。组务会会议学习贯彻落实党中央决策部署，贯彻中央纪委国家监委工作部署，落实派出机关工作安排，研究讨论管辖范围内纪检监察工作的重要问题、重要事项，按照权限讨论或者决定党纪政务处分等事项。

派驻机构应当健全组务会会议以及组长办公会议、专题会议等会议制度，完善议事决策机制。

第九条　派驻机构应当按照信访举报、监督检查、审查调查、案件监督管理、案件审理相互协调、相互制约的原则，结合实际设置内设机构或者明确人员分工。

第三章　领导体制

第十条　各级党委应当加强对纪检监察机关派驻机构工作的领导，健全机构设置、干部管理、工作保障等机制，听取纪律检查委员会监察委员会关于派驻监督工作的汇报，推动派驻机构履职尽责。

第十一条　驻在单位应当支持配合派驻机构工作，主动及时通报重要情况、重要问题，根据派驻机构工作需要提供有关材料，为派驻机构开展工作创造条件、提供保障。

第十二条　派驻机构由派出机关直接领导、统一管理，向派出机关负责，受派出机关监督。

各级纪律检查委员会常务委员会应当定期听取派驻监督工作情况报告。派出机关分管领导应当定期召开派驻机构负责人会议，经常同派驻机构主要负责人研究工作。

第十三条　派出机关相关部门根据职能职责，加强对派驻机构的指导、联系、服务和保障。

监督检查部门协助分管领导联系派驻机构日常工作：

（一）指导督促派驻机构履行职责；

（二）对派驻机构请示报告的问题、事项进行审核把关；

（三）对派出机关交办的重要案件、事项进行督促办理；

（四）办理派驻机构提请支持、协调的重要事项；

（五）向派驻机构通报驻在单位领导班子及其成员、驻在单位上级党委管理的其他人员的一般性问题和谈话提醒、批评教育、责令检查、诫勉谈话等情况；

（六）联系开展其他工作。

第十四条　派出机关相关部门应当会同派驻机构联合开展以下监督工作：

（一）开展专项检查，推动驻在单位落实党中央决策部署；

（二）研判驻在单位政治生态，有针对性地开展监督；

（三）开展专题调查研究，查找分析利用公共权力和资源设租寻租、离职后违规从业等行业性、系统性廉洁风险，向驻在单位提出意见建议或者督促开展专项治理；

（四）支持配合派出机关同级党委巡视巡察机构开展工作，对整改情况进行监督；

（五）推动驻在单位落实纪检监察建议；

（六）其他需要联合开展的监督工作。

第十五条　派出机关监督检查部门、审查调查部门对于派驻机构管辖的重大、复杂案件，经批准可以直接办理或者组织、指挥办理。

第十六条　派出机关相关部门应当指导、协调派驻机构与地方纪律检查委员会监察委员会协作开展以下工作：

（一）协同开展专项检查、专项监督，推动解决有关系统和领域的突出问题；

（二）协作采取监督检查、审查调查措施；

（三）协商确定驻在单位党员、干部以及监察对象涉嫌违纪和职务违法、职务犯罪案件的管辖，或者由派驻机构报请派出机关指定有关地方纪委监委管辖；

（四）联合审查调查驻在单位党员、干部以及监察对象涉嫌违纪和职务违法、职务犯罪案件；

（五）其他需要协作开展的工作。

第十七条　派出机关相关部门应当组织、指导各派驻机构之间协作配合开展以下工作：

（一）针对共性或者关联性问题同步开展专项监督；

（二）对重大、复杂案件进行联合审查调查；

（三）协作开展案件审理、复议复查和复审工作；

（四）对派出机关部署的重要工作落实情况开展交叉检查或者联合检查；

（五）联合开展调研、培训；

（六）其他需要协作配合开展的工作。

第十八条 派驻机构应当加强对驻在单位内设纪检机构及直属单位纪检机构的业务指导和监督检查，督促、支持其发挥职能作用，推动纪检干部队伍建设，加强政治教育和业务培训，协调人员力量开展监督执纪工作。

第十九条 派驻垂直管理单位的纪检监察组应当加强对驻在单位的下一级单位纪检机构的业务指导和监督检查，对驻在单位各级纪检机构的工作进行统筹，推动层层落实监督责任。下一级单位纪检机构的监督执纪工作以派驻纪检监察组领导为主，线索处置和案件查办在向同级党组（党委）报告的同时应当一并向派驻纪检监察组报告。

实行双重领导并以上级单位领导为主的单位，国有企业、国有金融企业的派驻机构工作，参照前款规定执行。

第二十条 各级纪律检查委员会监察委员会派出的机关纪检监察工作委员会，按照规定审理有关派驻机构审查调查的案件，定期向派出机关报告案件审理工作情况。在派出机关领导下，建立健全案件质量评查机制，向派驻机构反馈评查结果。

机关纪检监察工作委员会应当加强与派驻机构的沟通协调，对本级党和国家机关部门机关纪委的执纪审查工作进行协同指导。

第二十一条 派驻国有资产监管机构、教育行政部门等的纪检监察组，按照规定协助派出机关加强对国有企业、普通高等学校等单位派驻机构工作的指导，形成监督合力。

派驻国有资产监管机构的纪检监察组，应当加强对驻在单位党组（党委）管理领导班子的国有企业纪检机构监督执纪工作的领导。相关国有企业纪检机构的线索处置和案件查办在向同级党委报告的同时，应当一并向派驻纪检监察组报告。

第四章 工作职责

第二十二条 派驻机构依规依纪依法履行监督执纪问责和监督调查处置职责。

第二十三条 派驻机构应当把监督作为基本职责，结合驻在单位实际，重点监督检查以下情况：

（一）对党忠诚，践行党的性质宗旨情况；

（二）贯彻党的理论和路线方针政策、落实党中央决策部署、践行

"两个维护"情况；

（三）落实全面从严治党主体责任、加强党风廉政建设和反腐败工作情况；

（四）贯彻执行民主集中制、依规依法履职用权、廉洁自律等情况。

第二十四条　派驻机构应当重点监督以下对象：

（一）驻在单位领导班子及其成员特别是主要负责人；

（二）驻在单位上级党委管理的其他人员；

（三）驻在单位党组（党委）管理的领导班子及其成员；

（四）其他列入重点监督对象的驻在单位人员。

第二十五条　派驻机构应当支持和督促驻在单位党组（党委）落实全面从严治党主体责任，协助其开展内部巡视巡察，推动驻在单位深化改革、健全制度、完善治理、防控风险。

第二十六条　派驻机构应当结合派驻监督工作情况，推动驻在单位党组（党委）开展全面从严治党、党风廉政建设和反腐败工作的形势任务教育，强化纪法教育、警示教育，推进廉洁文化建设，教育引导党员、干部以及监察对象修身律已，筑牢思想道德防线。

第二十七条　派驻机构对反映驻在单位党组织和党员、干部以及监察对象问题的检举控告，按照规定受理和处置。

第二十八条　派驻机构对驻在单位领导班子及其成员、驻在单位上级党委管理的其他人员涉嫌违纪和职务违法、职务犯罪问题线索，经批准可以参与派出机关的初步核实、审查调查工作。

第二十九条　派驻机构负责审查以下党组织和党员涉嫌违犯党纪的案件：

（一）驻在单位党组（党委）直接领导的党组织；

（二）驻在单位党组（党委）管理的领导班子成员；

（三）本规则第二十四条第四项规定的人员。

派驻机构必要时可以审查驻在单位党组（党委）管理的其他党组织和党员涉嫌违犯党纪的案件。

派驻机构根据派出机关授权，依法调查驻在单位监察对象涉嫌职务违法、职务犯罪案件。

第三十条　派驻机构按照管理权限，对违纪违法的驻在单位党组织和党员、干部以及监察对象进行处理处分，对不履行或者不正确履行职责的驻在单位党组织和领导干部进行问责。

第三十一条　派驻机构负责受理和处置以下申诉或者复审申请：

（一）党组织和党员对派驻机构所作处理决定不服的申诉；

（二）监察对象对派驻机构所作处理决定不服的复审申请；

（三）被调查人及其近亲属对派驻机构及其工作人员侵害被调查人合法权益行为的申诉。

对于派驻机构立案审查调查后由驻在单位作出处理决定案件的申诉或者复核申请，派驻机构应当协助驻在单位做好有关处置工作。

第五章　履 职 程 序

第三十二条　派驻机构开展日常监督应当深入实际、深入群众，监督方式包括：

（一）参加会议。参加或者列席驻在单位领导班子会议等重要会议，了解学习贯彻党中央决策部署以及上级党组织决定情况和班子成员的意见态度，“三重一大”决策制度执行情况，按照规定向派出机关报告。

（二）谈心谈话。同党员、干部和群众广泛谈心谈话，听取对监督对象的反映，发现监督对象存在苗头性、倾向性问题的，进行谈话提醒、批评教育。

（三）听取汇报。听取驻在单位党组（党委）管理的领导班子及其成员履行管党治党责任情况的汇报，发现责任落实不到位的，进行提醒纠正。

（四）查阅资料。按照规定查阅、复制驻在单位有关文件、资料、数据等材料，了解核实有关情况。

（五）沟通情况。加强与驻在单位机关党委、党委办公室和组织人事、巡视巡察、法规法务、财务审计等部门的沟通，及时发现和通报问题。

（六）分析研判。分析信访举报、党风廉政等情况，对典型性、普遍性问题向驻在单位提出意见建议。

（七）廉政把关。建立健全、动态更新驻在单位党组（党委）管理的领导干部廉政档案，严把党风廉政意见回复关。

（八）实地调查。开展驻点调研、现场核查，精准发现驻在单位存在的突出问题。

（九）其他开展日常监督的方式。

第三十三条　派驻机构应当严格执行报告制度，发现驻在单位领导班子及其成员重要问题、重要事项及时向派出机关报告。

派驻机构应当经常对驻在单位领导班子及其成员坚持党的领导、加强党的建设、履行全面从严治党主体责任情况以及党风廉政状况进行分析，每年向派出机关提交专题报告。

第三十四条　派驻机构应当定期会同驻在单位党组（党委）专题研究全面从严治党、党风廉政建设和反腐败工作。派出机关监督检查部门根据情况派员参加。

派驻机构主要负责人应当经常与驻在单位党组（党委）主要负责人就政治生态、作风建设、廉洁风险等情况交换意见，提出工作建议，督促完善有关制度措施。

第三十五条　派驻机构应当向驻在单位领导班子成员通报其分管部门和单位领导干部遵守党章党规党纪、廉洁自律等情况，推动领导班子成员落实“一岗双责”要求，抓好分管部门和单位的党风廉政建设工作。

第三十六条　派驻机构对驻在单位开展内部巡视巡察提供以下协助：

（一）通报监督执纪执法中发现的问题；

（二）处置内部巡视巡察移交的问题线索；

（三）检查整改责任落实情况；

（四）其他协助内部巡视巡察的工作。

第三十七条　派驻机构应当指定专人负责管理涉嫌违纪和职务违法、职务犯罪问题线索，逐件编号登记，建立管理台账。

派驻机构应当结合日常监督掌握的情况，对问题线索进行综合分析、适当了解，采取谈话函询、初步核实、暂存待查、予以了结等方式进行处置。线索处置意见应当自收到线索之日起1个月内提出。

处置问题线索应当报派驻机构主要负责人审批，并按照规定报派出机关备案。

第三十八条　派驻机构经过初步核实，需要进行立案审查调查的，应当报派驻机构主要负责人审批。其中，对驻在单位党组（党委）直接领导的党组织、党组（党委）管理的领导班子成员中的正职领导干部立案和副职领导干部涉嫌严重职务违法、职务犯罪立案的，应当报派出机关审批。

派驻机构在立案前应当征求驻在单位党组（党委）主要负责人意见，对于有不同意见的应当报派出机关决定。确因安全保密等特殊情况，经派出机关同意，也可以在立案后及时向驻在单位党组（党委）主要负责人通报。

第三十九条 派驻机构按照规定报批后，可以依规依纪依法采取谈话、讯问、询问、留置、查询、冻结、搜查、调取、查封、扣押（暂扣、封存）、勘验检查、鉴定措施。对依法应当交有关机关执行的措施，报派出机关审批并以派出机关名义办理。

派驻机构应当对审查调查措施进行严格监管，建立措施使用台账，定期将有关情况报派出机关案件监督管理部门、监督检查部门备案。

第四十条 派驻机构审查调查工作结束后，应当按照规定进行审理，提出纪律处理或者党纪处分建议、拟作出的政务处分决定或者处分建议，通报驻在单位党组（党委）。

第四十一条 驻在单位党组（党委）按照权限和程序，对违纪的党组织、党员作出纪律处理或者党纪处分决定。

派驻机构按照管理权限，对违法的监察对象依法作出政务处分决定；建议驻在单位处分的，由驻在单位依法依规作出处分决定。

派驻机构提出的处理处分建议与驻在单位党组（党委）的意见不同又不能协商一致的，由派驻机构报派出机关研究决定。

第四十二条 派驻机构发现驻在单位党组（党委）管理的党组织和领导干部失职失责造成严重后果或者恶劣影响，需要进行问责调查的，应当报派驻机构主要负责人审批后，启动问责调查程序。

派驻机构应当依规依纪依法开展问责调查，查明失职失责问题，按照管理权限作出问责决定，或者向有权作出问责决定的党组织（单位）提出问责建议。

对党组织采取改组方式问责的，按照党章和其他党内法规规定的权限、程序执行。对领导干部采取党纪政务处分方式问责的，按照本规则第三十八条、第四十条、第四十一条办理。

第四十三条 派驻机构对调查的监察对象和涉案人员涉嫌职务犯罪案件，经集体审议，认为犯罪事实清楚，证据确实、充分，需要追究刑事责任的，依法依规移送人民检察院审查起诉。

第四十四条　派驻机构发现驻在单位在贯彻党中央决策部署、落实全面从严治党主体责任、开展党风廉政建设以及决策机制、监督管理、制度执行等方面存在突出问题或者薄弱环节的，应当提出纪检监察建议。

派驻机构应当加强对驻在单位问题整改情况的监督检查，督促限期整改、反馈，推动纪检监察建议落实到位。

第六章　管理监督

第四十五条　派驻机构必须坚持以习近平新时代中国特色社会主义思想武装头脑、指导实践、推动工作，以党的政治建设为统领推进党的各方面建设，教育引导派驻机构干部忠于职守、履职尽责，不断提高政治判断力、政治领悟力、政治执行力，带头增强“四个意识”、坚定“四个自信”、做到“两个维护”，发扬党的优良传统和作风，加强思想淬炼、政治历练、实践锻炼、专业训练，增强法治意识、程序意识、证据意识，建设政治素质高、忠诚干净担当、专业化能力强、敢于善于斗争的派驻机构干部队伍。

派驻机构党组织应当严格执行党的组织生活制度，推进党支部标准化规范化建设，增强党组织政治功能和组织力凝聚力，发挥战斗堡垒作用。

第四十六条　派出机关应当严把派驻机构干部入口关，按照干部管理权限统筹派出机关和派驻机构干部的选拔任用、人员交流、考核培训、监督管理，有计划地安排派驻机构干部参与派出机关工作、进行培养锻炼。

第四十七条　派出机关应当每年组织派驻机构主要负责人进行述责述廉。结合驻在单位特点，对派驻机构履行职责以及自身建设等方面情况进行考核。考核中，应当听取驻在单位领导班子和有关方面的意见，并将其作为考核的重要依据。

第四十八条　派驻机构应当加强规范化、法治化、正规化建设，明确职权范围，健全内控机制，规范工作流程和审批权限，完善回避、保密和过问、干预案件登记备案等管理制度，建立健全办案安全责任制，推动各项工作依规依纪依法进行。

第四十九条　派驻机构应当坚持打铁必须自身硬，坚持严的标准，勇于刀刃向内，牢固树立监督者更要自觉接受监督的意识，加强自我管理、自我约束，不断提高免疫力，切实防治“灯下黑”。

派驻机构应当接受派出机关同级党委巡视巡察监督和派出机关的管理监督，对所提监督意见进行整改落实，并报告整改情况。

派驻机构应当明确专门机构或者人员负责干部日常管理监督工作，及时汇总各方面意见，对自身权力运行的关键环节进行经常性检查，认真核查相关检举控告，按照规定将处置情况向派出机关干部监督部门报告。

派驻机构应当听取驻在单位领导班子对派驻机构工作的意见建议，认真研究处理，并及时反馈。自觉接受驻在单位党员、干部和群众的监督，畅通意见反映渠道，对反映的问题进行调查核实处置，不断完善制度、改进工作。

第五十条 派驻机构干部有跑风漏气、迟报瞒报、滥用职权、以案谋私以及其他违规违纪违法行为的，依规依纪依法严肃处理；构成犯罪的，依法追究刑事责任。

第五十一条 派驻机构及其领导干部不履行或者不正确履行职责，导致应当发现的问题没有发现，或者发现问题不报告不处置，执纪执法不严格不规范，造成严重后果或者恶劣影响的，予以严肃问责。

第七章 附 则

第五十二条 本规则涉及的审批权限均指最低审批权限，工作中根据需要可以按照更高层级的审批权限报批。

第五十三条 派驻国有企业、普通高等学校的监察机构、监察专员（监察专员办公室）除执行本规则外，还应当执行中央纪律检查委员会国家监察委员会相关规定。

第五十四条 中央军事委员会可以根据本规则制定相关细则。

第五十五条 本规则由中央纪律检查委员会国家监察委员会负责解释。

第五十六条 本规则自发布之日起施行。此前发布的其他有关纪检监察机关派驻机构工作的规定，凡与本规则不一致的，按照本规则执行。

中国共产党纪律处分条例

1．2003年12月23日中共中央政治局会议审议批准，2003年12月31日中共中央发布

2．2023年12月8日中共中央政治局会议第三次修订，2023年12月19日中共中央发布

第一编　总　则

第一章　总体要求和适用范围

第一条　为了维护党章和其他党内法规，严肃党的纪律，纯洁党的组织，保障党员民主权利，教育党员遵纪守法，维护党的团结统一，保证党的理论、路线、方针、政策、决议和国家法律法规的贯彻执行，根据《中国共产党章程》，制定本条例。

第二条　党的纪律建设必须坚持以马克思列宁主义、毛泽东思想、邓小平理论、“三个代表”重要思想、科学发展观、习近平新时代中国特色社会主义思想为指导，坚持和加强党的全面领导，坚决维护习近平总书记党中央的核心、全党的核心地位，坚决维护以习近平同志为核心的党中央权威和集中统一领导，弘扬伟大建党精神，坚持自我革命，贯彻全面从严治党战略方针，落实新时代党的建设总要求，推动解决大党独有难题、健全全面从严治党体系，全面加强党的纪律建设，为以中国式现代化全面推进强国建设、民族复兴伟业提供坚强纪律保障。

第三条　党章是最根本的党内法规，是管党治党的总规矩。党的纪律是党的各级组织和全体党员必须遵守的行为规则。党组织和党员必须坚守初心使命，牢固树立政治意识、大局意识、核心意识、看齐意识，始终坚定道路自信、理论自信、制度自信、文化自信，切实践行正确的权力观、政绩观、事业观，自觉遵守和维护党章，严格执行和维护党的纪律，自觉接受党的纪律约束，模范遵守国家法律法规。

第四条　党的纪律处分工作遵循下列原则：

（一）坚持党要管党、全面从严治党。把严的基调、严的措施、严的氛围长期坚持下去，加强对党的各级组织和全体党员的教育、管理和监督，把纪律挺在前面，抓早抓小、防微杜渐。

（二）党纪面前一律平等。对违犯党纪的党组织和党员必须严肃、公正执行纪律，党内不允许有任何不受纪律约束的党组织和党员。

（三）实事求是。对党组织和党员违犯党纪的行为，应当以事实为依据，以党章、其他党内法规和国家法律法规为准绳，执纪执法贯通，准确认定行为性质，区别不同情况，恰当予以处理。

（四）民主集中制。实施党纪处分，应当按照规定程序经党组织集体讨论决定，不允许任何个人或者少数人擅自决定和批准。上级党组织对违犯党纪的党组织和党员作出的处理决定，下级党组织必须执行。

（五）惩前毖后、治病救人。处理违犯党纪的党组织和党员，应当实行惩戒与教育相结合，做到宽严相济。

第五条 深化运用监督执纪“四种形态”，经常开展批评和自我批评，及时进行谈话提醒、批评教育、责令检查、诫勉，让“红红脸、出出汗”成为常态；党纪轻处分、组织调整成为违纪处理的大多数；党纪重处分、重大职务调整的成为少数；严重违纪涉嫌犯罪追究刑事责任的成为极少数。

第六条 本条例适用于违犯党纪应当受到党纪责任追究的党组织和党员。

第二章 违纪与纪律处分

第七条 党组织和党员违反党章和其他党内法规，违反国家法律法规，违反党和国家政策，违反社会主义道德，危害党、国家和人民利益的行为，依照规定应当给予纪律处理或者处分的，都必须受到追究。

重点查处党的十八大以来不收敛、不收手，问题线索反映集中、群众反映强烈，政治问题和经济问题交织的腐败案件，违反中央八项规定精神的问题。

第八条 对党员的纪律处分种类：

（一）警告；

（二）严重警告；

（三）撤销党内职务；

（四）留党察看；

（五）开除党籍。

第九条 对于违犯党纪的党组织，上级党组织应当责令其作出书面检查或者给予通报批评。对于严重违犯党纪、本身又不能纠正的党组织，上一级党的委员会在查明核实后，根据情节严重的程度，可以予以：

（一）改组；

（二）解散。

第十条　党员受到警告处分一年内、受到严重警告处分一年半内，不得在党内提拔职务或者进一步使用，也不得向党外组织推荐担任高于其原任职务的党外职务或者进一步使用。

第十一条　撤销党内职务处分，是指撤销受处分党员由党内选举或者组织任命的党内职务。对于在党内担任两个以上职务的，党组织在作处分决定时，应当明确是撤销其一切职务还是一个或者几个职务。如果决定撤销其一个职务，必须撤销其担任的最高职务。如果决定撤销其两个以上职务，则必须从其担任的最高职务开始依次撤销。对于在党外组织担任职务的，应当建议党外组织撤销其党外职务。

对于在立案审查中因涉嫌违犯党纪被免职的党员，审查后依照本条例规定应当给予撤销党内职务处分的，应当按照其原任职务给予撤销党内职务处分。对于应当受到撤销党内职务处分，但是本人没有担任党内职务的，应当给予其严重警告处分。同时，在党外组织担任职务的，应当建议党外组织撤销其党外职务。

党员受到撤销党内职务处分，或者依照前款规定受到严重警告处分的，二年内不得在党内担任和向党外组织推荐担任与其原任职务相当或者高于其原任职务的职务。

第十二条　留党察看处分，分为留党察看一年、留党察看二年。对于受到留党察看处分一年的党员，期满后仍不符合恢复党员权利条件的，应当延长一年留党察看期限。留党察看期限最长不得超过二年。

党员受留党察看处分期间，没有表决权、选举权和被选举权。留党察看期间，确有悔改表现的，期满后恢复其党员权利；坚持不改或者又发现其他应当受到党纪处分的违纪行为的，应当开除党籍。

党员受到留党察看处分，其党内职务自然撤销。对于担任党外职务的，应当建议党外组织撤销其党外职务。受到留党察看处分的党员，恢复党员权利后二年内，不得在党内担任和向党外组织推荐担任与其原任职务相当或者高于其原任职务的职务。

第十三条　党员受到开除党籍处分，五年内不得重新入党，也不得推荐担任与其原任职务相当或者高于其原任职务的党外职务。另有规定不准重新入党的，依照规定。

第十四条 党员干部受到党纪处分，需要同时进行组织处理的，党组织应当按照规定给予组织处理。

党的各级代表大会的代表受到留党察看以上处分的，党组织应当终止其代表资格。

第十五条 对于受到改组处理的党组织领导机构成员，除应当受到撤销党内职务以上处分的外，均自然免职。

第十六条 对于受到解散处理的党组织中的党员，应当逐个审查。其中，符合党员条件的，应当重新登记，并参加新的组织过党的生活；不符合党员条件的，应当对其进行教育、限期改正，经教育仍无转变的，予以劝退或者除名；有违纪行为的，依照规定予以追究。

第三章 纪律处分运用规则

第十七条 有下列情形之一的，可以从轻或者减轻处分：

（一）主动交代本人应当受到党纪处分的问题；

（二）在组织谈话函询、初步核实、立案审查过程中，能够配合核实审查工作，如实说明本人违纪违法事实；

（三）检举同案人或者其他人应当受到党纪处分或者法律追究的问题，经查证属实，或者有其他立功表现；

（四）主动挽回损失、消除不良影响或者有效阻止危害结果发生；

（五）主动上交或者退赔违纪所得；

（六）党内法规规定的其他从轻或者减轻处分情形。

第十八条 根据案件的特殊情况，由中央纪委决定或者经省（部）级纪委（不含副省级市纪委）决定并呈报中央纪委批准，对违纪党员也可以在本条例规定的处分幅度以外减轻处分。

第十九条 对于党员违犯党纪应当给予警告或者严重警告处分，但是具有本条例第十七条规定的情形之一或者本条例分则中另有规定的，可以给予批评教育、责令检查、诫勉或者组织处理，免予党纪处分。对违纪党员免予处分，应当作出书面结论。

党员有作风纪律方面的苗头性、倾向性问题或者违犯党纪情节轻微的，可以给予谈话提醒、批评教育、责令检查等，或者予以诫勉，不予党纪处分。

党员行为虽然造成损失或者后果，但不是出于故意或者过失，而是由于不可抗力等原因所引起的，不追究党纪责任。

第二十条　有下列情形之一的，应当从重或者加重处分：

（一）强迫、唆使他人违纪；

（二）拒不上交或者退赔违纪所得；

（三）违纪受处分后又因故意违纪应当受到党纪处分；

（四）违纪受处分后，又被发现其受处分前没有交代的其他应当受到党纪处分的问题；

（五）党内法规规定的其他从重或者加重处分情形。

第二十一条　党员在党纪处分影响期内又受到党纪处分的，其影响期为原处分尚未执行的影响期与新处分影响期之和。

第二十二条　从轻处分，是指在本条例规定的违纪行为应当受到的处分幅度以内，给予较轻的处分。

从重处分，是指在本条例规定的违纪行为应当受到的处分幅度以内，给予较重的处分。

第二十三条　减轻处分，是指在本条例规定的违纪行为应当受到的处分幅度以外，减轻一档给予处分。

加重处分，是指在本条例规定的违纪行为应当受到的处分幅度以外，加重一档给予处分。

本条例规定的只有开除党籍处分一个档次的违纪行为，不适用第一款减轻处分的规定。

第二十四条　一人有本条例规定的两种以上应当受到党纪处分的违纪行为，应当合并处理，按其数种违纪行为中应当受到的最高处分加重一档给予处分；其中一种违纪行为应当受到开除党籍处分的，应当给予开除党籍处分。

第二十五条　一个违纪行为同时触犯本条例两个以上条款的，依照处分较重的条款定性处理。

一个条款规定的违纪构成要件全部包含在另一个条款规定的违纪构成要件中，特别规定与一般规定不一致的，适用特别规定。

第二十六条　二人以上共同故意违纪的，对为首者，从重处分，本条例另有规定的除外；对其他成员，按照其在共同违纪中所起的作用和应负的责任，分别给予处分。

对于经济方面共同违纪的，按照个人参与数额及其所起作用，分别给予处分。对共同违纪的为首者，情节严重的，按照共同违纪的总数额处分。

教唆他人违纪的，应当按照其在共同违纪中所起的作用追究党纪责任。

第二十七条 党组织领导机构集体作出违犯党纪的决定或者实施其他违犯党纪的行为，对具有共同故意的成员，按共同违纪处理；对过失违纪的成员，按照各自在集体违纪中所起的作用和应负的责任分别给予处分。

第四章 对违法犯罪党员的纪律处分

第二十八条 对违法犯罪的党员，应当按照规定给予党纪处分，做到适用纪律和适用法律有机融合，党纪政务等处分相匹配。

第二十九条 党组织在纪律审查中发现党员有贪污贿赂、滥用职权、玩忽职守、权力寻租、利益输送、徇私舞弊、浪费国家资财等违反法律涉嫌犯罪行为的，应当给予撤销党内职务、留党察看或者开除党籍处分。

第三十条 党组织在纪律审查中发现党员有刑法规定的行为，虽不构成犯罪但须追究党纪责任的，或者有其他破坏社会主义市场经济秩序、违反治安管理等违法行为，损害党、国家和人民利益的，应当视具体情节给予警告直至开除党籍处分。

违反国家财经纪律，在公共资金收支、税务管理、国有资产管理、政府采购管理、金融管理、财务会计管理等财经活动中有违法行为的，依照前款规定处理。

党员有嫖娼或者吸食、注射毒品等丧失党员条件，严重败坏党的形象行为的，应当给予开除党籍处分。

第三十一条 党组织在纪律审查中发现党员严重违纪涉嫌违法犯罪的，原则上先作出党纪处分决定，并按照规定由监察机关给予政务处分或者由任免机关（单位）给予处分后，再移送有关国家机关依法处理。

第三十二条 党员被依法留置、逮捕的，党组织应当按照管理权限中止其表决权、选举权和被选举权等党员权利。根据监察机关、司法机关处理结果，可以恢复其党员权利的，应当及时予以恢复。

第三十三条 党员犯罪情节轻微，人民检察院依法作出不起诉决定的，或者人民法院依法作出有罪判决并免予刑事处罚的，应当给予撤销党内职务、留党察看或者开除党籍处分。

党员犯罪，被单处罚金的，依照前款规定处理。

第三十四条　党员犯罪，有下列情形之一的，应当给予开除党籍处分：

（一）因故意犯罪被依法判处刑法规定的主刑（含宣告缓刑）；

（二）被单处或者附加剥夺政治权利；

（三）因过失犯罪，被依法判处三年以上（不含三年）有期徒刑。

因过失犯罪被判处三年以下有期徒刑或者被判处管制、拘役的，一般应当开除党籍。对于个别可以不开除党籍的，应当对照处分违纪党员批准权限的规定，报请再上一级党组织批准。

第三十五条　党员依法受到刑事责任追究的，党组织应当根据司法机关的生效判决、裁定、决定及其认定的事实、性质和情节，依照本条例规定给予党纪处分，是公职人员的由监察机关给予相应政务处分或者由任免机关（单位）给予相应处分。

党员依法受到政务处分、任免机关（单位）给予的处分、行政处罚，应当追究党纪责任的，党组织可以根据生效的处分、行政处罚决定认定的事实、性质和情节，经核实后依照规定给予相应党纪处分或者组织处理。其中，党员依法受到撤职以上处分的，应当依照本条例规定给予撤销党内职务以上处分。

党员违反国家法律法规、企事业单位或者其他社会组织的规章制度受到其他处分，应当追究党纪责任的，党组织在对有关方面认定的事实、性质和情节进行核实后，依照规定给予相应党纪处分或者组织处理。

党组织作出党纪处分或者组织处理决定后，监察机关、司法机关、行政机关等依法改变原生效判决、裁定、决定等，对原党纪处分或者组织处理决定产生影响的，党组织应当根据改变后的生效判决、裁定、决定等重新作出相应处理。

第五章　其他规定

第三十六条　预备党员违犯党纪，情节较轻，可以保留预备党员资格的，党组织应当对其批评教育或者延长预备期；情节较重的，应当取消其预备党员资格。

第三十七条　对违纪后下落不明的党员，应当区别情况作出处理：

（一）对有严重违纪行为，应当给予开除党籍处分的，党组织应当作出决定，开除其党籍；

（二）除前项规定的情况外，下落不明时间超过六个月的，党组织应当按照党章规定对其予以除名。

第三十八条　违纪党员在党组织作出处分决定前死亡，或者在死亡之后发现其曾有严重违纪行为，对于应当给予开除党籍处分的，开除其党籍；对于应当给予留党察看以下处分的，作出违犯党纪的书面结论和相应处理。

第三十九条　违纪行为有关责任人员的区分：

（一）直接责任者，是指在其职责范围内，不履行或者不正确履行自己的职责，对造成的损失或者后果起决定性作用的党员或者党员领导干部；

（二）主要领导责任者，是指在其职责范围内，对主管的工作不履行或者不正确履行职责，对造成的损失或者后果负直接领导责任的党员领导干部；

（三）重要领导责任者，是指在其职责范围内，对应管的工作或者参与决定的工作不履行或者不正确履行职责，对造成的损失或者后果负次要领导责任的党员领导干部。

本条例所称领导责任者，包括主要领导责任者和重要领导责任者。

第四十条　本条例所称主动交代，是指涉嫌违纪的党员在组织谈话函询、初步核实前向有关组织交代自己的问题，或者在谈话函询、初步核实和立案审查期间交代组织未掌握的问题。

第四十一条　担任职级、单独职务序列等级的党员干部违犯党纪受到处分，需要对其职级、单独职务序列等级进行调整的，参照本条例关于党外职务的规定执行。

第四十二条　计算经济损失应当计算立案时已经实际造成的全部财产损失，包括为挽回违纪行为所造成损失而支付的各种开支、费用。立案后至处理前持续发生的经济损失，应当一并计算在内。

第四十三条　对于违纪行为所获得的经济利益，应当收缴或者责令退赔。对于主动上交的违纪所得和经济损失赔偿，应当予以接收，并按照规定收缴或者返还有关单位、个人。

对于违纪行为所获得的职务、职级、职称、学历、学位、奖励、资格等其他利益，应当由承办案件的纪检机关或者由其上级纪检机关建议有关组织、部门、单位按照规定予以纠正。

对于依照本条例第三十七条、第三十八条规定处理的党员，经调查确属其实施违纪行为获得的利益，依照本条规定处理。

第四十四条　党纪处分决定作出后，应当在一个月内向受处分党员所在党的基层组织中的全体党员及其本人宣布，是领导班子成员的还应当向所在党组织领导班子宣布，并按照干部管理权限和组织关系将处分决定材料归入受处分者档案；对于受到撤销党内职务以上处分的，还应当在一个月内办理职务、工资、工作及其他有关待遇等相应变更手续；涉及撤销或者调整其党外职务的，应当建议党外组织及时撤销或者调整其党外职务。特殊情况下，经作出或者批准作出处分决定的组织批准，可以适当延长办理期限。办理期限最长不得超过六个月。

第四十五条　执行党纪处分决定的机关或者受处分党员所在单位，应当在六个月内将处分决定的执行情况向作出或者批准处分决定的机关报告。

党员对所受党纪处分不服的，可以依照党章及有关规定提出申诉。

第四十六条　党员因违犯党纪受到处分，影响期满后，党组织无需取消对其的处分。

第四十七条　本条例所称以上、以下，除有特别标明外均含本级、本数。

第四十八条　本条例总则适用于有党纪处分规定的其他党内法规，但是中共中央发布或者批准发布的其他党内法规有特别规定的除外。

第二编　分　　则

第六章　对违反政治纪律行为的处分

第四十九条　在重大原则问题上不同党中央保持一致且有实际言论、行为或者造成不良后果的，给予警告或者严重警告处分；情节较重的，给予撤销党内职务或者留党察看处分；情节严重的，给予开除党籍处分。

第五十条　通过网络、广播、电视、报刊、传单、书籍等，或者利用讲座、论坛、报告会、座谈会等方式，公开发表坚持资产阶级自由化立场、反对四项基本原则，反对党的改革开放决策的文章、演说、宣言、声明等的，给予开除党籍处分。

发布、播出、刊登、出版前款所列文章、演说、宣言、声明等或者为上述行为提供方便条件的，对直接责任者和领导责任者，给予严重警告或者撤销党内职务处分；情节严重的，给予留党察看或者开除党籍处分。

第五十一条 通过网络、广播、电视、报刊、传单、书籍等，或者利用讲座、论坛、报告会、座谈会等方式，有下列行为之一，情节较轻的，给予警告或者严重警告处分；情节较重的，给予撤销党内职务或者留党察看处分；情节严重的，给予开除党籍处分：

（一）公开发表违背四项基本原则，违背、歪曲党的改革开放决策，或者其他有严重政治问题的文章、演说、宣言、声明等；

（二）妄议党中央大政方针，破坏党的集中统一；

（三）丑化党和国家形象，或者诋毁、诬蔑党和国家领导人、英雄模范，或者歪曲党的历史、中华人民共和国历史、人民军队历史。

发布、播出、刊登、出版前款所列内容或者为上述行为提供方便条件的，对直接责任者和领导责任者，给予严重警告或者撤销党内职务处分；情节严重的，给予留党察看或者开除党籍处分。

第五十二条 制作、贩卖、传播第五十条、第五十一条所列内容之一的报刊、书籍、音像制品、电子读物，以及网络文本、图片、音频、视频资料等，情节较轻的，给予警告或者严重警告处分；情节较重的，给予撤销党内职务或者留党察看处分；情节严重的，给予开除党籍处分。

私自携带、寄递第五十条、第五十一条所列内容之一的报刊、书籍、音像制品、电子读物等入出境，情节较重的，给予警告或者严重警告处分；情节严重的，给予撤销党内职务、留党察看或者开除党籍处分。

私自阅看、浏览、收听第五十条、第五十一条所列内容之一的报刊、书籍、音像制品、电子读物，以及网络文本、图片、音频、视频资料等，情节严重的，给予警告、严重警告或者撤销党内职务处分。

第五十三条 在党内组织秘密集团或者组织其他分裂党的活动的，给予开除党籍处分。

参加秘密集团或者参加其他分裂党的活动的，给予留党察看或者开除党籍处分。

第五十四条 在党内搞团团伙伙、结党营私、拉帮结派、政治攀附、培植个人势力等非组织活动，或者通过搞利益交换、为自己营造声势等活动捞取政治资本的，给予严重警告或者撤销党内职务处分；导致本地区、本部门、本单位政治生态恶化的，给予留党察看或者开除党籍处分。

第五十五条　搞投机钻营，结交政治骗子或者被政治骗子利用的，给予严重警告或者撤销党内职务处分；情节严重的，给予留党察看或者开除党籍处分。

充当政治骗子的，给予撤销党内职务、留党察看或者开除党籍处分。

第五十六条　党员领导干部在本人主政的地方或者分管的部门自行其是，搞山头主义，拒不执行党中央确定的大政方针，甚至背着党中央另搞一套的，给予撤销党内职务、留党察看或者开除党籍处分。

贯彻党中央决策部署只表态不落实，或者落实党中央决策部署不坚决，打折扣、搞变通，在政治上造成不良影响或者严重后果的，给予警告或者严重警告处分；情节严重的，给予撤销党内职务、留党察看或者开除党籍处分。

不顾党和国家大局，搞部门或者地方保护主义的，依照前款规定处理。

第五十七条　党员领导干部政绩观错位，违背新发展理念、背离高质量发展要求，给党、国家和人民利益造成较大损失的，给予警告或者严重警告处分；情节较重的，给予撤销党内职务或者留党察看处分；情节严重的，给予开除党籍处分。

搞劳民伤财的“形象工程”、“政绩工程”的，从重或者加重处分。

第五十八条　对党不忠诚不老实，表里不一，阳奉阴违，欺上瞒下，搞两面派，做两面人，在政治上造成不良影响的，给予警告或者严重警告处分；情节较重的，给予撤销党内职务或者留党察看处分；情节严重的，给予开除党籍处分。

第五十九条　制造、散布、传播政治谣言，破坏党的团结统一的，给予警告或者严重警告处分；情节较重的，给予撤销党内职务或者留党察看处分；情节严重的，给予开除党籍处分。

政治品行恶劣，匿名诬告，有意陷害或者制造其他谣言，造成损害或者不良影响的，依照前款规定处理。

第六十条　擅自对应当由党中央决定的重大政策问题作出决定、对外发表主张的，对直接责任者和领导责任者，给予严重警告或者撤销党内职务处分；情节严重的，给予留党察看或者开除党籍处分。

第六十一条 不按照有关规定向组织请示、报告重大事项，对直接责任者和领导责任者，情节较重的，给予警告或者严重警告处分；情节严重的，给予撤销党内职务或者留党察看处分。

第六十二条 干扰巡视巡察工作或者不落实巡视巡察整改要求，对直接责任者和领导责任者，情节较轻的，给予警告或者严重警告处分；情节较重的，给予撤销党内职务或者留党察看处分；情节严重的，给予开除党籍处分。

第六十三条 对抗组织审查，有下列行为之一的，给予警告或者严重警告处分；情节较重的，给予撤销党内职务或者留党察看处分；情节严重的，给予开除党籍处分：

（一）串供或者伪造、销毁、转移、隐匿证据；

（二）阻止他人揭发检举、提供证据材料；

（三）包庇同案人员；

（四）向组织提供虚假情况，掩盖事实；

（五）其他对抗组织审查行为。

第六十四条 组织、参加反对党的基本理论、基本路线、基本方略或者重大方针政策的集会、游行、示威等活动的，或者以组织讲座、论坛、报告会、座谈会等方式，反对党的基本理论、基本路线、基本方略或者重大方针政策，造成严重不良影响的，对策划者、组织者和骨干分子，给予开除党籍处分。

对其他参加人员或者以提供信息、资料、财物、场地等方式支持上述活动者，情节较轻的，给予警告或者严重警告处分；情节较重的，给予撤销党内职务或者留党察看处分；情节严重的，给予开除党籍处分。

对不明真相被裹挟参加，经批评教育后确有悔改表现的，可以免予处分或者不予处分。

未经组织批准参加其他集会、游行、示威等活动，情节较轻的，给予警告或者严重警告处分；情节较重的，给予撤销党内职务或者留党察看处分；情节严重的，给予开除党籍处分。

第六十五条 组织、参加旨在反对党的领导、反对社会主义制度或者敌视政府等组织的，对策划者、组织者和骨干分子，给予开除党籍处分。

对其他参加人员，情节较轻的，给予警告或者严重警告处分；情节较重的，给予撤销党内职务或者留党察看处分；情节严重的，给予开除党籍处分。

第六十六条　组织、参加会道门或者邪教组织的，对策划者、组织者和骨干分子，给予开除党籍处分。

对其他参加人员，情节较轻的，给予警告或者严重警告处分；情节较重的，给予撤销党内职务或者留党察看处分；情节严重的，给予开除党籍处分。

对不明真相的参加人员，经批评教育后确有悔改表现的，可以免予处分或者不予处分。

第六十七条　从事、参与挑拨破坏民族关系制造事端或者参加民族分裂活动的，对策划者、组织者和骨干分子，给予开除党籍处分。

对其他参加人员，情节较轻的，给予警告或者严重警告处分；情节较重的，给予撤销党内职务或者留党察看处分；情节严重的，给予开除党籍处分。

对不明真相被裹挟参加，经批评教育后确有悔改表现的，可以免予处分或者不予处分。

有其他违反党和国家民族政策的行为，情节较轻的，给予警告或者严重警告处分；情节较重的，给予撤销党内职务或者留党察看处分；情节严重的，给予开除党籍处分。

第六十八条　组织、利用宗教活动反对党的理论、路线、方针、政策和决议，破坏民族团结的，对策划者、组织者和骨干分子，给予开除党籍处分。

对其他参加人员，给予撤销党内职务或者留党察看处分；情节严重的，给予开除党籍处分。

对不明真相被裹挟参加，经批评教育后确有悔改表现的，可以免予处分或者不予处分。

有其他违反党和国家宗教政策的行为，情节较轻的，给予警告或者严重警告处分；情节较重的，给予撤销党内职务或者留党察看处分；情节严重的，给予开除党籍处分。

第六十九条　对信仰宗教的党员，应当加强思想教育，要求其限期改正；

经党组织帮助教育仍没有转变的，应当劝其退党；劝而不退的，予以除名；参与利用宗教搞煽动活动的，给予开除党籍处分。

第七十条 组织迷信活动的，给予撤销党内职务或者留党察看处分；情节严重的，给予开除党籍处分。

参加迷信活动或者个人搞迷信活动，造成不良影响的，给予警告或者严重警告处分；情节较重的，给予撤销党内职务或者留党察看处分；情节严重的，给予开除党籍处分。

对不明真相的参加人员，经批评教育后确有悔改表现的，可以免予处分或者不予处分。

第七十一条 组织、利用宗族势力对抗党和政府，妨碍党和国家的方针政策以及决策部署的实施，或者破坏党的基层组织建设的，对策划者、组织者和骨干分子，给予开除党籍处分。

对其他参加人员，给予撤销党内职务或者留党察看处分；情节严重的，给予开除党籍处分。

对不明真相被裹挟参加，经批评教育后确有悔改表现的，可以免予处分或者不予处分。

第七十二条 在国（境）外、外国驻华使（领）馆申请政治避难，或者违纪后逃往国（境）外、外国驻华使（领）馆的，给予开除党籍处分。

在国（境）外公开发表反对党和政府的文章、演说、宣言、声明等的，依照前款规定处理。

故意为上述行为提供方便条件的，给予留党察看或者开除党籍处分。

第七十三条 在涉外活动中，其言行在政治上造成恶劣影响，损害党和国家尊严、利益的，给予撤销党内职务或者留党察看处分；情节严重的，给予开除党籍处分。

第七十四条 不履行全面从严治党主体责任、监督责任或者履行全面从严治党主体责任、监督责任不力，给党组织造成严重损害或者严重不良影响的，对直接责任者和领导责任者，给予警告或者严重警告处分；情节严重的，给予撤销党内职务或者留党察看处分。

第七十五条 党员领导干部对违反政治纪律和政治规矩等错误思想和行为不报告、不抵制、不斗争，放任不管，搞无原则一团和气，造成不良影响的，给予警告或者严重警告处分；情节严重的，给予撤销党内职务或者留党察看处分。

第七十六条　违反党的优良传统和工作惯例等党的规矩，在政治上造成不良影响或者严重后果的，给予警告或者严重警告处分；情节较重的，给予撤销党内职务或者留党察看处分；情节严重的，给予开除党籍处分。

第七章　对违反组织纪律行为的处分

第七十七条　违反民主集中制原则，有下列行为之一的，给予警告或者严重警告处分；情节严重的，给予撤销党内职务或者留党察看处分：

（一）拒不执行或者擅自改变党组织作出的重大决定；

（二）违反议事规则，个人或者少数人决定重大问题；

（三）故意规避集体决策，决定重大事项、重要干部任免、重要项目安排和大额资金使用；

（四）借集体决策名义集体违规。

第七十八条　下级党组织拒不执行或者擅自改变上级党组织决定的，对直接责任者和领导责任者，给予警告或者严重警告处分；情节严重的，给予撤销党内职务或者留党察看处分。

第七十九条　拒不执行党组织的分配、调动、交流等决定的，给予警告、严重警告或者撤销党内职务处分。

在特殊时期或者紧急状况下，拒不执行党组织上述决定的，给予留党察看或者开除党籍处分。

第八十条　在党组织纪律审查中，依法依规负有作证义务的党员拒绝作证或者故意提供虚假情况，情节较重的，给予警告或者严重警告处分；情节严重的，给予撤销党内职务、留党察看或者开除党籍处分。

第八十一条　有下列行为之一，情节较重的，给予警告或者严重警告处分：

（一）违反个人有关事项报告规定，隐瞒不报；

（二）在组织进行谈话函询时，不如实向组织说明问题；

（三）不按要求报告或者不如实报告个人去向；

（四）不如实填报个人档案资料。

有前款第二项规定的行为，同时向组织提供虚假情况、掩盖事实的，依照本条例第六十三条规定处理。

篡改、伪造个人档案资料的，给予严重警告处分；情节严重的，给予撤销党内职务或者留党察看处分。

隐瞒入党前严重错误的，一般应当予以除名；对入党多年且一贯表现好，或者在工作中作出突出贡献的，给予严重警告、撤销党内职务或者留党察看处分。

第八十二条 党员领导干部违反有关规定组织、参加自发成立的老乡会、校友会、战友会等，情节严重的，给予警告、严重警告或者撤销党内职务处分。

第八十三条 有下列行为之一的，给予警告或者严重警告处分；情节较重的，给予撤销党内职务或者留党察看处分；情节严重的，给予开除党籍处分：

（一）在民主推荐、民主测评、组织考察和党内选举中搞拉票、助选等非组织活动；

（二）在法律规定的投票、选举活动中违背组织原则搞非组织活动，组织、怂恿、诱使他人投票、表决；

（三）在选举中进行其他违反党章、其他党内法规和有关章程活动。

搞有组织的拉票贿选，或者用公款拉票贿选的，从重或者加重处分。

第八十四条 在干部选拔任用工作中，有任人唯亲、排斥异己、封官许愿、说情干预、跑官要官、突击提拔或者调整干部等违反干部选拔任用规定行为，对直接责任者和领导责任者，情节较轻的，给予警告或者严重警告处分；情节较重的，给予撤销党内职务或者留党察看处分；情节严重的，给予开除党籍处分。

用人失察失误造成严重后果的，对直接责任者和领导责任者，依照前款规定处理。

第八十五条 在推进领导干部能上能下工作中，搞好人主义，有下列行为之一，对直接责任者和领导责任者，情节较重的，给予警告或者严重警告处分；情节严重的，给予撤销党内职务或者留党察看处分：

（一）以党纪政务等处分规避组织调整；

（二）以组织调整代替党纪政务等处分；

（三）其他避重就轻作出处理行为。

第八十六条 在干部、职工的录用、考核、职务职级晋升、职称评聘、荣誉表彰，授予学术称号和征兵、安置退役军人等工作中，隐瞒、歪曲事实真相，或者利用职权或者职务上的影响违反有关规定为本人或者其他人谋取利益的，给予警告或者严重警告处分；情节较重的，给予撤销党内职务或者留党察看处分；情节严重的，给予开除党籍处分。

弄虚作假，骗取职务、职级、职称、待遇、资格、学历、学位、荣誉、称号或者其他利益的，依照前款规定处理。

第八十七条　侵犯党员的表决权、选举权和被选举权，情节较重的，给予警告或者严重警告处分；情节严重的，给予撤销党内职务处分。

以强迫、威胁、欺骗、拉拢等手段，妨害党员自主行使表决权、选举权和被选举权的，给予撤销党内职务、留党察看或者开除党籍处分。

第八十八条　有下列行为之一的，对直接责任者和领导责任者，给予警告或者严重警告处分；情节较重的，给予撤销党内职务或者留党察看处分；情节严重的，给予开除党籍处分：

（一）对批评、检举、控告进行阻挠、压制，或者将批评、检举、控告材料私自扣压、销毁，或者故意将其泄露给他人；

（二）对党员的申辩、辩护、作证等进行压制，造成不良后果；

（三）压制党员申诉，造成不良后果，或者不按照有关规定处理党员申诉；

（四）其他侵犯党员权利行为，造成不良后果。

对批评人、检举人、控告人、证人及其他人员打击报复的，从重或者加重处分。

第八十九条　违反党章和其他党内法规的规定，采取弄虚作假或者其他手段把不符合党员条件的人发展为党员，或者为非党员出具党员身份证明的，对直接责任者和领导责任者，给予警告或者严重警告处分；情节严重的，给予撤销党内职务处分。

违反有关规定程序发展党员的，对直接责任者和领导责任者，依照前款规定处理。

第九十条　违反有关规定取得外国国籍或者获取国（境）外永久居留资格、长期居留许可的，给予撤销党内职务、留党察看或者开除党籍处分。

第九十一条　违反有关规定办理因私出国（境）证件、前往港澳通行证，或者未经批准出入国（边）境，情节较轻的，给予警告或者严重警告处分；情节较重的，给予撤销党内职务或者留党察看处分；情节严重的，给予开除党籍处分。

虽经批准因私出国（境）但存在擅自变更路线、无正当理由超期未归等超出批准范围出国（境）行为，情节较重的，给予警告或者严重警告处分；情节严重的，给予撤销党内职务处分。

第九十二条 驻外机构或者临时出国（境）团（组）中的党员擅自脱离组织，或者从事外事、机要、军事等工作的党员违反有关规定同国（境）外机构、人员联系和交往的，给予警告、严重警告或者撤销党内职务处分。

第九十三条 驻外机构或者临时出国（境）团（组）中的党员，脱离组织出走时间不满六个月又自动回归的，给予撤销党内职务或者留党察看处分；脱离组织出走时间超过六个月的，按照自行脱党处理，党内予以除名。

故意为他人脱离组织出走提供方便条件的，给予警告、严重警告或者撤销党内职务处分。

第八章 对违反廉洁纪律行为的处分

第九十四条 党员干部必须正确行使人民赋予的权力，清正廉洁，反对特权思想和特权现象，反对任何滥用职权、谋求私利的行为。

利用职权或者职务上的影响为他人谋取利益，本人的配偶、子女及其配偶等亲属和其他特定关系人收受对方财物，情节较重的，给予警告或者严重警告处分；情节严重的，给予撤销党内职务、留党察看或者开除党籍处分。

第九十五条 相互利用职权或者职务上的影响为对方及其配偶、子女及其配偶等亲属、身边工作人员和其他特定关系人谋取利益搞权权交易的，给予警告或者严重警告处分；情节较重的，给予撤销党内职务或者留党察看处分；情节严重的，给予开除党籍处分。

第九十六条 纵容、默许配偶、子女及其配偶等亲属、身边工作人员和其他特定关系人利用党员干部本人职权或者职务上的影响谋取私利，情节较轻的，给予警告或者严重警告处分；情节较重的，给予撤销党内职务或者留党察看处分；情节严重的，给予开除党籍处分。

党员干部的配偶、子女及其配偶等亲属和其他特定关系人不实际工作而获取薪酬或者虽实际工作但领取明显超出同职级标准薪酬，党员干部知情未予纠正的，依照前款规定处理。

第九十七条　收受可能影响公正执行公务的礼品、礼金、消费卡（券）和有价证券、股权、其他金融产品等财物，情节较轻的，给予警告或者严重警告处分；情节较重的，给予撤销党内职务或者留党察看处分；情节严重的，给予开除党籍处分。

收受其他明显超出正常礼尚往来的财物的，依照前款规定处理。

第九十八条　向从事公务的人员及其配偶、子女及其配偶等亲属和其他特定关系人赠送明显超出正常礼尚往来的礼品、礼金、消费卡（券）和有价证券、股权、其他金融产品等财物，情节较重的，给予警告或者严重警告处分；情节严重的，给予撤销党内职务或者留党察看处分。

以讲课费、课题费、咨询费等名义变相送礼的，依照前款规定处理。

第九十九条　借用管理和服务对象的钱款、住房、车辆等，可能影响公正执行公务，情节较重的，给予警告或者严重警告处分；情节严重的，给予撤销党内职务、留党察看或者开除党籍处分。

通过民间借贷等金融活动获取大额回报，可能影响公正执行公务的，依照前款规定处理。

第一百条　利用职权或者职务上的影响操办婚丧喜庆事宜，造成不良影响的，给予警告或者严重警告处分；情节严重的，给予撤销党内职务处分；借机敛财或者有其他侵犯国家、集体和人民利益行为的，从重或者加重处分，直至开除党籍。

第一百零一条　接受、提供可能影响公正执行公务的宴请或者旅游、健身、娱乐等活动安排，情节较重的，给予警告或者严重警告处分；情节严重的，给予撤销党内职务或者留党察看处分。

第一百零二条　违反有关规定取得、持有、实际使用运动健身卡、会所和俱乐部会员卡、高尔夫球卡等各种消费卡（券），或者违反有关规定出入私人会所，情节较重的，给予警告或者严重警告处分；情节严重的，给予撤销党内职务或者留党察看处分。

第一百零三条　违反有关规定从事营利活动，有下列行为之一，情节较轻的，给予警告或者严重警告处分；情节较重的，给予撤销党内职务或者留党察看处分；情节严重的，给予开除党籍处分：

（一）经商办企业；

（二）拥有非上市公司（企业）的股份或者证券；

（三）买卖股票或者进行其他证券投资；

（四）从事有偿中介活动；

（五）在国（境）外注册公司或者投资入股；

（六）其他违反有关规定从事营利活动的行为。

利用参与企业重组改制、定向增发、兼并投资、土地使用权出让等工作中掌握的信息买卖股票，利用职权或者职务上的影响通过购买信托产品、基金等方式非正常获利的，依照前款规定处理。

违反有关规定在经济组织、社会组织等单位中兼职，或者经批准兼职但获取薪酬、奖金、津贴等额外利益的，依照第一款规定处理。

第一百零四条 利用职权或者职务上的影响，为配偶、子女及其配偶等亲属和其他特定关系人在审批监管、资源开发、金融信贷、大宗采购、土地使用权出让、房地产开发、工程招投标以及公共财政收支等方面谋取利益，情节较轻的，给予警告或者严重警告处分；情节较重的，给予撤销党内职务或者留党察看处分；情节严重的，给予开除党籍处分。

利用职权或者职务上的影响，为配偶、子女及其配偶等亲属和其他特定关系人吸收存款、推销金融产品、经营名贵特产类特殊资源等提供帮助谋取利益的，依照前款规定处理。

第一百零五条 离职或者退（离）休后违反有关规定接受原任职务管辖的地区和业务范围内或者与原工作业务直接相关的企业和中介机构等单位的聘用，或者个人从事与原任职务管辖业务或者与原工作业务直接相关的营利活动，情节较轻的，给予警告或者严重警告处分；情节较重的，给予撤销党内职务处分；情节严重的，给予留党察看处分。

党员领导干部离职或者退（离）休后违反有关规定担任上市公司、基金管理公司独立董事、独立监事等职务，情节较轻的，给予警告或者严重警告处分；情节较重的，给予撤销党内职务处分；情节严重的，给予留党察看处分。

第一百零六条 离职或者退（离）休后利用原职权或者职务上的影响，为配偶、子女及其配偶等亲属和其他特定关系人从事经营活动谋取利益，情节较轻的，给予警告或者严重警告处分；情节较重的，给予撤销党内职务或者留党察看处分；情节严重的，给予开除党籍处分。

离职或者退（离）休后利用原职权或者职务上的影响为他人谋取利益，本人的配偶、子女及其配偶等亲属和其他特定关系人收受对方财物，情节较重的，给予警告或者严重警告处分；情节严重的，给予撤销党内职务、留党察看或者开除党籍处分。

第一百零七条　党员领导干部的配偶、子女及其配偶，违反有关规定在该党员领导干部管辖的地区和业务范围内从事可能影响其公正执行公务的经营活动，或者有其他违反经商办企业禁业规定行为的，该党员领导干部应当按照规定予以纠正；拒不纠正的，其本人应当辞去现任职务或者由组织予以调整职务；不辞去现任职务或者不服从组织调整职务的，给予撤销党内职务处分。

第一百零八条　党和国家机关违反有关规定经商办企业的，对直接责任者和领导责任者，给予警告或者严重警告处分；情节严重的，给予撤销党内职务处分。

第一百零九条　党员领导干部违反工作、生活保障制度，在交通、医疗、警卫等方面为本人、配偶、子女及其配偶等亲属、身边工作人员和其他特定关系人谋求特殊待遇，情节较重的，给予警告或者严重警告处分；情节严重的，给予撤销党内职务或者留党察看处分。

第一百一十条　在分配、购买住房中侵犯国家、集体利益，情节较轻的，给予警告或者严重警告处分；情节较重的，给予撤销党内职务或者留党察看处分；情节严重的，给予开除党籍处分。

第一百一十一条　利用职权或者职务上的影响，侵占非本人经管的公私财物，或者以象征性地支付钱款等方式侵占公私财物，或者无偿、象征性地支付报酬接受服务、使用劳务，情节较轻的，给予警告或者严重警告处分；情节较重的，给予撤销党内职务或者留党察看处分；情节严重的，给予开除党籍处分。

利用职权或者职务上的影响，将应当由本人、配偶、子女及其配偶等亲属、身边工作人员和其他特定关系人个人支付的费用，由下属单位、其他单位或者他人支付、报销的，依照前款规定处理。

第一百一十二条　利用职权或者职务上的影响，违反有关规定占用公物归个人使用，时间超过六个月，情节较重的，给予警告或者严重警告处分；情节严重的，给予撤销党内职务处分。

占用公物进行营利活动的，给予警告或者严重警告处分；情节较重的，给予撤销党内职务或者留党察看处分；情节严重的，给予开除党籍处分。

将公物借给他人进行营利活动的，依照前款规定处理。

第一百一十三条 违反有关规定组织、参加用公款支付的宴请、娱乐、健身活动，或者用公款购买赠送或者发放礼品、消费卡（券）等，对直接责任者和领导责任者，情节较轻的，给予警告或者严重警告处分；情节较重的，给予撤销党内职务或者留党察看处分；情节严重的，给予开除党籍处分。

第一百一十四条 违反有关规定自定薪酬或者滥发津贴、补贴、奖金、福利等，对直接责任者和领导责任者，情节较轻的，给予警告或者严重警告处分；情节较重的，给予撤销党内职务或者留党察看处分；情节严重的，给予开除党籍处分。

第一百一十五条 有下列行为之一，对直接责任者和领导责任者，情节较轻的，给予警告或者严重警告处分；情节较重的，给予撤销党内职务或者留党察看处分；情节严重的，给予开除党籍处分：

（一）公款旅游或者以学习培训、考察调研、职工疗养等为名变相公款旅游；

（二）改变公务行程，借机旅游；

（三）参加所管理企业、下属单位组织的考察活动，借机旅游。

以考察、学习、培训、研讨、招商、参展等名义变相用公款出国（境）旅游的，对直接责任者和领导责任者，依照前款规定处理。

第一百一十六条 违反接待管理规定，超标准、超范围接待或者借机大吃大喝，对直接责任者和领导责任者，情节较重的，给予警告或者严重警告处分；情节严重的，给予撤销党内职务处分。

第一百一十七条 违反有关规定配备、购买、更换、装饰、使用公务交通工具或者有其他违反公务交通工具管理规定的行为，对直接责任者和领导责任者，情节较重的，给予警告或者严重警告处分；情节严重的，给予撤销党内职务或者留党察看处分。

第一百一十八条 违反会议活动管理规定，有下列行为之一，对直接责任者和领导责任者，情节较重的，给予警告或者严重警告处分；情节严重的，给予撤销党内职务处分：

（一）到禁止召开会议的风景名胜区开会；

（二）决定或者批准举办各类节会、庆典活动；

（三）其他违反会议活动管理规定行为。

擅自举办评比达标表彰、创建示范活动或者借评比达标表彰、创建示范活动收取费用的，对直接责任者和领导责任者，依照前款规定处理。

第一百一十九条　违反办公用房管理等规定，有下列行为之一，对直接责任者和领导责任者，情节较重的，给予警告或者严重警告处分；情节严重的，给予撤销党内职务处分：

（一）决定或者批准兴建、装修办公楼、培训中心等楼堂馆所；

（二）超标准配备、使用办公用房；

（三）未经批准租用、借用办公用房；

（四）用公款包租、占用客房或者其他场所供个人使用；

（五）其他违反办公用房管理等规定行为。

第一百二十条　搞权色交易或者给予财物搞钱色交易的，给予警告或者严重警告处分；情节较重的，给予撤销党内职务或者留党察看处分；情节严重的，给予开除党籍处分。

第一百二十一条　有其他违反廉洁纪律规定行为的，应当视具体情节给予警告直至开除党籍处分。

第九章　对违反群众纪律行为的处分

第一百二十二条　有下列行为之一，对直接责任者和领导责任者，情节较轻的，给予警告或者严重警告处分；情节较重的，给予撤销党内职务或者留党察看处分；情节严重的，给予开除党籍处分：

（一）超标准、超范围向群众筹资筹劳、摊派费用，加重群众负担；

（二）违反有关规定扣留、收缴群众款物或者处罚群众；

（三）克扣群众财物，或者违反有关规定拖欠群众钱款；

（四）在管理、服务活动中违反有关规定收取费用；

（五）在办理涉及群众事务时刁难群众、吃拿卡要；

（六）其他侵害群众利益行为。

在乡村振兴领域有上述行为的，从重或者加重处分。

第一百二十三条　干涉生产经营自主权，致使群众财产遭受较大损失的，对直接责任者和领导责任者，给予警告或者严重警告处分；情节严重的，给予撤销党内职务或者留党察看处分。

第一百二十四条 在社会保障、社会救助、政策扶持、救灾救济款物分配等事项中优亲厚友、明显有失公平的，给予警告或者严重警告处分；情节较重的，给予撤销党内职务或者留党察看处分；情节严重的，给予开除党籍处分。

第一百二十五条 利用宗族或者黑恶势力等欺压群众，或者纵容涉黑涉恶活动、为黑恶势力充当“保护伞”的，给予撤销党内职务或者留党察看处分；情节严重的，给予开除党籍处分。

第一百二十六条 有下列行为之一，对直接责任者和领导责任者，情节较重的，给予警告或者严重警告处分；情节严重的，给予撤销党内职务或者留党察看处分：

（一）对涉及群众生产、生活等切身利益的问题依照政策或者有关规定能解决而不及时解决，庸懒无为、效率低下，造成不良影响；

（二）对符合政策的群众诉求消极应付、推诿扯皮，损害党群、干群关系；

（三）对待群众态度恶劣、简单粗暴，造成不良影响；

（四）弄虚作假，欺上瞒下，损害群众利益；

（五）其他不作为、乱作为、慢作为、假作为等损害群众利益行为。

第一百二十七条 遇到国家财产和群众生命财产受到严重威胁时，能救而不救，情节较重的，给予警告、严重警告或者撤销党内职务处分；情节严重的，给予留党察看或者开除党籍处分。

第一百二十八条 不按照规定公开党务、政务、厂务、村（居）务等，侵犯群众知情权，对直接责任者和领导责任者，情节较重的，给予警告或者严重警告处分；情节严重的，给予撤销党内职务或者留党察看处分。

第一百二十九条 有其他违反群众纪律规定行为的，应当视具体情节给予警告直至开除党籍处分。

第十章 对违反工作纪律行为的处分

第一百三十条 工作中不负责任或者疏于管理，贯彻执行、检查督促落实上级决策部署不力，给党、国家和人民利益以及公共财产造成较大损失的，对直接责任者和领导责任者，给予警告或者严重警告处分；造成重大损失的，给予撤销党内职务、留党察看或者开除党籍处分。

党员领导干部对于到任前已经存在且属于其职责范围内的问题，消极回避、推卸责任，造成严重损害或者严重不良影响的，依照前款规定处理。

第一百三十一条　工作中不敢斗争、不愿担当，面对重大矛盾冲突、危机困难临阵退缩，造成不良影响或者严重后果的，给予警告或者严重警告处分；情节严重的，给予撤销党内职务、留党察看或者开除党籍处分。

第一百三十二条　有下列行为之一，造成严重损害或者严重不良影响的，对直接责任者和领导责任者，给予警告或者严重警告处分；情节较重的，给予撤销党内职务或者留党察看处分；情节严重的，给予开除党籍处分：

（一）热衷于搞舆论造势、浮在表面；

（二）单纯以会议贯彻会议、以文件落实文件，在实际工作中不见诸行动；

（三）脱离实际，不作深入调查研究，搞随意决策、机械执行；

（四）违反精文减会有关规定搞文山会海；

（五）在督查检查考核等工作中搞层层加码、过度留痕，增加基层工作负担；

（六）工作中其他形式主义、官僚主义行为。

第一百三十三条　在公务活动用餐、单位食堂用餐管理工作中不履行或者不正确履行宣传教育、监督管理职责，导致餐饮浪费，造成严重不良影响的，对直接责任者和领导责任者，给予警告或者严重警告处分；情节严重的，给予撤销党内职务处分。

第一百三十四条　在机构编制工作中，有下列行为之一，造成不良影响或者严重后果的，对直接责任者和领导责任者，给予警告或者严重警告处分；情节较重的，给予撤销党内职务或者留党察看处分；情节严重的，给予开除党籍处分：

（一）擅自超出“三定”规定范围调整职责、设置机构、核定领导职数和配备人员；

（二）违规干预地方机构设置；

（三）其他违反机构编制管理规定行为。

第一百三十五条　在信访工作中，有下列行为之一，造成不良影响或者严重后果的，对直接责任者和领导责任者，给予警告或者严重警告处分；情节较重的，给予撤销党内职务或者留党察看处分；情节严重的，给予开除党籍处分：

（一）不按照规定受理、办理信访事项；

（二）对规模性集体访等处置不力，导致事态扩大；

（三）对党委和政府信访部门提出的改进工作、完善政策等建议重视不够、落实不力，导致问题长期得不到解决；

（四）其他不履行或者不正确履行信访工作职责行为。

不履行或者不正确履行职责，导致信访事项发生，造成不良影响或者严重后果的，对直接责任者和领导责任者，依照前款规定处理。

第一百三十六条　党组织有下列行为之一，对直接责任者和领导责任者，情节较重的，给予警告或者严重警告处分；情节严重的，给予撤销党内职务或者留党察看处分：

（一）党员被立案审查期间，擅自批准其出差、出国（境）、辞职，或者对其交流、提拔职务、晋升职级、进一步使用、奖励，或者办理退休手续；

（二）党员被依法追究刑事责任后，不按照规定给予党纪处分，或者对党员违反国家法律法规的行为，应当给予党纪处分而不处分；

（三）党纪处分决定或者申诉复查决定作出后，不按照规定落实决定中关于被处分人党籍、职务、职级、待遇等事项；

（四）党员受到党纪处分后，不按照干部管理权限和组织关系对受处分党员开展日常教育、管理和监督工作。

第一百三十七条　滥用问责，或者在问责工作中严重不负责任，造成不良影响的，对直接责任者和领导责任者，给予警告或者严重警告处分；情节严重的，给予撤销党内职务处分。

第一百三十八条　因工作不负责任致使所管理的人员叛逃的，对直接责任者和领导责任者，给予警告或者严重警告处分；情节严重的，给予撤销党内职务处分。

因工作不负责任致使所管理的人员出逃、出走，对直接责任者和领导责任者，情节较重的，给予警告或者严重警告处分；情节严重的，给予撤销党内职务处分。

第一百三十九条　进行统计造假，对直接责任者和领导责任者，情节较轻的，给予警告或者严重警告处分；情节较重的，给予撤销党内职务或者留党察看处分；情节严重的，给予开除党籍处分。

对统计造假失察，造成严重后果的，对直接责任者和领导责任者，给予警告或者严重警告处分；情节严重的，给予撤销党内职务、留党察看或者开除党籍处分。

第一百四十条　在上级检查、视察工作或者向上级汇报、报告工作时对应当报告的事项不报告或者不如实报告，造成严重损害或者严重不良影响的，对直接责任者和领导责任者，给予警告或者严重警告处分；情节严重的，给予撤销党内职务或者留党察看处分。

在上级检查、视察工作或者向上级汇报、报告工作时纵容、唆使、暗示、强迫下级说假话、报假情的，从重或者加重处分。

第一百四十一条　违反有关规定干预和插手市场经济活动，有下列行为之一，情节较轻的，给予警告或者严重警告处分；情节较重的，给予撤销党内职务或者留党察看处分；情节严重的，给予开除党籍处分：

（一）干预和插手建设工程项目承发包、土地使用权出让、政府采购、房地产开发与经营、矿产资源开发利用、中介机构服务等活动；

（二）干预和插手国有企业重组改制、兼并、破产、产权交易、清产核资、资产评估、资产转让、重大项目投资以及其他重大经营活动等事项；

（三）干预和插手批办各类行政许可和资金借贷等事项；

（四）干预和插手经济纠纷；

（五）干预和插手集体资金、资产和资源的使用、分配、承包、租赁等事项。

第一百四十二条　违反有关规定干预和插手司法活动、执纪执法活动，向有关地方或者部门打听案情、打招呼、说情，或者以其他方式对司法活动、执纪执法活动施加影响，情节较轻的，给予严重警告处分；情节较重的，给予撤销党内职务或者留党察看处分；情节严重的，给予开除党籍处分。

违反有关规定干预和插手公共财政资金分配、项目立项评审、功勋荣誉表彰奖励等活动，造成重大损失或者不良影响的，依照前款规定处理。

第一百四十三条 按照有关规定对干预和插手行为负有报告和登记义务的受请托人，不按照规定报告或者登记，情节较重的，给予警告或者严重警告处分；情节严重的，给予撤销党内职务处分。

第一百四十四条 泄露、扩散或者打探、窃取党组织关于干部选拔任用、纪律审查、巡视巡察等尚未公开事项或者其他应当保密的内容的，给予警告或者严重警告处分；情节较重的，给予撤销党内职务或者留党察看处分；情节严重的，给予开除党籍处分。

私自留存涉及党组织关于干部选拔任用、纪律审查、巡视巡察等方面资料，情节较重的，给予警告或者严重警告处分；情节严重的，给予撤销党内职务处分。

第一百四十五条 在考试、录取工作中，有泄露试题、考场舞弊、涂改考卷、违规录取等违反有关规定行为的，给予警告或者严重警告处分；情节较重的，给予撤销党内职务或者留党察看处分；情节严重的，给予开除党籍处分。

第一百四十六条 以不正当方式谋求本人或者其他人用公款出国（境），情节较轻的，给予警告处分；情节较重的，给予严重警告处分；情节严重的，给予撤销党内职务处分。

第一百四十七条 临时出国（境）团（组）或者人员中的党员，擅自延长在国（境）外期限，或者擅自变更路线的，对直接责任者和领导责任者，给予警告或者严重警告处分；情节严重的，给予撤销党内职务处分。

第一百四十八条 驻外机构或者临时出国（境）团（组）中的党员，触犯驻在国家、地区的法律、法令或者不尊重驻在国家、地区的宗教习俗，情节较重的，给予警告或者严重警告处分；情节严重的，给予撤销党内职务、留党察看或者开除党籍处分。

第一百四十九条 在党的纪律检查、组织、宣传、统一战线工作以及机关工作等其他工作中，不履行或者不正确履行职责，造成损失或者不良影响的，应当视具体情节给予警告直至开除党籍处分。

第十一章　对违反生活纪律行为的处分

第一百五十条 生活奢靡、铺张浪费、贪图享乐、追求低级趣味，造成不良影响的，给予警告或者严重警告处分；情节严重的，给予撤销党内职务处分。

第一百五十一条　与他人发生不正当性关系，造成不良影响的，给予警告或者严重警告处分；情节较重的，给予撤销党内职务或者留党察看处分；情节严重的，给予开除党籍处分。

利用职权、教养关系、从属关系或者其他相类似关系与他人发生性关系的，从重处分。

第一百五十二条　党员领导干部不重视家风建设，对配偶、子女及其配偶失管失教，造成不良影响或者严重后果的，给予警告或者严重警告处分；情节严重的，给予撤销党内职务处分。

第一百五十三条　违背社会公序良俗，在公共场所、网络空间有不当言行，造成不良影响的，给予警告或者严重警告处分；情节较重的，给予撤销党内职务或者留党察看处分；情节严重的，给予开除党籍处分。

第一百五十四条　有其他严重违反社会公德、家庭美德行为的，应当视具体情节给予警告直至开除党籍处分。

第三编　附　　则

第一百五十五条　各省、自治区、直辖市党委可以根据本条例，结合各自工作的实际情况，制定单项实施规定。

第一百五十六条　中央军事委员会可以根据本条例，结合中国人民解放军和中国人民武装警察部队的实际情况，制定补充规定或者单项规定。

第一百五十七条　本条例由中央纪委负责解释。

第一百五十八条　本条例自 2024 年 1 月 1 日起施行。

本条例施行前，已结案的案件如需进行复查复议，适用当时的规定或者政策。尚未结案的案件，如果行为发生时的规定或者政策不认为是违纪，而本条例认为是违纪的，依照当时的规定或者政策处理；如果行为发生时的规定或者政策认为是违纪的，依照当时的规定或者政策处理，但是如果本条例不认为是违纪或者处理较轻的，依照本条例规定处理。

中国共产党纪律检查机关监督执纪工作规则

1. 2018年11月26日中共中央政治局会议审议批准
2. 2018年12月28日中共中央办公厅发布

第一章 总 则

第一条 为了加强党对纪律检查和国家监察工作的统一领导，加强党的纪律建设，推进全面从严治党，规范纪检监察机关监督执纪工作，根据《中国共产党章程》和有关法律，结合纪检监察体制改革和监督执纪工作实践，制定本规则。

第二条 坚持以马克思列宁主义、毛泽东思想、邓小平理论、“三个代表”重要思想、科学发展观、习近平新时代中国特色社会主义思想为指导，全面贯彻纪律检查委员会和监察委员会合署办公要求，依规依纪依法严格监督执纪，坚持打铁必须自身硬，把权力关进制度笼子，建设忠诚干净担当的纪检监察干部队伍。

第三条 监督执纪工作应当遵循以下原则：

（一）坚持和加强党的全面领导，牢固树立政治意识、大局意识、核心意识、看齐意识，坚定中国特色社会主义道路自信、理论自信、制度自信、文化自信，坚决维护习近平总书记党中央的核心、全党的核心地位，坚决维护党中央权威和集中统一领导，严守政治纪律和政治规矩，体现监督执纪工作的政治性，构建党统一指挥、全面覆盖、权威高效的监督体系；

（二）坚持纪律检查工作双重领导体制，监督执纪工作以上级纪委领导为主，线索处置、立案审查等在向同级党委报告的同时应当向上级纪委报告；

（三）坚持实事求是，以事实为依据，以党章党规党纪和国家法律法规为准绳，强化监督、严格执纪，把握政策、宽严相济，对主动投案、主动交代问题的宽大处理，对拒不交代、欺瞒组织的从严处理；

（四）坚持信任不能代替监督，执纪者必先守纪，以更高的标准、更严的要求约束自己，严格工作程序，有效管控风险，强化对监督执纪各环节的监督制约，确保监督执纪工作经得起历史和人民的检验。

第四条　坚持惩前毖后、治病救人，把纪律挺在前面，精准有效运用监督执纪“四种形态”，把思想政治工作贯穿监督执纪全过程，严管和厚爱结合，激励和约束并重，注重教育转化，促使党员自觉防止和纠正违纪行为，惩治极少数，教育大多数，实现政治效果、纪法效果和社会效果相统一。

第二章　领导体制

第五条　中央纪律检查委员会在党中央领导下进行工作。地方各级纪律检查委员会和基层纪律检查委员会在同级党的委员会和上级纪律检查委员会双重领导下进行工作。

党委应当定期听取、审议同级纪律检查委员会和监察委员会的工作报告，加强对纪委监委工作的领导、管理和监督。

第六条　党的纪律检查机关和国家监察机关是党和国家自我监督的专责机关，中央纪委和地方各级纪委贯彻党中央关于国家监察工作的决策部署，审议决定监委依法履职中的重要事项，把执纪和执法贯通起来，实现党内监督和国家监察的有机统一。

第七条　监督执纪工作实行分级负责制：

（一）中央纪委国家监委负责监督检查和审查调查中央委员、候补中央委员，中央纪委委员，中央管理的领导干部，党中央工作部门、党中央批准设立的党组（党委），各省、自治区、直辖市党委、纪委等党组织的涉嫌违纪或者职务违法、职务犯罪问题。

（二）地方各级纪委监委负责监督检查和审查调查同级党委委员、候补委员，同级纪委委员，同级党委管理的党员、干部以及监察对象，同级党委工作部门、党委批准设立的党组（党委），下一级党委、纪委等党组织的涉嫌违纪或者职务违法、职务犯罪问题。

（三）基层纪委负责监督检查和审查同级党委管理的党员，同级党委下属的各级党组织的涉嫌违纪问题；未设立纪律检查委员会的党的基层委员会，由该委员会负责监督执纪工作。

地方各级纪委监委依照规定加强对同级党委履行职责、行使权力情况的监督。

第八条　对党的组织关系在地方、干部管理权限在主管部门的党员、干部以及监察对象涉嫌违纪违法问题，应当按照谁主管谁负责的原则进行监督执纪，由设在主管部门、有管辖权的纪检监察机关进行审查调查，主管部门认为有必要的，可以与地方纪检监察机关联合审查调查。地方纪检监察机关接到问题线索反映的，经与主管部门协调，可以对其进行审查调查，也可以与主管部门组成联合审查调查组，审查调查情况及时向对方通报。

第九条 上级纪检监察机关有权指定下级纪检监察机关对其他下级纪检监察机关管辖的党组织和党员、干部以及监察对象涉嫌违纪或者职务违法、职务犯罪问题进行审查调查，必要时也可以直接进行审查调查。上级纪检监察机关可以将其直接管辖的事项指定下级纪检监察机关进行审查调查。

纪检监察机关之间对管辖事项有争议的，由其共同的上级纪检监察机关确定；认为所管辖的事项重大、复杂，需要由上级纪检监察机关管辖的，可以报请上级纪检监察机关管辖。

第十条 纪检监察机关应当严格执行请示报告制度。中央纪委定期向党中央报告工作，研究涉及全局的重大事项、遇有重要问题以及作出立案审查调查决定、给予党纪政务处分等事项应当及时向党中央请示报告，既要报告结果也要报告过程。执行党中央重要决定的情况应当专题报告。

地方各级纪检监察机关对作出立案审查调查决定、给予党纪政务处分等重要事项，应当向同级党委请示汇报并向上级纪委监委报告，形成明确意见后再正式行文请示。遇有重要事项应当及时报告。

纪检监察机关应当坚持民主集中制，对于线索处置、谈话函询、初步核实、立案审查调查、案件审理、处置执行中的重要问题，经集体研究后，报纪检监察机关相关负责人、主要负责人审批。

第十一条 纪检监察机关应当建立监督检查、审查调查、案件监督管理、案件审理相互协调、相互制约的工作机制。市地级以上纪委监委实行监督检查和审查调查部门分设，监督检查部门主要负责联系地区和部门、单位的日常监督检查和对涉嫌一般违纪问题线索处置，审查调查部门主要负责对涉嫌严重违纪或者职务违法、职务犯罪问题线索进行初步核实和立案审查调查；案件监督管理部门负责对监督检查、审查调查工作全过程进行监督管理，案件审理部门负责对需要给予党纪政务处分的案件审核把关。

纪检监察机关在工作中需要协助的，有关组织和机关、单位、个人应当依规依纪依法予以协助。

第十二条　纪检监察机关案件监督管理部门负责对监督执纪工作全过程进行监督管理，做好线索管理、组织协调、监督检查、督促办理、统计分析等工作。党风政风监督部门应当加强对党风政风建设的综合协调，做好督促检查、通报曝光和综合分析等工作。

第三章　监督检查

第十三条　党委（党组）在党内监督中履行主体责任，纪检监察机关履行监督责任，应当将纪律监督、监察监督、巡视监督、派驻监督结合起来，重点检查遵守、执行党章党规党纪和宪法法律法规，坚定理想信念，增强“四个意识”，坚定“四个自信”，维护习近平总书记核心地位，维护党中央权威和集中统一领导，贯彻执行党和国家的路线方针政策以及重大决策部署，坚持主动作为、真抓实干，落实全面从严治党责任、民主集中制原则、选人用人规定以及中央八项规定精神，巡视巡察整改，依法履职、秉公用权、廉洁从政从业以及恪守社会道德规范等情况，对发现的问题分类处置、督促整改。

第十四条　纪委监委（纪检监察组、纪检监察工委）报请或者会同党委（党组）定期召开专题会议，听取加强党内监督情况专题报告，综合分析所联系的地区、部门、单位政治生态状况，提出加强和改进的意见及工作措施，抓好组织实施和督促检查。

第十五条　纪检监察机关应当结合被监督对象的职责，加强对行使权力情况的日常监督，通过多种方式了解被监督对象的思想、工作、作风、生活情况，发现苗头性、倾向性问题或者轻微违纪问题，应当及时约谈提醒、批评教育、责令检查、诫勉谈话，提高监督的针对性和实效性。

第十六条　纪检监察机关应当畅通来信、来访、来电和网络等举报渠道，建设覆盖纪检监察系统的检举举报平台，及时受理检举控告，发挥党员和群众的监督作用。

第十七条　纪检监察机关应当建立健全党员领导干部廉政档案，主要内容包括：

（一）任免情况、人事档案情况、因不如实报告个人有关事项受到处理的情况等；

（二）巡视巡察、信访、案件监督管理以及其他方面移交的问题线索和处置情况；

（三）开展谈话函询、初步核实、审查调查以及其他工作形成的有关材料；

（四）党风廉政意见回复材料；

（五）其他反映廉政情况的材料。

廉政档案应当动态更新。

第十八条 纪检监察机关应当做好干部选拔任用党风廉政意见回复工作，对反映问题线索认真核查，综合用好巡视巡察等其他监督成果，严把政治关、品行关、作风关、廉洁关。

第十九条 纪检监察机关对监督中发现的突出问题，应当向有关党组织或者单位提出纪律检查建议或者监察建议，通过督促召开专题民主生活会、组织开展专项检查等方式，督查督办，推动整改。

第四章 线索处置

第二十条 纪检监察机关应当加强对问题线索的集中管理、分类处置、定期清理。信访举报部门归口受理同级党委管理的党组织和党员、干部以及监察对象涉嫌违纪或者职务违法、职务犯罪问题的信访举报，统一接收有关纪检监察机关、派驻或者派出机构以及其他单位移交的相关信访举报，移送本机关有关部门，深入分析信访形势，及时反映损害群众最关心、最直接、最现实的利益问题。

巡视巡察工作机构和审计机关、行政执法机关、司法机关等单位发现涉嫌违纪或者职务违法、职务犯罪问题线索，应当及时移交纪检监察机关案件监督管理部门统一办理。

监督检查部门、审查调查部门、干部监督部门发现的相关问题线索，属于本部门受理范围的，应当送案件监督管理部门备案；不属于本部门受理范围的，经审批后移送案件监督管理部门，由其按程序转交相关监督执纪部门办理。

第二十一条 纪检监察机关应当结合问题线索所涉及地区、部门、单位总体情况，综合分析，按照谈话函询、初步核实、暂存待查、予以了结 4 类方式进行处置。

线索处置不得拖延和积压，处置意见应当在收到问题线索之日起 1 个月内提出，并制定处置方案，履行审批手续。

第二十二条 纪检监察机关对反映同级党委委员、候补委员，纪委常委、监委委员，以及所辖地区、部门、单位主要负责人的问题线索和线索处置情况，应当及时向上级纪检监察机关报告。

第二十三条　案件监督管理部门对问题线索实行集中管理、动态更新、定期汇总核对，提出分办意见，报纪检监察机关主要负责人批准，按程序移送承办部门。承办部门应当指定专人负责管理问题线索，逐件编号登记、建立管理台账。线索管理处置各环节应当由经手人员签名，全程登记备查。

第二十四条　纪检监察机关应当根据工作需要，定期召开专题会议，听取问题线索综合情况汇报，进行分析研判，对重要检举事项和反映问题集中的领域深入研究，提出处置要求，做到件件有着落。

第二十五条　承办部门应当做好线索处置归档工作，归档材料齐全完整，载明领导批示和处置过程。案件监督管理部门定期汇总、核对问题线索及处置情况，向纪检监察机关主要负责人报告，并向相关部门通报。

第五章　谈话函询

第二十六条　各级党委（党组）和纪检监察机关应当推动加强和规范党内政治生活，经常拿起批评和自我批评的武器，及时开展谈话提醒、约谈函询，促使党员、干部以及监察对象增强党的观念和纪律意识。

第二十七条　纪检监察机关采取谈话函询方式处置问题线索，应当起草谈话函询报批请示，拟订谈话方案和相关工作预案，按程序报批。需要谈话函询下一级党委（党组）主要负责人的，应当报纪检监察机关主要负责人批准，必要时向同级党委主要负责人报告。

第二十八条　谈话应当由纪检监察机关相关负责人或者承办部门负责人进行，可以由被谈话人所在党委（党组）、纪委监委（纪检监察组、纪检监察工委）有关负责人陪同；经批准也可以委托被谈话人所在党委（党组）主要负责人进行。

谈话应当在具备安全保障条件的场所进行。由纪检监察机关谈话的，应当制作谈话笔录，谈话后可以视情况由被谈话人写出书面说明。

第二十九条　纪检监察机关进行函询应当以办公厅（室）名义发函给被反映人，并抄送其所在党委（党组）和派驻纪检监察组主要负责人。被函询人应当在收到函件后15个工作日内写出说明材料，由其所在党委（党组）主要负责人签署意见后发函回复。

被函询人为党委（党组）主要负责人的，或者被函询人所作说明涉及党委（党组）主要负责人的，应当直接发函回复纪检监察机关。

第三十条　承办部门应当在谈话结束或者收到函询回复后1个月内写出情况报告和处置意见，按程序报批。根据不同情形作出相应处理：

（一）反映不实，或者没有证据证明存在问题的，予以采信了结，并向被函询人发函反馈。

（二）问题轻微，不需要追究纪律责任的，采取谈话提醒、批评教育、责令检查、诫勉谈话等方式处理。

（三）反映问题比较具体，但被反映人予以否认且否认理由不充分具体的，或者说明存在明显问题的，一般应当再次谈话或者函询；发现被反映人涉嫌违纪或者职务违法、职务犯罪问题需要追究纪律和法律责任的，应当提出初步核实的建议。

（四）对诬告陷害者，依规依纪依法予以查处。

必要时可以对被反映人谈话函询的说明情况进行抽查核实。

谈话函询材料应当存入廉政档案。

第三十一条　被谈话函询的党员干部应当在民主生活会、组织生活会上就本年度或者上年度谈话函询问题进行说明，讲清组织予以采信了结的情况；存在违纪问题的，应当进行自我批评，作出检讨。

第六章　初步核实

第三十二条　党委（党组）、纪委监委（纪检监察组）应当对具有可查性的涉嫌违纪或者职务违法、职务犯罪问题线索，扎实开展初步核实工作，收集客观性证据，确保真实性和准确性。

第三十三条　纪检监察机关采取初步核实方式处置问题线索，应当制定工作方案，成立核查组，履行审批程序。被核查人为下一级党委（党组）主要负责人的，纪检监察机关应当报同级党委主要负责人批准。

第三十四条　核查组经批准可以采取必要措施收集证据，与相关人员谈话了解情况，要求相关组织作出说明，调取个人有关事项报告，查阅复制文件、账目、档案等资料，查核资产情况和有关信息，进行鉴定勘验。对被核查人及相关人员主动上交的财物，核查组应当予以暂扣。

需要采取技术调查或者限制出境等措施的，纪检监察机关应当严格履行审批手续，交有关机关执行。

第三十五条　初步核实工作结束后，核查组应当撰写初步核实情况报告，列明被核查人基本情况、反映的主要问题、办理依据以及初步核实结果、存在疑点、处理建议，由核查组全体人员签名备查。

承办部门应当综合分析初步核实情况，按照拟立案审查调查、予以了结、谈话提醒、暂存待查，或者移送有关党组织处理等方式提出处置建议。

初步核实情况报告应当报纪检监察机关主要负责人审批，必要时向同级党委主要负责人报告。

第七章　审查调查

第三十六条　党委（党组）应当按照管理权限，加强对党员、干部以及监察对象涉嫌严重违纪或者职务违法、职务犯罪问题审查调查处置工作，定期听取重大案件情况报告，加强反腐败协调机构的机制建设，坚定不移、精准有序惩治腐败。

第三十七条　纪检监察机关经过初步核实，对党员、干部以及监察对象涉嫌违纪或者职务违法、职务犯罪，需要追究纪律或者法律责任的，应当立案审查调查。

凡报请批准立案的，应当已经掌握部分违纪或者职务违法、职务犯罪事实和证据，具备进行审查调查的条件。

第三十八条　对符合立案条件的，承办部门应当起草立案审查调查呈批报告，经纪检监察机关主要负责人审批，报同级党委主要负责人批准，予以立案审查调查。

立案审查调查决定应当向被审查调查人宣布，并向被审查调查人所在党委（党组）主要负责人通报。

第三十九条　对涉嫌严重违纪或者职务违法、职务犯罪人员立案审查调查，纪检监察机关主要负责人应当主持召开由纪检监察机关相关负责人参加的专题会议，研究批准审查调查方案。

纪检监察机关相关负责人批准成立审查调查组，确定审查调查谈话方案、外查方案，审批重要信息查询、涉案财物查扣等事项。

监督检查、审查调查部门主要负责人组织研究提出审查调查谈话方案、外查方案和处置意见建议，审批一般信息查询，对调查取证审核把关。

审查调查组组长应当严格执行审查调查方案，不得擅自更改；以书面形式报告审查调查进展情况，遇有重要事项及时请示。

第四十条　审查调查组可以依照党章党规和监察法，经审批进行谈话、讯问、询问、留置、查询、冻结、搜查、调取、查封、扣押（暂扣、封存）、勘验检查、鉴定，提请有关机关采取技术调查、通缉、限制出境等措施。

承办部门应当建立台账，记录使用措施情况，向案件监督管理部门定期备案。

案件监督管理部门应当核对检查，定期汇总重要措施使用情况并报告纪委监委领导和上一级纪检监察机关，发现违规违纪违法使用措施的，区分不同情况进行处理，防止擅自扩大范围、延长时限。

第四十一条 需要对被审查调查人采取留置措施的，应当依据监察法进行，在 24 小时内通知其所在单位和家属，并及时向社会公开发布。因可能毁灭、伪造证据，干扰证人作证或者串供等有碍调查情形而不宜通知或者公开的，应当按程序报批并记录在案。有碍调查的情形消失后，应当立即通知被留置人员所在单位和家属。

第四十二条 审查调查工作应当依照规定由两人以上进行，按照规定出示证件，出具书面通知。

第四十三条 立案审查调查方案批准后，应当由纪检监察机关相关负责人或者部门负责人与被审查调查人谈话，宣布立案决定，讲明党的政策和纪律，要求被审查调查人端正态度、配合审查调查。

审查调查应当充分听取被审查调查人陈述，保障其饮食、休息，提供医疗服务，确保安全。严格禁止使用违反党章党规党纪和国家法律的手段，严禁逼供、诱供、侮辱、打骂、虐待、体罚或者变相体罚。

第四十四条 审查调查期间，对被审查调查人以同志相称，安排学习党章党规党纪以及相关法律法规，开展理想信念宗旨教育，通过深入细致的思想政治工作，促使其深刻反省、认识错误、交代问题，写出忏悔反思材料。

第四十五条 外查工作必须严格按照外查方案执行，不得随意扩大审查调查范围、变更审查调查对象和事项，重要事项应当及时请示报告。

外查工作期间，未经批准，监督执纪人员不得单独接触任何涉案人员及其特定关系人，不得擅自采取审查调查措施，不得从事与外查事项无关的活动。

第四十六条 纪检监察机关应当严格依规依纪依法收集、鉴别证据，做到全面、客观，形成相互印证、完整稳定的证据链。

调查取证应当收集原物原件，逐件清点编号，现场登记，由在场人员签字盖章，原物不便搬运、保存或者取得原件确有困难的，可以将原物封存并拍照录像或者调取原件副本、复印件；谈话应当现场制作谈话笔录并由被谈话人阅看后签字。已调取证据必须及时交审查调查组统一保管。

严禁以威胁、引诱、欺骗以及其他违规违纪违法方式收集证据；严禁隐匿、损毁、篡改、伪造证据。

第四十七条　查封、扣押（暂扣、封存）、冻结、移交涉案财物，应当严格履行审批手续。

执行查封、扣押（暂扣、封存）措施，监督执纪人员应当会同原财物持有人或者保管人、见证人，当面逐一拍照、登记、编号，现场填写登记表，由在场人员签名。对价值不明物品应当及时鉴定，专门封存保管。

纪检监察机关应当设立专用账户、专门场所，指定专门人员保管涉案财物，严格履行交接、调取手续，定期对账核实。严禁私自占有、处置涉案财物及其孳息。

第四十八条　对涉嫌严重违纪或者职务违法、职务犯罪问题的审查调查谈话、搜查、查封、扣押（暂扣、封存）涉案财物等重要取证工作应当全过程进行录音录像，并妥善保管，及时归档，案件监督管理部门定期核查。

第四十九条　对涉嫌严重违纪或者职务违法、职务犯罪问题的审查调查，监督执纪人员未经批准并办理相关手续，不得将被审查调查人或者其他重要的谈话、询问对象带离规定的谈话场所，不得在未配置监控设备的场所进行审查调查谈话或者其他重要的谈话、询问，不得在谈话期间关闭录音录像设备。

第五十条　监督检查、审查调查部门主要负责人、分管领导应当定期检查审查调查期间的录音录像、谈话笔录、涉案财物登记资料，发现问题及时纠正并报告。

纪检监察机关相关负责人应当通过调取录音录像等方式，加强对审查调查全过程的监督。

第五十一条　查明涉嫌违纪或者职务违法、职务犯罪问题后，审查调查组应当撰写事实材料，与被审查调查人见面，听取意见。被审查调查人应当在事实材料上签署意见，对签署不同意见或者拒不签署意见的，审查调查组应当作出说明或者注明情况。

审查调查工作结束，审查调查组应当集体讨论，形成审查调查报告，列明被审查调查人基本情况、问题线索来源及审查调查依据、审查调查过程，主要违纪或者职务违法、职务犯罪事实，被审查调查人的态度和认识，处理建议及党纪法律依据，并由审查调查组组长以及有关人员签名。

对审查调查过程中发现的重要问题和意见建议，应当形成专题报告。

第五十二条 审查调查报告以及忏悔反思材料，违纪或者职务违法、职务犯罪事实材料，涉案财物报告等，应当按程序报纪检监察机关主要负责人批准，连同全部证据和程序材料，依照规定移送审理。

审查调查全过程形成的材料应当案结卷成、事毕归档。

第八章 审 理

第五十三条 纪检监察机关应当对涉嫌违纪或者违法、犯罪案件严格依规依纪依法审核把关，提出纪律处理或者处分的意见，做到事实清楚、证据确凿、定性准确、处理恰当、手续完备、程序合规。

纪律处理或者处分必须坚持民主集中制原则，集体讨论决定，不允许任何个人或者少数人决定和批准。

第五十四条 坚持审查调查与审理相分离的原则，审查调查人员不得参与审理。纪检监察机关案件审理部门对涉嫌违纪或者职务违法、职务犯罪问题，依照规定应当给予纪律处理或者处分的案件和复议复查案件进行审核处理。

第五十五条 审理工作按照以下程序进行：

（一）案件审理部门收到审查调查报告后，经审核符合移送条件的予以受理，不符合移送条件的可以暂缓受理或者不予受理。

（二）对于重大、复杂、疑难案件，监督检查、审查调查部门已查清主要违纪或者职务违法、职务犯罪事实并提出倾向性意见的；对涉嫌违纪或者职务违法、职务犯罪行为性质认定分歧较大的，经批准案件审理部门可以提前介入。

（三）案件审理部门受理案件后，应当成立由两人以上组成的审理组，全面审理案卷材料，提出审理意见。

（四）坚持集体审议原则，在民主讨论基础上形成处理意见；对争议较大的应当及时报告，形成一致意见后再作出决定。案件审理部门根据案件审理情况，应当与被审查调查人谈话，核对违纪或者职务违法、职务犯罪事实，听取辩解意见，了解有关情况。

（五）对主要事实不清、证据不足的，经纪检监察机关主要负责人批准，退回监督检查、审查调查部门重新审查调查；需要补充完善证据的，经纪检监察机关相关负责人批准，退回监督检查、审查调查部门补充审查调查。

（六）审理工作结束后应当形成审理报告，内容包括被审查调查人基本情况、审查调查简况、违纪违法或者职务犯罪事实、涉案财物处置、监督检查或者审查调查部门意见、审理意见等。审理报告应当体现党内审查特色，依据《中国共产党纪律处分条例》认定违纪事实性质，分析被审查调查人违反党章、背离党的性质宗旨的错误本质，反映其态度、认识以及思想转变过程。涉嫌职务犯罪需要追究刑事责任的，还应当形成《起诉意见书》，作为审理报告附件。

对给予同级党委委员、候补委员，同级纪委委员、监委委员处分的，在同级党委审议前，应当与上级纪委监委沟通并形成处理意见。

审理工作应当在受理之日起1个月内完成，重大复杂案件经批准可以适当延长。

第五十六条　审理报告报经纪检监察机关主要负责人批准后，提请纪委常委会会议审议。需报同级党委审批的，应当在报批前以纪检监察机关办公厅（室）名义征求同级党委组织部门和被审查调查人所在党委（党组）意见。

处分决定作出后，纪检监察机关应当通知受处分党员所在党委（党组），抄送同级党委组织部门，并依照规定在1个月内向其所在党的基层组织中的全体党员以及本人宣布。处分决定执行情况应当及时报告。

第五十七条　被审查调查人涉嫌职务犯罪的，应当由案件监督管理部门协调办理移送司法机关事宜。对于采取留置措施的案件，在人民检察院对犯罪嫌疑人先行拘留后，留置措施自动解除。

案件移送司法机关后，审查调查部门应当跟踪了解处理情况，发现问题及时报告，不得违规过问、干预处理工作。

审理工作完成后，对涉及的其他问题线索，经批准应当及时移送有关纪检监察机关处置。

第五十八条 对被审查调查人违规违纪违法所得财物，应当依规依纪依法予以收缴、责令退赔或者登记上交。

对涉嫌职务犯罪所得财物，应当随案移送司法机关。

对经认定不属于违规违纪违法所得的，应当在案件审结后依规依纪依法予以返还，并办理签收手续。

第五十九条 对不服处分决定的申诉，由批准或者决定处分的党委（党组）或者纪检监察机关受理；需要复议复查的，由纪检监察机关相关负责人批准后受理。

申诉办理部门成立复查组，调阅原案案卷，必要时可以进行取证，经集体研究后，提出办理意见，报纪检监察机关相关负责人批准或者纪委常委会会议研究决定，作出复议复查决定。决定应当告知申诉人，抄送相关单位，并在一定范围内宣布。

坚持复议复查与审查审理分离，原案审查、审理人员不得参与复议复查。

复议复查工作应当在3个月内办结。

第九章 监督管理

第六十条 纪检监察机关应当严格依照党内法规和国家法律，在行使权力上慎之又慎，在自我约束上严之又严，强化自我监督，健全内控机制，自觉接受党内监督、社会监督、群众监督，确保权力受到严格约束，坚决防止“灯下黑”。

纪检监察机关应当加强对监督执纪工作的领导，切实履行自身建设主体责任，严格教育、管理、监督，使纪检监察干部成为严守纪律、改进作风、拒腐防变的表率。

第六十一条 纪检监察机关应当严格干部准入制度，严把政治安全关，纪检监察干部必须忠诚坚定、担当尽责、遵纪守法、清正廉洁，具备履行职责的基本条件。

第六十二条 纪检监察机关应当加强党的政治建设、思想建设、组织建设，突出政治功能，强化政治引领。审查调查组有正式党员3人以上的，应当设立临时党支部，加强对审查调查组成员的教育、管理、监督，开展政策理论学习，做好思想政治工作，及时发现问题、进行批评纠正，发挥战斗堡垒作用。

第六十三条　纪检监察机关应当加强干部队伍作风建设，树立依规依法、纪律严明、作风深入、工作扎实、谦虚谨慎、秉公执纪的良好形象，力戒形式主义、官僚主义，力戒特权思想，力戒口大气粗、颐指气使，不断提高思想政治水平和把握政策能力，建设让党放心、人民信赖的纪检监察干部队伍。

第六十四条　对纪检监察干部打听案情、过问案件、说情干预的，受请托人应当向审查调查组组长和监督检查、审查调查部门主要负责人报告并登记备案。

发现审查调查组成员未经批准接触被审查调查人、涉案人员及其特定关系人，或者存在交往情形的，应当及时向审查调查组组长和监督检查、审查调查部门主要负责人直至纪检监察机关主要负责人报告并登记备案。

第六十五条　严格执行回避制度。审查调查审理人员是被审查调查人或者检举人近亲属、本案证人、利害关系人，或者存在其他可能影响公正审查调查审理情形的，不得参与相关审查调查审理工作，应当主动申请回避，被审查调查人、检举人以及其他有关人员也有权要求其回避。选用借调人员、看护人员、审查场所，应当严格执行回避制度。

第六十六条　审查调查组需要借调人员的，一般应当从审查调查人才库选用，由纪检监察机关组织部门办理手续，实行一案一借，不得连续多次借调。加强对借调人员的管理监督，借调结束后由审查调查组写出鉴定。借调单位和党员干部不得干预借调人员岗位调整、职务晋升等事项。

第六十七条　监督执纪人员应当严格执行保密制度，控制审查调查工作事项知悉范围和时间，不准私自留存、隐匿、查阅、摘抄、复制、携带问题线索和涉案资料，严禁泄露审查调查工作情况。

审查调查组成员工作期间，应当使用专用手机、电脑、电子设备和存储介质，实行编号管理，审查调查工作结束后收回检查。

汇报案情、传递审查调查材料应当使用加密设施，携带案卷材料应当专人专车、卷不离身。

第六十八条　纪检监察机关相关涉密人员离岗离职后，应当遵守脱密期管理规定，严格履行保密义务，不得泄露相关秘密。

监督执纪人员辞职、退休3年内，不得从事与纪检监察和司法工作相关联、可能发生利益冲突的职业。

第六十九条 纪检监察机关开展谈话应当做到全程可控。谈话前做好风险评估、医疗保障、安全防范工作以及应对突发事件的预案；谈话中及时研判谈话内容以及案情变化，发现严重职务违法、职务犯罪，依照监察法需要采取留置措施的，应当及时采取留置措施；谈话结束前做好被谈话人思想工作，谈话后按程序与相关单位或者人员交接，并做好跟踪回访等工作。

第七十条 建立健全安全责任制，监督检查、审查调查部门主要负责人和审查调查组组长是审查调查安全第一责任人，审查调查组应当指定专人担任安全员。被审查调查人发生安全事故的，应当在24小时内逐级上报至中央纪委，及时做好舆论引导。

发生严重安全事故的，或者存在严重违规违纪违法行为的，省级纪检监察机关主要负责人应当向中央纪委作出检讨，并予以通报、严肃问责追责。

案件监督管理部门应当组织开展经常性检查和不定期抽查，发现问题及时报告并督促整改。

第七十一条 对纪检监察干部越权接触相关地区、部门、单位党委（党组）负责人，私存线索、跑风漏气、违反安全保密规定，接受请托、干预审查调查、以案谋私、办人情案，侮辱、打骂、虐待、体罚或者变相体罚被审查调查人，以违规违纪违法方式收集证据，截留挪用、侵占私分涉案财物，接受宴请和财物等行为，依规依纪严肃处理；涉嫌职务违法、职务犯罪的，依法追究法律责任。

第七十二条 纪检监察机关在维护监督执纪工作纪律方面失职失责的，予以严肃问责。

第七十三条 对案件处置出现重大失误，纪检监察干部涉嫌严重违纪或者职务违法、职务犯罪的，开展“一案双查”，既追究直接责任，还应当严肃追究有关领导人员责任。

建立办案质量责任制，对滥用职权、失职失责造成严重后果的，实行终身问责。

第十章 附 则

第七十四条 各省（自治区、直辖市）党委、中央和国家机关工委可以根据本规则，结合工作实际，制定实施细则。

中央军事委员会可以根据本规则，制定相关规定。

第七十五条　纪委监委派驻纪检监察组、纪检监察工委除执行本规则外，还应当执行党中央以及中央纪委相关规定。

国有企事业单位纪检监察机构结合实际执行本规则。

第七十六条　本规则由中央纪律检查委员会负责解释。

第七十七条　本规则自2019年1月1日起施行。2017年1月15日中央纪委印发的《中国共产党纪律检查机关监督执纪工作规则（试行）》同时废止。此前发布的其他有关纪检监察机关监督执纪工作的规定，凡与本规则不一致的，按照本规则执行。

中共中央纪律检查委员会、中华人民共和国监察部关于保护检举、控告人的规定

中共中央纪律检查委员会、监察部1996年1月19日印发

第一条　为了保障检举、控告人依法行使检举、控告的权利，维护检举、控告人的合法权益，促进党风廉政建设和反腐败斗争，根据《中国共产党党员权利保障条例（试行）》和行政监察法律、法规，制定本规定。

第二条　任何单位和个人有权向纪检监察机关检举、控告党组织、党员以及国家行政机关、国家公务员和国家行政机关任命的其他人员违纪违法的行为。

任何单位和个人不得以任何借口阻拦、压制检举、控告人依法进行的检举、控告。

第三条　检举、控告人应据实检举、控告，不得捏造事实、制造假证、诬告陷害他人。

纪检监察机关对如实检举、控告的，应给予支持，鼓励。对检举、控告有功的，应给予奖励。对检举、控告不实的，必须分清是错告还是诬告。对错告的，应澄清事实；对诬告的，应依照有关规定予以处理。

第四条 纪检监察机关受理检举、控告和查处检举、控告案件，必须严格保密：

（一）纪检监察机关应设立检举、控告接待室，接受当面检举、控告应单独进行，无关人员不得在场。

（二）检举、控告信函的收发、拆阅、登记，当面或电话检举、控告的接待、接听、记录、录音等工作，应建立健全责任制。严防泄密或遗失检举、控告材料。

（三）对检举、控告人的姓名、工作单位、家庭住址等有关情况及检举、控告的内容必须严格保密，严禁将检举、控告人的有关情况以及检举、控告的内容透露给被检举、控告单位和被检举、控告人以及其他单位和人员。

（四）检举、控告材料列入密件管理，不得私自摘抄、复制、扣压、销毁。

（五）检举、控告材料，除查处案件工作需要外，不得向有关人员出示；因查处案件工作需要出示的，必须经本委、部（厅、局）主管领导批准，并隐去可能暴露检举、控告人身份的内容。

（六）核实情况必须在不暴露检举、控告人的情况下进行。

（七）未经检举、控告人同意，不得公开检举、控告人的姓名、工作单位及其他有关情况。

第五条 受理机关工作人员无意或故意泄露检举、控告情况的，应追究责任，严肃处理。

第六条 严禁将检举、控告材料转给被检举、控告单位或被检举、控告人。

第七条 任何单位和个人不得擅自追查检举、控告人。对确属诬告陷害，需要追查诬告陷害者的，必须经地、市级以上（含地、市级）党的委员会、政府或纪检监察机关批准。

第八条 对匿名检举、控告材料，除查处案件工作需要外，不得擅自核对笔迹或进行文检；因查处案件工作需要核对笔迹或进行文检的，必须经地、市级以上（含地、市级）纪检监察机关批准。

第九条 受理机关工作人员有下列情形之一的，应当回避：

（一）是被检举、控告人或被检举、控告人近亲属的；

（二）本人或近亲属与被检举、控告问题有利害关系的；

（三）与检举、控告问题有其他关系，可能影响检举、控告问题公正处理的。

受理机关工作人员应当主动提出回避，检举、控告人有权要求其回避，回避决定由受理机关作出。

第十条 任何单位和个人不得以任何借口和手段打击报复检举、控告人及其亲属或假想检举、控告人。

指使他人打击报复的，或者被指使人、被指使单位的主要负责人和直接责任人员明知实施的行为是打击报复的，以打击报复论处。

第十一条 打击报复检举、控告人的，纪检监察机关应分别不同情况予以处理：

（一）对于正在实施的打击报复行为，纪检监察机关应在其职权范围内采取措施及时制止，并予以处理，或者及时移送有关部门予以处理。

（二）检举、控告人因被打击报复而受到错误处理的，纪检监察机关应在其职权范围内依照有关规定予以纠正，或者建议有关部门予以纠正。

（三）检举、控告人因被打击报复而造成人身伤害及名誉损害、财产损失的，纪检监察机关应在其职权范围内负责处理，或者移送有关部门予以处理。

第十二条 违反本规定的，应依照党纪、政纪的有关规定给予党纪处分、行政处分或其他处理；构成犯罪的，移送司法机关依法追究刑事责任。

第十三条 纪检监察机关受理纪检监察业务范围内的港澳台胞、华侨及外国人的检举、控告，适用本规定。

第十四条 本规定由中共中央纪律检查委员会、中华人民共和国监察部负责解释。

第十五条 本规定自发布之日起施行。

二、巡视巡察内容相关规定

关于新形势下党内政治生活的若干准则

2016年10月27日中国共产党第十八届中央委员会第六次全体会议通过

办好中国的事情，关键在党，关键在党要管党、从严治党。党要管党必须从党内政治生活管起，从严治党必须从党内政治生活严起。

开展严肃认真的党内政治生活，是我们党的优良传统和政治优势。在长期实践中，我们党坚持把开展严肃认真的党内政治生活作为党的建设重要任务来抓，形成了以实事求是、理论联系实际、密切联系群众、批评和自我批评、民主集中制、严明党的纪律等为主要内容的党内政治生活基本规范，为巩固党的团结和集中统一、保持党的先进性和纯洁性、增强党的生机活力积累了丰富经验，为保证完成党在各个历史时期中心任务发挥了重要作用。

一九八〇年，党的十一届五中全会深刻总结历史经验特别是“文化大革命”的教训，制定了《关于党内政治生活的若干准则》，为拨乱反正、恢复和健全党内政治生活、推进党的建设发挥了重要作用，其主要原则和规定今天依然适用，要继续坚持。

新形势下，党内政治生活状况总体是好的。同时，一个时期以来，党内政治生活中也出现了一些突出问题，主要是：在一些党员、干部包括高级干部中，理想信念不坚定、对党不忠诚、纪律松弛、脱离群众、独断专行、弄虚作假、庸懒无为，个人主义、分散主义、自由主义、好人主义、宗派主义、山头主义、拜金主义不同程度存在，形式主义、官僚主义、享乐主义和奢靡之风问题突出，任人唯亲、跑官要官、买官卖官、拉票贿选现象屡禁不止，滥用权力、贪污受贿、腐化堕落、违法乱纪等现象滋生蔓延。特别是高级干部中极少数人政治野心膨胀、权欲熏心，搞阳奉阴违、结党营私、团团伙伙、拉帮结派、谋取权位等政治阴谋活动。这些问题，严重侵蚀党的思想道德基础，严重破坏党的团结和集中统一，严重损害党内政治生态和党的形象，严重影响党和人民事业发展。这就要求我们必须继续以改革创新精神加强党的建设，加强和规范党内政治生活，全面提高党的建设科学化水平。

党的十八大以来，以习近平同志为核心的党中央身体力行、率先垂范，坚定推进全面从严治党，坚持思想建党和制度治党紧密结合，集中整饬党风，严厉惩治腐败，净化党内政治生态，党内政治生活展现新气象，赢得了党心民心，为开创党和国家事业新局面提供了重要保证。

历史经验表明，我们党作为马克思主义政党，必须旗帜鲜明讲政治，严肃认真开展党内政治生活。为更好进行具有许多新的历史特点的伟大斗争、推进党的建设新的伟大工程、推进中国特色社会主义伟大事业，经受“四大考验”、克服“四种危险”，有必要制定一部新形势下党内政治生活的准则。

新形势下加强和规范党内政治生活，必须以党章为根本遵循，坚持党的政治路线、思想路线、组织路线、群众路线，着力增强党内政治生活的政治性、时代性、原则性、战斗性，着力增强党自我净化、自我完善、自我革新、自我提高能力，着力提高党的领导水平和执政水平、增强拒腐防变和抵御风险能力，着力维护党中央权威、保证党的团结统一、保持党的先进性和纯洁性，努力在全党形成又有集中又有民主、又有纪律又有自由、又有统一意志又有个人心情舒畅生动活泼的政治局面。

新形势下加强和规范党内政治生活，重点是各级领导机关和领导干部，关键是高级干部特别是中央委员会、中央政治局、中央政治局常务委员会的组成人员。高级干部特别是中央领导层组成人员必须以身作则，模范遵守党章党规，严守党的政治纪律和政治规矩，坚持不忘初心、继续前进，坚持率先垂范、以上率下，为全党全社会作出示范。

一、坚定理想信念

共产主义远大理想和中国特色社会主义共同理想，是中国共产党人的精神支柱和政治灵魂，也是保持党的团结统一的思想基础。必须高度重视思想政治建设，把坚定理想信念作为开展党内政治生活的首要任务。

理想信念动摇是最危险的动摇，理想信念滑坡是最危险的滑坡。全党同志必须把对马克思主义的信仰、对社会主义和共产主义的信念作为毕生追求，在改造客观世界的同时不断改造主观世界，解决好世界观、人生观、价值观这个“总开关”问题，不断增强政治定力，自觉成为共产主义远大理想和中国特色社会主义共同理想的坚定信仰者和忠实实践者；必须坚定对中国特色社会主义的道路自信、理论自信、制度自信、文化自信。领导干部特别是高级干部要以实际行动让党员和群众感受到理想信念的强大力量。

全体党员必须永远保持建党时中国共产党人的奋斗精神，把理想信念的坚定性体现在做好本职工作的过程中，自觉为推进中国特色社会主义事业而苦干实干，在胜利时和顺境中不骄傲不自满，在困难时和逆境中不消沉不动摇，经受住各种赞誉和诱惑考验，经受住各种风险和挑战考验，永葆共产党人政治本色。

坚定理想信念，必须加强学习。思想理论上的坚定清醒是政治上坚定的前提。全党必须毫不动摇坚持马克思主义指导思想，党的各级组织必须坚持不懈抓好理论武装，广大党员、干部特别是高级干部必须自觉抓好学习、增强党性修养。把马克思主义理论作为必修课，认真学习马克思列宁主义、毛泽东思想、邓小平理论、“三个代表”重要思想、科学发展观，认真学习习近平总书记系列重要讲话精神，认真学习党章党规，不断提高马克思主义思想觉悟和理论水平。系统掌握马克思主义基本原理，学会用马克思主义立场、观点、方法观察问题、分析问题、解决问题，特别是要聚焦现实问题，不断深化对共产党执政规律、社会主义建设规律、人类社会发展规律的认识。适应时代进步和事业发展要求，广泛学习经济、政治、文化、社会、生态文明以及哲学、历史、法律、科技、国防、国际等各方面知识，提高战略思维、创新思维、辩证思维、法治思维、底线思维能力，提高领导能力专业化水平。

坚持和创新党内学习制度。以党委（党组）中心组学习等制度为主要抓手，各级党组织要定期开展集体学习。党员、干部每年要完成规定的学习任务，领导干部要定期参加党校学习。坚持开展党内集中学习教育。各级党组织要加强督促检查，把学习情况作为领导班子和领导干部考核的重要内容。坚持中央领导同志作专题报告制度。健全党内重大思想理论问题分析研究和情况通报制度，强化互联网思想理论引导，把深层次思想理论问题讲清楚，帮助党员、干部站稳政治立场，分清是非界限，坚决抵制错误思想侵蚀。

二、坚持党的基本路线

党在社会主义初级阶段的基本路线是党和国家的生命线、人民的幸福线，也是党内政治生活正常开展的根本保证。必须全面贯彻执行党的基本路线，把以经济建设为中心同坚持四项基本原则、坚持改革开放这两个基本点统一于中国特色社会主义伟大实践，任何时候都不能有丝毫偏离和动摇。

全党必须毫不动摇坚持以经济建设为中心，聚精会神抓好发展这个党执政兴国的第一要务，坚持以人民为中心的发展思想，统筹推进“五位一体”总体布局和协调推进“四个全面”战略布局，坚持创新、协调、绿色、开放、共享的发展理念，努力提高发展质量和效益，不断提高人民生活水平，为实现“两个一百年”奋斗目标、实现中华民族伟大复兴的中国梦打下坚实物质基础。

全党必须毫不动摇坚持四项基本原则，根本是坚持党的领导，坚持中国特色社会主义道路、中国特色社会主义理论体系、中国特色社会主义制度、中国特色社会主义文化，做到头脑清醒、立场坚定，矢志不移坚持和发展中国特色社会主义。

全党必须毫不动摇坚持改革开放，发挥群众首创精神，勇于自我革命，勇于推进理论创新、实践创新、制度创新、文化创新以及其他各方面创新，坚定不移实施对外开放基本国策，决不能安于现状、墨守成规。新形势下，党领导人民全面深化改革，是为了推动中国特色社会主义制度自我完善和发展，推进国家治理体系和治理能力现代化，既不走封闭僵化的老路、也不走改旗易帜的邪路。

全党必须把坚持党的思想路线贯穿于执行党的基本路线全过程，坚持解放思想、实事求是、与时俱进、求真务实，坚持理论联系实际，一切从实际出发，在实践中检验真理和发展真理，既反对各种否定马克思主义的错误倾向，又破除对马克思主义的教条式理解。坚持从我国仍处于并将长期处于社会主义初级阶段这个基本国情出发，不断研究新情况、总结新经验、解决新问题，不断推进马克思主义中国化。

全党必须坚决捍卫党的基本路线，对否定党的领导、否定我国社会主义制度、否定改革开放的言行，对歪曲、丑化、否定中国特色社会主义的言行，对歪曲、丑化、否定党的历史、中华人民共和国历史、人民军队历史的言行，对歪曲、丑化、否定党的领袖和英雄模范的言行，对一切违背、歪曲、否定党的基本路线的言行，必须旗帜鲜明反对和抵制。

考察识别干部特别是高级干部必须首先看是否坚定不移贯彻党的基本路线。党员、干部特别是高级干部在大是大非面前不能态度暧昧，不能动摇基本政治立场，不能被错误言论所左右。当人民利益受到损害、党和国家形象受到破坏、党的执政地位受到威胁时，要挺身而出、亮明态度，主动坚决开展斗争。对在大是大非问题上没有立场、没有态度、无动于衷、置身事外，在错误言行面前不抵制、不斗争，明哲保身、当老好人等政治不合格的坚决不用，已在领导岗位的要坚决调整，情节严重的要严肃处理。

三、坚决维护党中央权威

坚决维护党中央权威、保证全党令行禁止，是党和国家前途命运所系，是全国各族人民根本利益所在，也是加强和规范党内政治生活的重要目的。必须坚持党员个人服从党的组织，少数服从多数，下级组织服从上级组织，全党各个组织和全体党员服从党的全国代表大会和中央委员会，核心是全党各个组织和全体党员服从党的全国代表大会和中央委员会。

坚持党的领导，首先是坚持党中央的集中统一领导。一个国家、一个政党，领导核心至关重要。全党必须牢固树立政治意识、大局意识、核心意识、看齐意识，自觉在思想上政治上行动上同党中央保持高度一致。党的各级组织、全体党员特别是高级干部都要向党中央看齐，向党的理论和路线方针政策看齐，向党中央决策部署看齐，做到党中央提倡的坚决响应、党中央决定的坚决执行、党中央禁止的坚决不做。

涉及全党全国性的重大方针政策问题，只有党中央有权作出决定和解释。各部门各地方党组织和党员领导干部可以向党中央提出建议，但不得擅自作出决定和对外发表主张。对党中央作出的决议和制定的政策如有不同意见，在坚决执行的前提下，可以向党组织提出保留意见，也可以按组织程序把自己的意见向党的上级组织直至党中央提出。

全党必须自觉服从党中央领导。全国人大、国务院、全国政协，中央纪律检查委员会，最高人民法院、最高人民检察院，中央和国家机关各部门，人民军队，各人民团体，各地方，各企事业单位、社会组织，其党组织都要不折不扣执行党中央决策部署。

全党必须严格执行重大问题请示报告制度。全国人大常委会、国务院、全国政协，中央纪律检查委员会，最高人民法院、最高人民检察院，中央和国家机关各部门，各人民团体，各省、自治区、直辖市，其党组织要定期向党中央报告工作。研究涉及全局的重大事项或作出重大决定要及时向党中央请示报告，执行党中央重要决定的情况要专题报告。遇有突发性重大问题和工作中重大问题要及时向党中央请示报告，情况紧急必须临机处置的，要尽职尽力做好工作，并迅速报告。

省、自治区、直辖市党委在党中央领导下开展工作，同级各个组织中的党组织和领导干部要自觉接受同级党委领导、向同级党委负责，重大事项和重要情况及时向同级党委请示报告。

全党必须自觉防止和反对个人主义、分散主义、自由主义、本位主义。对党中央决策部署，任何党组织和任何党员都不准合意的执行、不合意的不执行，不准先斩后奏，更不准口是心非、阳奉阴违。属于部门和地方职权范围内的工作部署，要以贯彻党中央决策部署为前提，发挥积极性、主动性、创造性，但决不允许自行其是、各自为政，决不允许有令不行、有禁不止，决不允许搞上有政策、下有对策。

四、严明党的政治纪律

纪律严明是全党统一意志、统一行动、步调一致前进的重要保障，是党内政治生活的重要内容。必须严明党的纪律，把纪律挺在前面，用铁的纪律从严治党。

坚持纪律面前一律平等，遵守纪律没有特权，执行纪律没有例外，党内决不允许存在不受纪律约束的特殊组织和特殊党员。每一个党员对党的纪律都要心存敬畏、严格遵守，任何时候任何情况下都不能违反党的纪律。党的各级组织和全体党员要坚决同一切违反党的纪律的行为作斗争。

政治纪律是党最根本、最重要的纪律，遵守党的政治纪律是遵守党的全部纪律的基础。全党特别是高级干部必须严格遵守党的政治纪律和政治规矩。党员不准散布违背党的理论和路线方针政策的言论，不准公开发表违背党中央决定的言论，不准泄露党和国家秘密，不准参与非法组织和非法活动，不准制造、传播政治谣言及丑化党和国家形象的言论。党员不准搞封建迷信，不准信仰宗教，不准参与邪教，不准纵容和支持宗教极端势力、民族分裂势力、暴力恐怖势力及其活动。

党员、干部特别是高级干部不准在党内搞小山头、小圈子、小团伙，严禁在党内拉私人关系、培植个人势力、结成利益集团。对那些投机取巧、拉帮结派、搞团团伙伙的人，要严格防范，依纪依规处理。坚决防止野心家、阴谋家窃取党和国家权力。

党的各级组织和全体党员必须对党忠诚老实、光明磊落，说老实话、办老实事、做老实人，如实向党反映和报告情况，反对搞两面派、做“两面人”，反对弄虚作假、虚报浮夸，反对隐瞒实情、报喜不报忧。领导机关和领导干部不准以任何理由和名义纵容、唆使、暗示或强迫下级说假话。凡因弄虚作假、隐瞒实情给党和人民事业造成重大损失的，凡因弄虚作假、隐瞒实情骗取荣誉、地位、奖励或其他利益的，凡因纵容、唆使、暗示或强迫下级弄虚作假、隐瞒实情的，都要依纪依规严肃问责追责。对坚持原则、敢于说真话的同志，要给予支持、保护、鼓励。

党内不准搞拉拉扯扯、吹吹拍拍、阿谀奉承。对领导人的宣传要实事求是，禁止吹捧，禁止给领导人祝寿、送礼、发致敬函电，禁止在领导干部国内考察工作时组织迎送、张贴标语、敲锣打鼓、铺红地毯、举行宴会等。

党的各级组织必须担负起执行和维护政治纪律和政治规矩的责任，对违反政治纪律的行为要坚决批评制止，不能听之任之。党的各级组织和纪律检查机关要加强纪律执行情况的监督和检查，坚决防止和纠正执行纪律宽松软的问题。

五、保持党同人民群众的血肉联系

人民立场是党的根本政治立场，人民群众是党的力量源泉。我们党来自人民，失去人民拥护和支持，党就会失去根基。必须把坚持全心全意为人民服务的根本宗旨、保持党同人民群众的血肉联系作为加强和规范党内政治生活的根本要求。

全党必须牢固树立人民群众是历史创造者的历史唯物主义观点，站稳群众立场，增进群众感情。党的各级组织、全体党员特别是各级领导机关和领导干部要贯彻党的群众路线，做到一切为了群众，一切依靠群众，从群众中来，到群众中去，为群众办实事、解难事，当好人民公仆。坚持问政于民、问需于民、问计于民，决不允许在群众面前自以为是、盛气凌人，决不允许当官做老爷、漠视群众疾苦，更不允许欺压群众、损害和侵占群众利益。改进和创新联系群众方法，建立和完善民意调查等制度，利用传统媒体和互联网等各种渠道了解社情民意，倾听群众呼声，密切党群干群关系，把对上负责和对下负责一致起来，着力实现好、维护好、发展好最广大人民根本利益。

全党必须坚决反对形式主义、官僚主义、享乐主义和奢靡之风，领导干部特别是高级干部要以身作则。反对形式主义，重在解决作风飘浮、工作不实，文山会海、表面文章，贪图虚名、弄虚作假等问题。反对官僚主义，重在解决脱离实际、脱离群众，消极应付、推诿扯皮，作风霸道、迷恋特权等问题。反对享乐主义，重在解决追名逐利、贪图享受，讲究排场、玩物丧志等问题。反对奢靡之风，重在解决铺张浪费、挥霍无度，骄奢淫逸、腐化堕落等问题。坚持抓常、抓细、抓长，特别是要防范和查处各种隐性、变异的“四风”问题，把落实中央八项规定精神常态化、长效化。

党的各级组织、全体党员特别是领导干部必须提高做群众工作能力，既服务群众又带领群众坚定不移贯彻落实党的理论和路线方针政策，把党的主张变为群众的自觉行动，引领群众听党话、跟党走。坚决反对命令主义，坚决反对“尾巴主义”，不允许为了个人政绩、选票和形象脱离实际随意决策、随便许愿。

坚持领导干部调查研究、定期接待群众来访、同干部群众谈心、群众满意度测评等制度。各级领导干部必须深入实际、深入基层、深入群众，多到条件艰苦、情况复杂、矛盾突出的地方解决问题，千方百计为群众排忧解难。领导干部下基层要接地气，轻车简从，了解实情，督查落实，解决问题，坚决反对作秀、哗众取宠。对一切搞劳民伤财的“形象工程”和“政绩工程”的行为，要严肃问责追责，依纪依法处理。在应对重大安全事件、重大突发事件、重大自然灾害事件等事件中，领导干部必须深入一线、靠前指挥，及时协调解决突出问题，及时回应社会关切。

党员、干部必须顾全大局，自觉维护社会和谐稳定，遇到涉及自身利益和局部利益的问题应该通过正常渠道向上级反映，积极主动做好化解社会矛盾、防控社会风险工作，不准组织、参与、纵容扰乱社会秩序的非法活动。

六、坚持民主集中制原则

民主集中制是党的根本组织原则，是党内政治生活正常开展的重要制度保障。坚持集体领导制度，实行集体领导和个人分工负责相结合，是民主集中制的重要组成部分，必须始终坚持，任何组织和个人在任何情况下都不允许以任何理由违反这项制度。

各级党委（党组）必须坚持集体领导制度。凡属重大问题，要按照集体领导、民主集中、个别酝酿、会议决定的原则，由集体讨论、按少数服从多数作出决定，不允许用其他形式取代党委及其常委会（或党组）的领导。落实党委常委会（或党组）议事规则和决策程序，健全常委会向全委会定期报告工作并接受监督制度，坚决反对和防止独断专行或各自为政，坚决反对和防止议而不决、决而不行、行而不实，坚决反对和防止以党委集体决策名义集体违规。各级党委（党组）要善于观大势、抓大事、管全局，及时发现和解决矛盾和难题，不上推下卸，不留后遗症。建立上级组织在作出同下级组织有关重要决策前征求下级组织意见的制度。

领导班子成员必须增强全局观念和责任意识，在研究工作时充分发表意见，决策形成后一抓到底，不得违背集体决定自作主张、自行其是。坚决反对和纠正当面不说、背后乱说，会上不说、会后乱说，当面一套、背后一套等错误言行。坚持讲原则、讲规矩，共同维护坚持党性原则基础上的团结。

党委（党组）主要负责同志必须发扬民主、善于集中、敢于担责。在研究讨论问题时要把自己当成班子中平等的一员，充分发扬民主，严格按程序决策、按规矩办事，注意听取不同意见，正确对待少数人意见，不能搞一言堂甚至家长制。支持班子成员在职责范围内独立负责开展工作，坚决防止和克服名为集体领导、实际上个人或少数人说了算，坚决防止和克服名为集体负责、实际上无人负责。

领导班子成员必须坚决执行党组织决定，如有不同意见，可以保留或向上一级党组织提出，但在上级或本级党组织改变决定以前，除执行决定会立即引起严重后果等紧急情况外，必须无条件执行已作出的决定。

领导班子成员分工按规定向上级党委报备，无正当理由、未向上级党委报备不得调整。领导干部要自觉服从组织分工安排，任何人都不能向组织讨价还价、不服从组织安排。领导干部不准把分管工作、分管领域和地方当作“私人领地”，不准搞独断专行。

在党的工作和活动中，该以组织名义出面不能以个人名义出面，该由集体研究不能个人擅自表态，不允许用个人主张代替党组织的主张、用个人决定代替党组织的决定。

七、发扬党内民主和保障党员权利

党内民主是党的生命，是党内政治生活积极健康的重要基础。要坚持和完善党内民主各项制度，提高党内民主质量，党内决策、执行、监督等工作必须执行党章党规确定的民主原则和程序，任何党组织和个人都不得压制党内民主、破坏党内民主。

中央委员会、中央政治局、中央政治局常务委员会和党的各级委员会作出重大决策部署，必须深入开展调查研究，广泛听取各方面意见和建议，凝聚智慧和力量，做到科学决策、民主决策、依法决策。

必须尊重党员主体地位、保障党员民主权利，落实党员知情权、参与权、选举权、监督权，保障全体党员平等享有党章规定的党员权利、履行党章规定的党员义务，坚持党内民主平等的同志关系，党内一律称同志。任何党组织和党员不得侵害党员民主权利。

畅通党员参与讨论党内事务的途径，拓宽党员表达意见渠道，营造党内民主讨论的政治氛围。健全党内重大决策论证评估和征求意见等制度。党的各级组织对重大决策和重大问题应该采取多种方式征求党员意见，党员有权在党的会议上发表不同意见，对党的决议和政策如有不同意见，在坚决执行的前提下，可以声明保留，并且可以把自己的意见向党的上级组织直至党中央提出。推进党务公开，发展和用好党务公开新形式，使党员更好了解和参与党内事务。

党内选举必须体现选举人意志，规范和完善选举制度规则。党的任何组织和个人不得以任何方式妨碍选举人依照规定自主行使选举权，坚决反对和防止侵犯党员选举权和被选举权的现象，坚决防止和查处拉票贿选等行为。

坚持党的代表大会制度。未经批准不得提前或延期召开党的代表大会。落实党代表大会代表任期制，实行代表提案制，健全代表参与重大决策、参加重要干部推荐和民主评议、列席党委有关会议、联系党员群众等制度。更好发挥党的地方各级委员会及委员作用。健全党内情况通报制度、情况反映制度，畅通党员表达意见、要求撤换不称职基层党组织领导班子成员的渠道。按期进行党的基层委员会、总支部和支部委员会换届。

党员有权向党负责地揭发、检举党的任何组织和任何党员违纪违法的事实，提倡实名举报。党员有权在党的会议上有根据地批评党的任何组织和任何党员。党组织既要严肃处理对举报者的歧视、刁难、压制行为特别是打击报复行为，又要严肃追查处理诬告陷害行为。对受到诽谤、诬告、严重失实举报的党员，党组织要及时为其澄清和正名。要保障党员申辩、申诉等权利。对执纪中的过错或违纪行为，要依规及时纠正、消除影响并追究有关组织和人员的责任。

八、坚持正确选人用人导向

坚持正确选人用人导向，是严肃党内政治生活的组织保证。必须严格标准、健全制度、完善政策、规范程序，使选出来的干部组织放心、群众满意、干部服气。

选拔任用干部必须坚持党章规定的干部条件，坚持德才兼备、以德为先，坚持五湖四海、任人唯贤，坚持信念坚定、为民服务、勤政务实、敢于担当、清正廉洁的好干部标准。把公道正派作为干部工作核心理念贯穿选人用人全过程，做到公道对待干部、公平评价干部、公正使用干部。

选人用人必须强化党组织的领导和把关作用，落实干部选拔任用工作纪实制度，确保每个环节都规范操作。组织部门要严格按政策、原则、制度办事，实事求是考察评价干部，敢于为干部说公道话，敢于抵制选人用人中的违规行为，形成能者上、庸者下、劣者汰的选人用人导向。加强选人用人监督问责，对用人失察失误的严肃追究责任。

党的各级组织必须自觉防范和纠正用人上的不正之风和种种偏向。坚决禁止跑官要官、买官卖官、拉票贿选等行为，坚决禁止向党伸手要职务、要名誉、要待遇行为，坚决禁止向党组织讨价还价、不服从组织决定的行为。坚决纠正唯票、唯分、唯生产总值、唯年龄等取人偏向，坚决克服由少数人在少数人中选人的倾向。领导干部要带头执行党的干部政策，不准任人唯亲、搞亲亲疏疏，不准封官许愿、跑风漏气、收买人心，不准个人为干部提拔任用打招呼、递条子。领导干部不得干预曾经工作生活过的地方、曾经工作过的单位和不属于自己分管领域的干部选拔任用工作，有关地方和单位党组织要抵制这种违反党的组织原则的行为。

任何人都不准把党的干部当作私有财产，党内不准搞人身依附关系。领导干部特别是高级干部不能搞家长制，要求别人唯命是从，特别是不能要求下级办违反党纪国法的事情；下级应该抵制上级领导干部的这种要求并向更上级党组织直至党中央报告，不应该对上级领导干部无原则服从。规范和纯洁党内同志交往，领导干部对党员不能颐指气使，党员对领导干部不能阿谀奉承。

干部是党的宝贵财富，必须既严格教育、严格管理、严格监督，又在政治上、思想上、工作上、生活上真诚关爱，鼓励干部干事创业、大胆作为。

建立容错纠错机制，宽容干部在工作中特别是改革创新中的失误。坚持惩前毖后、治病救人，正确对待犯错误的干部，帮助其认识和改正错误。不得混淆干部所犯错误性质或夸大错误程度对干部作出不适当的处理，不得利用干部所犯错误泄私愤、打击报复。

党的各级组织和领导干部必须牢记空谈误国、实干兴邦，践行正确政绩观，发扬钉钉子精神，力戒空谈，察实情、出实招、办实事、求实效，做到守土尽责。各级领导干部要无私无畏，做到面对矛盾敢于迎难而上，面对危险敢于挺身而出，面对失误敢于承担责任。党的各级组织要旗帜鲜明为敢于担当的干部担当，为敢于负责的干部负责。对不担当、不作为、敷衍塞责的干部要严肃批评，必要时给予组织处理或党纪处分；对失职渎职的要严肃问责，造成严重后果的要严肃追责，依纪依法处理。

九、严格党的组织生活制度

党的组织生活是党内政治生活的重要内容和载体，是党组织对党员进行教育管理监督的重要形式。必须坚持党的组织生活各项制度，创新方式方法，增强党的组织生活活力。

全体党员、干部特别是高级干部必须增强党的意识，时刻牢记自己第一身份是党员。任何党员都不能游离于党的组织之外，更不能凌驾于党的组织之上。每个党员无论职务高低，都要参加党的组织生活。党组织要严格执行组织生活制度，确保党的组织生活经常、认真、严肃。

坚持“三会一课”制度。党员必须参加党员大会、党小组会和上党课，党支部要定期召开支部委员会会议。“三会一课”要突出政治学习和教育，突出党性锻炼，坚决防止表面化、形式化、娱乐化、庸俗化。领导干部要以普通党员身份参加所在党支部或党小组的组织生活，坚持党员领导干部讲党课制度。每个党员都要按规定自觉交纳党费，党费使用和管理要公开透明。

坚持民主生活会和组织生活会制度。会前要广泛听取意见、深入谈心交心，会上要认真查摆问题、深刻剖析根源、明确整改方向，会后要逐一整改落实。上级党组织领导班子成员定期、随机参加下级党组织领导班子民主生活会和组织生活会，发现问题及时纠正。中央政治局带头开好民主生活会。

坚持谈心谈话制度。党组织领导班子成员之间、班子成员和党员之间、党员和党员之间要开展经常性的谈心谈话，坦诚相见，交流思想，交换意见。领导干部要带头谈，也要接受党员、干部约谈。

坚持对党员进行民主评议。督促党员对照党章规定的党员标准、对照入党誓词、联系个人实际进行党性分析，强化党员意识、增强党的观念、提高党性修养。对党性不强的党员，及时进行批评教育，限期改正；经教育仍无转变的，应劝其退党或除名。

领导干部必须强化组织观念，工作中重大问题和个人有关事项必须按规定按程序向组织请示报告，离开岗位或工作所在地要事先向组织请示报告。对无正当理由不按时报告、不如实报告或隐瞒不报的，要严肃处理。

十、开展批评和自我批评

批评和自我批评是我们党强身治病、保持肌体健康的锐利武器，也是加强和规范党内政治生活的重要手段。必须坚持不懈把批评和自我批评这个武器用好。

批评和自我批评必须坚持实事求是，讲党性不讲私情、讲真理不讲面子，坚持“团结——批评——团结”，按照“照镜子、正衣冠、洗洗澡、治治病”的要求，严肃认真提意见，满腔热情帮同志，决不能把自我批评变成自我表扬、把相互批评变成相互吹捧。

党员、干部必须严于自我解剖，对发现的问题要深入剖析原因，认真整改。对待批评要有则改之、无则加勉，不能搞无原则的纷争。

批评必须出于公心，不主观武断，不发泄私愤。坚决反对事不关己、高高挂起，明知不对、少说为佳的庸俗哲学和好人主义，坚决克服文过饰非、知错不改等错误倾向。

党的领导机关和领导干部对各种不同意见都必须听取，鼓励下级反映真实情况。党内工作会议的报告、讲话以及各类工作总结，上级机关和领导干部检查指导工作，既要讲成绩和经验，又要讲问题和不足；既要注重解决问题，又要从问题中反思自身工作和领导责任。

领导干部特别是高级干部必须带头从谏如流、敢于直言，以批评和自我批评的示范行动引导党员、干部打消自我批评怕丢面子、批评上级怕穿小鞋、批评同级怕伤和气、批评下级怕丢选票等思想顾虑。把发现和解决自身问题的能力作为考核评价领导班子的重要依据。

十一、加强对权力运行的制约和监督

监督是权力正确运行的根本保证，是加强和规范党内政治生活的重要举措。必须加强对领导干部的监督，党内不允许有不受制约的权力，也不允许有不受监督的特殊党员。

完善权力运行制约和监督机制，形成有权必有责、用权必担责、滥权必追责的制度安排。实行权力清单制度，公开权力运行过程和结果，健全不当用权问责机制，把权力关进制度笼子，让权力在阳光下运行。

党的各级组织和领导干部必须在宪法法律范围内活动，增强法治意识、弘扬法治精神，自觉按法定权限、规则、程序办事，决不能以言代法、以权压法、徇私枉法，决不能违规干预司法。

营造党内民主监督环境，畅通党内民主监督渠道。党的各级组织和全体党员要增强监督意识，既履行监督责任，又接受各方面监督。

党内监督必须突出党的领导机关和领导干部特别是主要领导干部。领导干部要正确对待监督，主动接受监督，习惯在监督下开展工作，决不能拒绝监督、逃避监督。

领导干部特别是高级干部必须加强自律、慎独慎微，自觉检查和及时纠正在行使权力、廉政勤政方面存在的问题，做到可以行使的权力按规则正确行使，该由上级组织行使的权力下级组织不能行使，该由领导班子集体行使的权力班子成员个人不能擅自行使，不该由自己行使的权力决不能行使。

对涉及违纪违法行为的举报，对党员反映的问题，任何党组织和领导干部都不准隐瞒不报、拖延不办。涉及所反映问题的领导干部应该回避，不准干预或插手组织调查。

党员、干部反映他人的问题，应该出于党性，通过党内正常渠道实名进行，不准散布小道消息，不准散发匿名信，不准诬告陷害等。对通过正常渠道反映问题的党员，任何组织和个人都不准打击报复，不准擅自进行追查，不准采取调离工作岗位、降格使用等惩罚措施。

坚持授权者要负责监督，发现问题要及时处置。强化上级组织对下级组织特别是主要领导干部行使权力的监督，防止权力失控和滥用。

对党组织和党员、干部行使权力进行监督，必须依纪依法进行。纪检监察、司法机关严格依纪依法按程序对涉嫌严重违纪违法行为进行调查。任何组织和个人不得自行决定或受指使对党员、干部采取非法调查手段。对违反规定的，要严肃追究纪律和法律责任。

十二、保持清正廉洁的政治本色

建设廉洁政治，坚决反对腐败，是加强和规范党内政治生活的重要任务。必须筑牢拒腐防变的思想防线和制度防线，着力构建不敢腐、不能腐、不想腐的体制机制，保持党的肌体健康和队伍纯洁。

各级领导干部必须严以修身、严以用权、严以律己，谋事要实、创业要实、做人要实，经得起权力、金钱、美色考验，用党和人民赋予的权力为人民服务。

领导干部特别是高级干部必须带头践行社会主义核心价值观，继承和发扬党的优良传统和作风，弘扬中华民族传统美德，讲修养、讲道德、讲诚信、讲廉耻，养成共产党人的高风亮节，自觉远离低级趣味。

各级领导干部是人民公仆，没有搞特殊化的权利。中央政治局要带头执行中央八项规定。各级领导干部特别是高级干部要坚持立党为公、执政为民，坚持公私分明、先公后私、克己奉公，带头保持谦虚、谨慎、不骄、不躁的作风，保持艰苦奋斗的作风，带头执行廉洁自律准则，自觉同特权思想和特权现象作斗争，不准利用权力为自己和他人谋取私利，禁止违反财经制度批钱批物批项目，禁止用各种借口或巧立名目侵占、挥霍国家和集体财物，禁止违反规定提高干部待遇标准。

领导干部特别是高级干部必须注重家庭、家教、家风，教育管理好亲属和身边工作人员。严格执行领导干部个人有关事项报告制度，进一步规范领导干部配偶子女从业行为。禁止利用职权或影响力为家属亲友谋求特殊照顾，禁止领导干部家属亲友插手领导干部职权范围内的工作、插手人事安排。各级领导班子和领导干部对来自领导干部家属亲友的违规干预行为要坚决抵制，并将有关情况报告党组织。

全体党员、干部特别是高级干部必须拒腐蚀、永不沾，坚决同消极腐败现象作斗争，坚决抵制潜规则，自觉净化社交圈、生活圈、朋友圈，决不能把商品交换那一套搬到党内政治生活和工作中来。党的各级组织要担负起反腐倡廉政治责任，坚持有腐必反、有贪必肃，坚持“老虎”、“苍蝇”一起打，坚持无禁区、全覆盖、零容忍，党内决不允许有腐败分子藏身之地。

加强和规范党内政治生活是全党的共同任务，必须全党一起动手。各级党委（党组）要全面履行加强和规范党内政治生活的领导责任，着力解决突出问题，建立健全党内政治生活制度体系，把加强和规范党内政治生活各项任务落到实处。深入开展党内政治生活准则宣传教育，把党内政治生活准则列为党员、干部教育培训的必修内容。

落实党委主体责任和纪委监督责任，强化责任追究。党委（党组）主要负责人要认真履行第一责任人责任。党的各级组织要强化对党内政治生活准则落实情况的督促检查，建立健全问责机制，上级党组织要加强对下级党组织的指导监督检查，各级组织部门和机关党组织要加强日常管理，各级纪律检查机关要严肃查处违反党内政治生活准则的各种行为。

加强和规范党内政治生活，要从中央委员会、中央政治局、中央政治局常务委员会做起。高级干部要清醒认识自己岗位对党和国家的特殊重要性，职位越高越要自觉按照党提出的标准严格要求自己，越要做到党性坚强、党纪严明，做到对党始终忠诚、永不叛党。制定高级干部贯彻落实本准则的实施意见，指导和督促高级干部在遵守和执行党内政治生活准则上作全党表率。

全面从严治党永远在路上。全党要坚持不懈努力，共同营造风清气正的政治生态，确保党始终成为中国特色社会主义事业的坚强领导核心。

中国共产党重大事项请示报告条例

1. 2019年1月25日中共中央政治局会议审议批准
2. 2019年1月31日中共中央发布

第一章 总 则

第一条 为了加强和规范重大事项请示报告工作，严明党的政治纪律、组织纪律和工作纪律，保证全党全国服从党中央、政令畅通，根据《中国共产党章程》、《关于新形势下党内政治生活的若干准则》等党内法规，制定本条例。

第二条 重大事项请示报告工作以习近平新时代中国特色社会主义思想为指导，坚持和加强党的全面领导，坚持党要管党、全面从严治党，贯彻民主集中制，坚决维护习近平总书记党中央的核心、全党的核心地位，坚决维护党中央权威和集中统一领导，保证全党团结统一和行动一致，确保党始终总揽全局、协调各方。

第三条 本条例适用于下级党组织向上级党组织，以及党员、领导干部向党组织请示报告重大事项相关活动。

本条例所称重大事项，是指超出党组织和党员、领导干部自身职权范围，或者虽在自身职权范围内但关乎全局、影响广泛的重要事情和重要情况，包括党组织贯彻执行党中央决策部署和上级党组织决定、领导经济社会发展事务、落实全面从严治党责任，党员履行义务、行使权利，领导干部行使权力、担负责任的重要事情和重要情况。

本条例所称请示，是指下级党组织向上级党组织，党员、领导干部向党组织就重大事项请求指示或者批准；所称报告，是指下级党组织向上级党组织，党员、领导干部向党组织呈报重要事情和重要情况。

第四条 开展重大事项请示报告工作应当遵循以下原则：

（一）坚持政治导向。树牢“四个意识”，落实“四个服从”，把请示报告作为重要政治纪律和政治规矩，把讲政治要求贯彻到请示报告工作全过程和各方面。

（二）坚持权责明晰。既牢记授权有限，该请示的必须请示，该报告的必须报告；又牢记守土有责，该负责的必须负责，该担当的必须担当。

（三）坚持客观真实。全面如实请示报告工作、反映情况、分析问题、提出建议，既报喜又报忧、既报功又报过、既报结果又报过程。

（四）坚持规范有序。落实依规治党要求，严格按照党章党规规定的主体、范围、程序和方式开展重大事项请示报告工作。

第五条 各地区各部门党组织承担重大事项请示报告工作主体责任，党组织主要负责同志为第一责任人，对请示报告工作负总责。

中央办公厅负责接受办理向党中央请示报告的重大事项，并统筹协调和督促指导各地区各部门向党中央的请示报告工作。地方党委办公厅（室）负责接受办理向本级党委请示报告的重大事项，并统筹协调和督促指导本地区的请示报告工作。

第二章 党组织请示报告主体

第六条 党组织请示报告工作一般应当以组织名义进行，向负有领导或者监督指导职责的上级党组织请示报告。特殊情况下，可以根据工作需要以党组织负责同志名义代表党组织请示报告。

请示报告应当逐级进行，一般不得越级请示报告。特殊情况下，可以按照有关规定直接向更高层级党组织请示报告。

第七条 接受双重领导的单位党组织，应当根据事项性质和内容向负有主要领导职责的上级党组织请示报告，同时抄送另一个上级党组织。特殊情况下，可以不抄送另一个上级党组织。

第八条 接受归口领导、管理的单位党组织，必须服从批准其设立的党组织的领导，向其请示报告工作，并按照有关规定向归口领导、管理单位党组织请示报告。

第九条 接受归口指导、协调或者监督的单位党组织，向上级党组织请示报告一般应当抄送负有指导、协调或者监督职责的单位党组织。

负有指导、协调或者监督职责的单位党组织应当统筹所负责区域、领域、行业、系统内各单位党组织的请示报告工作，归口统一向上级党组织请示报告总体情况、牵头事项完成情况等。

第十条 涉及跨区域、跨领域、跨行业、跨系统的重大事项，应当由有关党组织向共同上级党组织联合请示报告。联合请示报告应当明确牵头党组织。

党政机关联合请示报告的，一般应当将上级党政机关同时列为请示报告对象。

第十一条 根据党内法规制度规定，党的决策议事协调机构和党的工作机关可以在其职权范围内接受下级党组织的请示报告并作出处理。

党组织主要负责同志可以就全面工作或者某些方面工作接受下级党组织请示报告；有关负责同志可以就分管领域工作接受下级党组织请示报告，也可以受党组织或者党组织主要负责同志委托，就全面工作接受下级党组织请示报告。

第三章 党组织请示报告事项

第十二条 涉及党和国家工作全局的重大方针政策，经济、政治、文化、社会、生态文明建设和党的建设中的重大原则和问题，国家安全、港澳台侨、外交、国防、军队等党中央集中统一管理的事项，以及其他只能由党中央领导和决策的重大事项，必须向党中央请示报告。

第十三条 党组织应当向上级党组织请示下列事项：

（一）贯彻落实党中央决策部署和上级党组织决定中的重要情况和问题，需要作出调整的政策措施，需要支持解决的特殊困难；

（二）重大改革措施、重大立法事项、重大体制变动、重大项目推进、重大突发事件、重大机构调整、重要干部任免、重要表彰奖励、重大违纪违法和复杂敏感案件处理等；

（三）明确规定需要请示的重要会议、重要活动、重要文件等；

（四）重大活动、重要政策的宣传报道口径，新闻宣传和意识形态工作中的全局性问题和不易把握的问题；

（五）出台重大创新举措，特别是遇到新情况新问题且无明文规定、需要先行先试，或者创新举措可能与现行规定相冲突、需经授权才能实施的情况；

（六）属于自身职权范围内但事关重大或者特殊敏感的事项；

（七）重大决策时存在较大意见分歧的情况；

（八）跨区域、跨领域、跨行业、跨系统工作中需要上级党组织统筹推进的重大事项；

（九）调整上级党组织文件、会议精神的传达知悉范围，使用上级党组织负责同志未公开的讲话、音像资料等；

（十）其他应当请示的重大事项。

下列事项不必向上级党组织请示：属于自身职权范围内的日常工作；上级党组织就有关问题已经作出明确批复的；事后报告即可的事项等。

第十四条　党组织应当向上级党组织报告下列事项：

（一）学习贯彻习近平新时代中国特色社会主义思想，统筹推进“五位一体”总体布局和协调推进“四个全面”战略布局的重要情况；

（二）党中央以及上级党组织重要会议、重要文件、重大决策部署贯彻落实情况，习近平总书记重要指示批示贯彻落实情况，上级党组织负责同志交办事项的研究办理情况；

（三）加强党的建设，履行全面从严治党责任，包括集中学习教育活动、意识形态工作、党组织设置及隶属关系调整、民主生活会、党风廉政建设、落实中央八项规定精神、党员干部直接联系群众、巡视巡察整改、发现重大违纪违法问题等情况；

（四）全面工作总结和计划；

（五）重大专项工作开展情况；

（六）重大敏感事件、突发事件和群体性事件应对处置情况；

（七）经济社会发展中出现的重要情况和重大舆情；

（八）本地区、本部门、本单位工作中具有在更大范围推广价值的经验做法和意见建议；

（九）其他应当报告的重大事项。

下列事项不必向上级党组织报告：具体事务性工作；没有实质性内容的表态和情况反映等。

第十五条　党组织应当按照有关规定向上级党组织报备下列事项：

（一）党内法规和规范性文件；

（二）领导班子成员分工；

（三）有关干部任免；

（四）党委委员、候补委员职务的辞去、免去或者自动终止；

（五）其他应当报备的重大事项。

第十六条 中央各决策议事协调机构、中央各部门、有关中央国家机关党组（党委）应当对本领域、行业、系统内请示报告的具体事项提出明确要求、加强工作指导。

上级党组织应当从实际出发，对下级党组织请示报告中主题相近、内容关联的同类事项归并整合提出要求，促使请示报告精简务实。

第十七条 党组织应当根据本条例规定的请示报告事项范围和内容，结合上级要求和自身实际，制定请示报告事项清单。

第四章 党组织请示报告程序

第十八条 重大事项请示报告一般应当经党组织领导班子集体研究或者传批审定，由主要负责同志签发或者作出。必要时应当事先报上级党组织分管负责同志同意。

两个以上党组织联合请示报告的，应当协商一致后呈报。未取得一致意见的，应当对有关情况作出说明。

第十九条 向上级党组织请示重大事项，必须事前请示，给上级党组织以充足研判和决策时间。情况紧急来不及请示必须临机处置的，应当按照规定履职尽责，并及时进行后续请示报告。

定期报告按照规定的时间进行。专题报告根据工作进展情况适时进行，学习贯彻上级党组织重要会议和文件精神的专题报告应当注重反映落实见效情况，不得一味求快。对上级党组织交办的重大事项，应当按照时限要求报告。突发性重大事件应当及时报告，并根据事件发展处置情况做好续报工作。

第二十条 提出请示应当阐明请求事项及相关理由。报送请示应当一文一事，不得在报告等非请示性公文中夹带请示事项。

对下级党组织请示的重大事项，受理党组织如需以其名义再向上级党组织请示的，应当认真研究并负责任地提出处理建议，不得只将原文转请示上级党组织。

第二十一条 上级党组织收到请示后，一般由综合部门提出拟办意见报党组织负责同志按照规定批办。

党政机关联合提出的请示，由上级党组织牵头办理。

第二十二条 上级党组织对受理的紧急请示事项应当尽快办理。有明确办理时限要求的应当在规定期限内办理完毕，确有特殊情况无法在规定期限内办理完毕的，应当主动向下级党组织说明情况。

第二十三条 请示的答复一般应当坚持向谁请示由谁答复，特殊情况下受理请示的党组织可以授权党组织有关部门代为答复。

第二十四条 报告应当具有实质性内容和参考价值，有助于上级党组织了解情况、科学决策，力戒空洞无物、评功摆好、搞形式主义。报告应当简明扼要、文风质朴，呈报党中央的综合报告一般在5000字以内，专项报告一般在3000字以内，情况复杂、确有必要详细报告的有关内容可以通过附件反映。

第二十五条 上级党组织收到报告后，应当由综合部门根据工作需要报送党组织负责同志阅示。综合部门可以将主题相同、内容相近的报告统一集中报送，或者摘要形成综合材料后报送。

党组织负责同志对报告作出批示指示的，综合部门应当及时按照要求办理。

第二十六条 上级党组织应当加强对报告的综合分析利用。对于有推广价值的典型经验做法，可以通过适当形式进行宣传；对于共性问题，应当予以重视并研究解决；对于有价值的意见建议，应当认真研究吸收、推动改进工作。

第二十七条 重大事项请示报告工作存在可能影响公正办理情形的，有关人员应当回避。

第五章 党组织请示报告方式

第二十八条 党组织应当根据重大事项类型和缓急程度采用口头、书面方式进行请示报告。

第二十九条 重大事项请示报告适宜简便进行的，可以采用口头方式。对于情况紧急或者重大事项处理尚处于初步酝酿阶段的，可以采用口头方式先行请示报告，后续再以书面方式补充请示报告。

第三十条 口头请示报告视情采用通话、当面、会议等方式。内容较为简单或者情况十分紧急的，可以采用通话方式；内容较为复杂或者情况敏感特殊的，可以采用当面方式；内容较为正式或者涉及主体较多的，可以采用会议方式。

口头请示报告应当做好记录和资料留存，确保有据可查。

第三十一条 非紧急情况、重大事项处理处于相对成熟阶段或者不适宜简便进行的请示报告，应当采用书面方式。

第三十二条 书面报告视情采用正式报告、信息、简报等方式。信息侧重于报告重大突发事件，需要注意的问题、现象和情况等，应当做到及时高效、权威准确。简报侧重于报告某方面工作简要情况。

党组织应当统筹用好书面报告方式，坚持“一事不二报”，一般不得就同一内容使用多种方式重复报告。上级党组织明确要求正式报告的，不得以其他方式代替。

第三十三条 党组织可以利用电话、文件、传真、电报、网络等载体开展请示报告工作。涉密事项应当按照有关保密规定执行。

基层党组织开展请示报告工作可以更加灵活便捷、突出实效。

第六章 党员、领导干部请示报告

第三十四条 党员一般应当向所在党组织请示报告重大事项。领导干部一般应当向所属党组织请示报告重要工作。

党员、领导干部向党组织请示报告个人有关事项，按照有关规定执行。

第三十五条 党员应当向党组织请示下列事项：

（一）从事党组织所分配的工作中的重要问题；

（二）代表党组织发表主张或者作出决定；

（三）按照规定需要请示的涉外工作交往活动；

（四）转移党的组织关系；

（五）其他应当向党组织请示的事项。

第三十六条 党员应当向党组织报告下列事项：

（一）贯彻执行党组织决议以及完成党组织交办工作任务情况；

（二）对党的工作和领导干部的意见建议；

（三）发现党员、领导干部违纪违法线索情况；

（四）流动外出情况；

（五）其他应当向党组织报告的事项。

第三十七条 领导干部应当向党组织请示下列事项：

（一）超出自身职权范围，应当由所在党组织或者上级党组织作出决定的重大事项；

（二）属于自身职权范围但事关重大的问题和情况；

（三）代表党组织对外发表重要意见；

（四）因故无法履职或者离开工作所在地；

（五）其他应当向党组织请示的事项。

第三十八条 领导干部应当向党组织报告下列事项：

（一）学习贯彻习近平新时代中国特色社会主义思想，贯彻落实党中央决策部署和党组织决定中的重要情况和问题；

（二）遵守政治纪律和政治规矩，坚决维护习近平总书记党中央的核心、全党的核心地位，坚决维护党中央权威和集中统一领导情况；

（三）坚持民主集中制，发扬党内民主，正确行使权力，参与集体领导情况；

（四）参加领导班子民主生活会和所在党支部（党小组）组织生活会情况；

（五）履行管党治党责任，加强党风廉政建设和反腐败工作以及遵守廉洁纪律情况；

（六）重大决策失误或者应对突发事件处置失当，纪检监察、巡视巡察和审计中发现重要问题，以及违纪违法情况；

（七）可能影响正常履职的重大疾病等情况；

（八）其他应当向党组织报告的事项。

第三十九条 党员、领导干部按照规定采用口头、书面方式进行请示报告。党组织应当及时办理党员、领导干部的请示事项，必要时可以对报告事项作出研究处理。

第七章 监督与追责

第四十条 党组织应当将重大事项请示报告工作开展情况纳入向上一级党组织报告工作的重要内容。

第四十一条 党组织应当建立健全重大事项请示报告工作督查机制，并将执行请示报告制度情况纳入日常监督和巡视巡察范围。

第四十二条 党组织应当将重大事项请示报告工作情况作为履行全面从严治党政治责任的重要内容，对下级党组织及其主要负责同志进行考核评价。考核评价可以与党风廉政建设责任制检查考核、党建工作考核等相结合，结果应当以适当方式通报。

第四十三条 建立健全纠错机制，对于重大事项请示报告工作中出现的主体不适当、内容不准确、程序不规范、方式不合理等问题，上级党组织应当及时提醒纠正，并将有关情况体现到考评通报中。

第四十四条 实行重大事项请示报告责任追究制度，有下列情形之一的，应当依规依纪追究有关党组织和党员、领导干部以及工作人员的责任，涉嫌违法犯罪的，按照有关法律规定处理：

（一）违反政治纪律和政治规矩，擅自决定应当由党中央决定的重大事项，损害党中央权威和集中统一领导的；

（二）履行领导责任不到位，对重大事项请示报告不重视不部署，工作开展不力的；

（三）违反组织原则，该请示不请示，该报告不报告的；

（四）缺乏责任担当，推诿塞责、上交矛盾、消极作为的；

（五）搞形式主义、官僚主义，请示报告内容不实、信息不准，造成严重后果的；

（六）违反工作要求，不按规定程序和方式请示报告，造成严重后果的；

（七）其他应当追究责任的情形。

第八章　附　　则

第四十五条　各省、自治区、直辖市党委，中央各决策议事协调机构，中央各部门，中央国家机关各部委党组（党委），应当紧密结合工作实际制定具体落实措施。

第四十六条　中央军事委员会可以根据本条例，结合中国人民解放军和中国人民武装警察部队的实际情况，制定相关规定。

第四十七条　本条例由中央办公厅负责解释。

第四十八条　本条例自 2019 年 1 月 31 日起施行。

县以上党和国家机关
党员领导干部民主生活会若干规定

1．2016 年 11 月 30 日中共中央政治局会议审议批准
2．2016 年 12 月 23 日中共中央发布

第一条　为了落实全面从严治党要求，坚持和完善县以上党和国家机关党员领导干部民主生活会制度，根据《中国共产党章程》和《关于新形势下党内政治生活的若干准则》、《中国共产党党内监督条例》等有关党内法规，制定本规定。

第二条 本规定所称县以上党和国家机关党员领导干部，是指县以上党的各级委员会、纪律检查委员会的常务委员会委员，工作委员会委员，党组（党委）成员，以及县以上党和国家机关各部门（含人民团体）的党员领导干部。

经济组织、文化组织、社会组织和其他组织的党组（党委）成员，执行本规定。

第三条 民主生活会是党内政治生活的重要内容，是发扬党内民主、加强党内监督、依靠领导班子自身力量解决矛盾和问题的重要方式。坚持和完善民主生活会制度，对于新形势下加强和规范党内政治生活，增强党自我净化、自我完善、自我革新、自我提高能力，实现党的正确领导，维护党的团结和集中统一，引导党员领导干部牢固树立政治意识、大局意识、核心意识、看齐意识，自觉践行“三严三实”要求，始终做到忠诚干净担当，具有重要作用。

党员领导干部还应当以普通党员身份参加所在党支部（党小组）组织生活会，过好双重组织生活。

第四条 民主生活会应当遵循“团结——批评——团结”的方针，贯彻整风精神，充分发扬民主，开展积极健康的思想斗争，增强党内政治生活的政治性、时代性、原则性、战斗性。参加民主生活会的党员领导干部应当严肃认真开展批评和自我批评，坚持实事求是，讲党性不讲私情、讲真理不讲面子，按照“照镜子、正衣冠、洗洗澡、治治病”的要求，严肃认真提意见，满腔热情帮同志，达到统一思想、增进团结、互相监督、共同提高的目的。

第五条 民主生活会应当确定主题，一般由上级党组织统一确定，或者由领导班子根据自身建设实际确定，并报上级党组织同意。

第六条 民主生活会应当围绕主题，就以下基本内容进行对照检查，开展批评和自我批评：

（一）遵守党章，坚定理想信念，贯彻党的理论路线方针政策和决议，执行党的政治纪律和政治规矩，维护党中央权威的情况。

（二）加强领导班子自身建设，实行民主集中制，维护领导班子团结，严格党的组织生活制度，坚持正确用人导向，开展批评和自我批评的情况。

（三）正确行使权力，履职尽责、积极作为，坚持科学决策、民主决策、依法决策，反对特权、秉公用权的情况。

（四）带头践行社会主义核心价值观，艰苦奋斗，清正廉洁，遵纪守法，注重家庭、家教、家风，教育管理好亲属和身边工作人员的情况。

（五）执行党的群众路线，站稳人民立场，改进领导作风，深入调查研究，密切联系群众的情况。

（六）履行全面从严治党主体责任和监督责任，加强党风廉洁建设和反腐败工作的情况。

受到诫勉谈话的，应当说明整改情况。

第七条 民主生活会每年召开 1 次，一般安排在第四季度。因特殊情况需要提前或者延期召开的，应当报上级党组织同意。

民主生活会到会人数必须达到应到会人数的三分之二以上。

第八条 领导班子遇到重要或者普遍性问题，出现重大决策失误或者对突发事件处置失当，经纪律检查、巡视和审计发现重要问题，以及发生违纪违法案件等情况的，应当专门召开民主生活会，及时剖析整改。

第九条 召开民主生活会应当制定会议方案，提前 10 日报上级党组织审核，并做好以下准备工作：

（一）领导班子成员认真学习党章党规和党的创新理论以及有关文件，提高思想认识，把握标准要求。

（二）由党委（党组）或者委托组织部门、机关党组织征求党员、干部和群众的意见建议，并如实向领导班子及其成员反馈。领导班子成员应当就反映本人的有关问题，向组织作出说明。

（三）领导班子成员之间互相谈心谈话，交流思想，交换意见，并与分管单位主要负责人谈心，也应当接受党员、干部约谈。

（四）撰写领导班子对照检查材料和个人发言提纲，查摆问题，进行党性分析，提出整改措施。个人发言提纲应当自己动手撰写，并按规定说明个人有关事项。

第十条 民主生活会由领导班子主要负责人主持，一般按以下程序进行：

（一）通报上一次民主生活会整改措施落实情况和本次民主生活会征求意见情况。

（二）主要负责人代表领导班子作对照检查。

（三）领导班子成员逐一进行对照检查，作自我批评，其他成员对其提出批评意见。

（四）主要负责人总结会议情况，提出整改工作要求。

因故缺席的人员应当提交书面发言材料。会后，将会议情况和批评意见转告缺席人。

第十一条 民主生活会应当直面问题，领导干部应当在会上把自身存在的突出问题说清楚、谈透彻，开展批评和自我批评，明确整改方向。自我批评应当联系实际、针对问题、触及思想。相互批评应当开诚布公指出问题，防止以工作建议代替批评意见。对待批评应当有则改之、无则加勉，不搞无原则纷争，也不搞一团和气。

批评和自我批评的具体意见，不得随意散布。

第十二条 民主生活会列席人员，根据有关规定和会议内容确定。列席人员可以发言，对领导班子及其成员提出批评或者建议。

第十三条 民主生活会应当切实解决问题，对检查和反映出来的问题，领导班子及其成员应当制定整改措施，确定整改目标和完成时限。对群众反映强烈的突出问题进行专项整治。需要上级党组织帮助解决的，应当及时向上级党组织报告。反映领导班子成员的违纪问题，由党的纪律检查机关处理。

第十四条 在民主生活会上提出的重要问题，党组织没有及时研究解决和向上级党组织报告的，应当追究主要负责人责任；造成严重后果的，依纪依规严肃处理。

第十五条 民主生活会结束后15日内，应当将会议情况报告和会议记录报上级党组织，并报送上级纪委和党委组织部门。报告的主要内容是征求意见的情况、开展批评和自我批评的情况、检查和反映出来的主要问题及整改措施。省部级单位召开民主生活会的情况，由中央组织部会同中央纪委机关形成综合报告，报党中央。

民主生活会召开情况应当向下级党组织或者本单位通报。对于群众普遍关心问题的整改措施，以适当方式公布。

第十六条 中央政治局带头开好民主生活会。各级党委（党组）履行组织开好民主生活会的领导责任。上级党组织应当通过派出督导组、派人列席等方式，对下级单位召开的民主生活会进行督促检查和指导，具体工作由组织部门会同纪律检查机关负责。对问题突出的领导班子，上级党组织主要负责人应当亲自过问，派出得力的负责人列席民主生活会，严肃指出问题、深入分析原因、切实帮助解决。党的机关工作委员会参与对同级直属机关召开的民主生活会的督促检查和指导。党中央主要负责督促检查和指导省部级单位召开的民主生活会。

第十七条　上级党组织负责人，纪律检查机关、组织部门负责人每年应当随机参加一定数量的下级单位召开的民主生活会，了解情况，进行指导，发现问题及时纠正。纪律检查机关、组织部门派人列席下一级各单位召开的民主生活会。

第十八条　执行民主生活会制度情况，纳入领导班子及其成员履行全面从严治党责任考核内容，作为考核评价领导班子的重要依据。对不按规定召开民主生活会的应当严肃指出、限期整改，对走过场的责令重新召开，并在一定范围通报批评，情节严重的追究主要负责人责任。对无正当理由不参加民主生活会的党员领导干部，给予严肃批评教育。

第十九条　国有企业党组织、高等学校党组织、乡镇党委等基层党组织领导干部民主生活会，参照本规定执行。

第二十条　中国人民解放军和中国人民武装警察部队党组织的民主生活会制度，由中央军委参照本规定作出规定。

第二十一条　本规定由中央组织部负责解释。

第二十二条　本规定自2016年12月23日起施行。1990年5月25日中共中央印发的《关于县以上党和国家机关党员领导干部民主生活会的若干规定》同时废止。

中共中央关于加强党的政治建设的意见

中共中央2019年1月31日印发

为深入贯彻落实习近平新时代中国特色社会主义思想和党的十九大精神，切实加强党的政治建设，坚持和加强党的全面领导，推进全面从严治党向纵深发展，不断提高党的执政能力和领导水平，确保全党统一意志、统一行动、步调一致向前进，现提出如下意见。

一、加强党的政治建设的总体要求

旗帜鲜明讲政治是我们党作为马克思主义政党的根本要求。党的政治建设是党的根本性建设，决定党的建设方向和效果，事关统揽推进伟大斗争、伟大工程、伟大事业、伟大梦想。

在革命、建设、改革各个时期，我们党都高度重视党的政治建设，形成了讲政治的优良传统。党的十八大以来，以习近平同志为核心的党中央把党的政治建设摆在更加突出位置，加大力度抓，形成了鲜明的政治导向，消除了党内严重政治隐患，推动党的政治建设取得重大历史性成就。同时，必须清醒看到，党内存在的政治问题还没有得到根本解决，一些党组织和党员干部忽视政治、淡化政治、不讲政治的问题还比较突出，有的甚至存在偏离中国特色社会主义方向的严重问题。切实有效解决这些问题，必须进一步加强党的政治建设。

加强党的政治建设，必须高举中国特色社会主义伟大旗帜，全面贯彻党的十九大精神，坚持以马克思列宁主义、毛泽东思想、邓小平理论、“三个代表”重要思想、科学发展观、习近平新时代中国特色社会主义思想为指导，坚持党的基本理论、基本路线、基本方略，落实新时代党的建设总要求，增强“四个意识”，坚定“四个自信”，坚决维护习近平总书记党中央的核心、全党的核心地位，坚决维护党中央权威和集中统一领导，把准政治方向，坚持党的政治领导，夯实政治根基，涵养政治生态，防范政治风险，永葆政治本色，提高政治能力，把我们党建设得更加坚强有力，确保我们党始终成为中国特色社会主义事业的坚强领导核心，为实现“两个一百年”奋斗目标和中华民族伟大复兴的中国梦提供坚强政治保证。

加强党的政治建设，目的是坚定政治信仰，强化政治领导，提高政治能力，净化政治生态，实现全党团结统一、行动一致。要以党章为根本遵循，把党章明确的党的性质和宗旨、指导思想和奋斗目标、路线和纲领落到实处。要突显党的政治建设的根本性地位，聚焦党的政治属性、政治使命、政治目标、政治追求持续发力。要以党的政治建设为统领，把政治标准和政治要求贯穿党的思想建设、组织建设、作风建设、纪律建设以及制度建设、反腐败斗争始终，以政治上的加强推动全面从严治党向纵深发展，引领带动党的建设质量全面提高。要坚持问题导向，注重“靶向治疗”，针对政治意识不强、政治立场不稳、政治能力不足、政治行为不端等突出问题强弱项补短板。要把党的政治建设融入党和国家重大决策部署的制定和落实全过程，做到党的政治建设与各项业务工作特别是中心工作紧密结合、相互促进。

二、坚定政治信仰

加强党的政治建设，必须坚持马克思主义指导地位，坚持用习近平新时代中国特色社会主义思想武装全党、教育人民，夯实思想根基，牢记初心使命，凝聚同心共筑中国梦的磅礴力量。

（一）坚持用党的科学理论武装头脑

马克思主义是我们立党立国的根本指导思想。习近平新时代中国特色社会主义思想是当代中国马克思主义、21 世纪马克思主义，是全党全国人民为实现中华民族伟大复兴而奋斗的行动指南，是经过实践检验、富有实践伟力的强大思想武器，必须长期坚持并不断发展。要深入学习习近平新时代中国特色社会主义思想，加强思想政治教育，推动学习教育往深里走、往心里走、往实里走，真正做到学深悟透、融会贯通、真信笃行，巩固全党全国人民团结奋斗的共同思想基础。要坚定理想信念，牢固树立共产主义远大理想和中国特色社会主义共同理想，挺起共产党人的精神脊梁，坚决防止不信马列信鬼神、不信真理信金钱，坚决反对各种歪曲、篡改、否定马克思主义的错误思想。要坚定“四个自信”，坚信中国特色社会主义是科学社会主义理论逻辑和中国社会发展历史逻辑的辩证统一，是当代中国发展进步的根本方向，是全面建成小康社会、全面建成社会主义现代化强国、实现中华民族伟大复兴的必由之路。领导干部要带头学理论、强信念，筑牢信仰之基，补足精神之钙，把稳思想之舵。实施年轻干部理想信念宗旨教育计划，大力培养造就具有坚定共产主义信仰和较高马克思主义理论素养的社会主义建设者和接班人。

（二）坚定执行党的政治路线

党在社会主义初级阶段的基本路线作为党的政治路线，是党和国家的生命线、人民的幸福线，必须坚决捍卫、坚定执行。越是面临严峻复杂的国际国内形势，越是处于中华民族伟大复兴的关键时期，越要保持清醒头脑和战略定力，全面贯彻执行党的政治路线，把以经济建设为中心同坚持四项基本原则、坚持改革开放两个基本点统一于中国特色社会主义伟大实践，绝不能有丝毫偏离和动摇。坚持党的政治路线，必须全面贯彻实施新时代中国特色社会主义基本方略，统筹推进“五位一体”总体布局和协调推进“四个全面”战略布局，为实现

“两个一百年”奋斗目标不懈努力。全党制定执行大政方针，要从党的政治路线出发；部署推进党和国家事业发展重大战略、重大任务、重大工作，要紧紧围绕党的政治路线来进行。各地区各部门确定工作思路、工作部署、政策措施，要自觉同党的政治路线对标对表、及时校准偏差。要坚决同一切违背、歪曲、否定党的政治路线的言行作斗争。

（三）坚决站稳政治立场

政治立场事关根本。全党必须始终坚定马克思主义立场，坚持党性和人民性相统一，坚决站稳党性立场和人民立场。要坚持以党的旗帜为旗帜、以党的方向为方向、以党的意志为意志，始终做到在党言党、在党忧党、在党为党，任何时候都同党同心同德。要坚持以人民为中心，立党为公、执政为民，践行全心全意为人民服务的根本宗旨，树立真挚的人民情怀，把人民放在心中最高位置，始终相信人民，紧紧依靠人民，把人民对美好生活的向往作为奋斗目标。要把对党负责和对人民负责高度统一起来，想问题、作决策、办事情都从人民利益出发，崇尚实干、勤政为民，把精力和心思用在稳增长、促改革、调结构、惠民生、防风险、保稳定上，着力解决人民群众最关心最直接最现实的利益问题，努力让人民群众有更多获得感、幸福感、安全感。

三、坚持党的政治领导

党是最高政治领导力量，党的领导是中国特色社会主义最本质的特征，是中国特色社会主义制度的最大优势。加强党的政治建设，必须坚持和加强党的全面领导，完善党的领导体制，改进党的领导方式，承担起执政兴国的政治责任。

（四）坚决做到“两个维护”

事在四方，要在中央。坚持和加强党的全面领导，最重要的是坚决维护党中央权威和集中统一领导；坚决维护党中央权威和集中统一领导，最关键的是坚决维护习近平总书记党中央的核心、全党的核心地位。要教育引导党员干部从历史和现实、理论和实践、国内和国际的结合上深刻认识、强化认同，不断增强拥护核心、跟随核心、捍卫核心的思想自觉政治自觉行动自觉，始终同以习近平同志为核心的党中央保持高度一致，做到党中央提倡的坚决响应、党中央决定的坚决执行、党中央禁止的坚决不做。要以党章为根本依据，不断完善保障“两个维护”的制度机制，严格执行《关于新形势下党内政治生活的若干准则》、《中国共产党重大事项请示报告条例》、《中共中央政治局关于加强和维护党中央集中统一领导的若干规定》等党内法规，加强对贯彻执行党的路线方针政策和决议情况的督促检查，完善党中央重大决策部署和习近平总书记重要指示批示贯彻落实的督查问责机制。要以正确的认识、正确的行动坚决做到“两个维护”，坚决防止和纠正一切偏离“两个维护”的错误言行，不得搞任何形式的“低级红”、“高级黑”，决不允许对党中央阳奉阴违做两面人、搞两面派、搞“伪忠诚”。

（五）完善党的领导体制

坚持党总揽全局、协调各方，建立健全坚持和加强党的全面领导的制度体系，为把党的领导落实到改革发展稳定、内政外交国防、治党治国治军各领域各方面各环节提供坚实制度保障。研究制定党领导经济社会各方面重要工作的党内法规。健全党中央集中统一领导重大工作的体制机制。完善地方党委、党组、党的工作机关实施党的领导的体制机制。建立健全国有企业党委（党组）和农村、事业单位、街道社区等的基层党组织发挥领导作用的制度规定。贯彻落实宪法规定，制定和修改有关法律法规要明确规定党领导相关工作的法律地位。将坚持党的全面领导的要求载入人大、政府、法院、检察院的组织法，载入政协、民主党派、工商联、人民团体、国有企业、高等学校、有关社会组织等的章程，健全党对这些组织实施领导的制度规定，确保其始终在党的领导下积极主动、独立负责、协调一致地开展工作。

（六）改进党的领导方式

着眼于党把方向、谋大局、定政策、促改革，强化战略思维、创新思维、辩证思维、法治思维、底线思维，正确制定和坚决执行党的路线方针政策，不断增强党的政治领导力、思想引领力、群众组织力、社会号召力。要坚持民主集中制这一根本领导制度，善于运用民主的办法汇集意见、科学决策，善于通过协商的方式增进共识、凝聚力量，同时善于集中、敢于担责，防止议而不决、决而不行。要坚持群众路线这一基本领导方法，不断增强群众工作本领，大兴调查研究之风，改进和创新联系群众的途径方法，坚持走好网上群众路线，汇集民智民力，善于通过群众喜闻乐见方式宣传党的理论和路线方针政策，把党的主张变为群众自觉行动。坚决反对“四风”特别是形式主义、官僚主义。要坚持依法执政这一基本领导方式，注重运用法治思维和法治方式治国理政，善于使党的主张通过法定程序成为国家意志、转化为法律法规，自觉把党的领导活动纳入制度轨道。

四、提高政治能力

加强党的政治建设，关键是要提高各级各类组织和党员干部的政治能力。必须进一步增强党组织政治功能，彰显国家机关政治属性，发挥群团组织政治作用，强化国有企事业单位政治导向，不断提高党员干部特别是领导干部政治本领。

（七）增强党组织政治功能

党的力量来自组织。政治属性是党组织的根本属性，政治功能是党组织的基本功能，要认真贯彻落实新时代党的组织路线，不断强化各级各类党组织的政治属性和政治功能。党中央是党的最高领导机关，是党的组织体系的大脑和中枢，对党和国家事业发展重大工作实行集中统一领导，涉及全党全国性的重大方针政策问题只能由党中央作出决定和解释。地方党委要在党中央和上级党委领导下，全面领导本地区经济社会发展，全面负责本地区党的建设，坚决纠正党的领导弱化、党的建设缺失、全面从严治党不力问题。党的基层组织要着力提升组织力，突出政治功能、强化政治引领，下大气力解决软弱涣散问题。党支部要担负起直接教育党员、管理党员、监督党员和组织群众、宣传群众、凝聚群众、服务群众的职责，发挥好战斗堡垒作用。党组要在批准其设立的党组织领导下，在本部门本单位发挥好把方向、管大局、保落实的重要作用，确保党中央和上级党组织决策部署在本部门本单位贯彻落实。党的各级纪委要进一步强化党内监督专责机关的职能定位，全面监督执纪问责，坚决维护党章党规党纪的严肃性和权威性。党的工作机关要更好发挥党委参谋助手作用，提高履职尽责的政治性和有效性，力求参当其时、谋当其用，更好服务党委决策、抓好决策落实。党员要强化党的意识和组织观念，自觉做到思想上认同组织、政治上依靠组织、工作上服从组织、感情上信赖组织。所有党组织和全体党员都必须牢固树立一盘棋意识，在党中央集中统一领导下齐心协力、步调一致开展工作，形成党的组织体系整体合力。

（八）彰显国家机关政治属性

中央和地方各级人大机关、行政机关、政协机关、监察机关、审判机关、检察机关本质上都是政治机关，旗帜鲜明讲政治是应尽之责。要始终坚持在党的领导下依法实施经济社会管理活动，坚决贯彻落实党的基本理论、基本路线、基本方略，积极主动将党的领导主张和重大决策部署转化为法律法规和政策政令，转化为对经济社会管理的部署安排和工作活动，转化为领导体制、工作机制和管理方式方法创新，转化为推动经济社会发展的实际效果。国家机关履行职责、开展工作，要提高政治站位，把准政治方向，注重政治效果，考虑政治影响，坚决防止和纠正把政治与业务割裂开来、对立起来的错误认识和做法，确保政治和业务融为一体、高度统一。

（九）发挥群团组织政治作用

工会、共青团、妇联等群团组织是党领导下的政治组织，政治性是群团组织的灵魂。各群团组织要认真履行政治职责，充分发挥联系人民群众的桥梁和纽带作用，加大政治动员、政治引领、政治教育工作力度，更好承担起引导群众听党话、跟党走的政治任务，把自己联系的群众最广泛最紧密地团结在党的周围。要坚定不移坚持党的领导，坚定不移走中国特色社会主义群团发展道路，不折不扣落实党中央关于群团改革的决策部署，切实增强群团组织的政治性、先进性、群众性。

（十）强化国有企事业单位政治导向

国有企业是中国特色社会主义的重要物质基础和政治基础，事业单位承担着满足人民群众日益增长的公益服务需求职责，都是我们党执政兴国的重要依靠力量。国有企事业单位必须始终坚持党的领导，坚决贯彻执行党的路线方针政策，认真落实党中央关于推进国有企事业单位改革发展的决策部署，切实加强本单位党的建设工作，充分发挥党组织重要作用，保证本单位工作坚持正确政治方向、取得良好政治效果。

（十一）提高党员干部政治本领

党员干部特别是领导干部要加强政治能力训练和政治实践历练，切实提高把握方向、把握大势、把握全局的能力和辨别政治是非、保持政治定力、驾驭政治局面、防范政治风险的能力。要在大是大非面前态度鲜明、立场坚定，始终在政治立场、政治方向、政治原则、政治道路上同以习近平同志为核心的党中央保持高度一致。要善于从政治上研判形势、分析问题，自觉在党和国家工作大局下想问题、做工作，做到一切服从大局、一切服务大局。要强化忧患意识、风险意识，增强政治敏锐性和政治鉴别力，对容易诱发政治问题特别是重大突发事件的敏感因素、苗头性倾向性问题，对意识形态领域各种错误思潮、模糊认识、不良现象，保持高度警惕，做到眼睛亮、见事早、行动快。要提高风险处置能力，及时阻断不同领域风险转换通道，防止非公共性风险扩大为公共性风险、非政治性风险演变为政治风险。要增强斗争精神，强化政治担当，敢于亮剑、善于斗争，发现违反政治纪律、危害政治安全的行为坚决抵制，做勇于斗争的“战士”，不做爱惜羽毛的“绅士”，严防对挑战政治底线的错误言论和不良风气听之任之、逃避责任、失职失察。

五、净化政治生态

加强党的政治建设，必须把营造风清气正的政治生态作为基础性、经常性工作，浚其源、涵其林，养正气、固根本，锲而不舍、久久为功，实现正气充盈、政治清明。

（十二）严肃党内政治生活

营造良好政治生态，必须严格执行《关于新形势下党内政治生活的若干准则》，着力提高党内政治生活质量，努力在全党形成又有集中又有民主、又有纪律又有自由、又有统一意志又有个人心情舒畅生动活泼的政治局面。增强党内政治生活的政治性，强化政治教育和政治引领，让党员干部经常接受政治体检，打扫政治灰尘，净化政治灵魂，增强政治免疫力，坚决防止和克服党内政治生活忽视政治、淡化政治、不讲政治的倾向。增强党内政治生活的时代性，主动适应信息时代新形势和党员队伍新变化，积极运用互联网、大数据等新兴技术，创新党组织活动内容方式，推进“智慧党建”，使党内政治生活始终充满活力，坚决防止和克服党内政治生活不讲创新、不讲活力、照搬照套的倾向。增强党内政治生活的原则性，坚持按原则开展党的工作和活动，按原则处理党内各种关系，按原则解决党内矛盾和问题，严格执行党的组织生活制度，认真召开民主生活会和组织生活会，提高“三会一课”质量，落实谈心谈话、民主评议党员和主题党日等制度，坚持和完善重温入党誓词、党员过“政治生日”等政治仪式，使党内生活庄重、严肃、规范，坚决防止和克服党内政治生活不讲原则、平淡化庸俗化随意化的倾向。增强党内政治生活的战斗性，坚持以整风精神开展批评和自我批评，勇于思想交锋、揭短亮丑，旗帜鲜明坚持真理、修正错误，统一意志、增进团结，建立健全民主生活会列席指导、及时叫停、责令重开、整改通报等制度，坚决防止和克服党内政治生活一团和气、评功摆好、明哲保身的倾向。

（十三）严明党的政治纪律和政治规矩

政治纪律是党最根本、最重要的纪律，是净化政治生态的重要保证。要把坚决做到“两个维护”作为首要政治纪律，在全党持续深入开展忠诚教育，开展“守纪律、讲规矩”模范机关创建和先进个人评选活动，教育督促党员干部始终对党忠诚老实，决不允许在重大政治原则问题上、大是大非问题上同党中央唱反调，搞自由主义。严格执行《中国共产党纪律处分条例》，严肃查处违反政治纪律的行为，通过严明政治纪律带动党的其他纪律严起来。坚持“五个必须”，必须维护党中央权威，决不允许背离党中央要求另搞一套；必须维护党的团结，决不允许在党内培植个人势力；必须遵循组织程序，决不允许擅作主张、我行我素；必须服从组织决定，决不允许搞非组织活动；必须管好领导干部亲属和身边工作人员，决不允许他们擅权干政、谋取私利。严肃查处“七个有之”问题，把政治上蜕变的两面人及时辨别出来、清除出去，坚决防止党内形成利益集团攫取政治权力、改变党的性质，坚决防止山头主义和宗派主义危害党的团结、破坏党的集中统一。

（十四）发展积极健康的党内政治文化

营造良好政治生态，离不开党内政治文化的浸润滋养。坚持“三严三实”，大力弘扬忠诚老实、公道正派、实事求是、清正廉洁等价值观，充分利用各类爱国主义教育基地和党性教育基地对广大党员干部进行教育和熏陶，增强党员干部的政治定力、纪律定力、道德定力、拒腐定力。大力倡导清清爽爽的同志关系、规规矩矩的上下级关系、干干净净的政商关系，弘扬正气、树立新风。推动中华优秀传统文化创造性转化、创新性发展，培育党员干部政治气节、政治风骨。发扬革命文化，传承红色基因，弘扬革命精神，教育党员干部正确处理公和私、义和利、是和非、正和邪、苦和乐的关系。弘扬社会主义先进文化，推进社会主义核心价值观宣传教育，引导党员干部带头做社会主义核心价值观的坚定信仰者、积极传播者、模范践行者。坚决抵制庸俗腐朽的政治文化，自觉抵制商品交换原则对党内生活的侵蚀，狠刹权权交易、权钱交易、权色交易等不正之风，破除关系学、厚黑学、官场术等封建糟粕，坚决防止和反对个人主义、分散主义、自由主义、本位主义、好人主义，坚决防止和反对宗派主义、圈子文化、码头文化。

（十五）突出政治标准选人用人

选人用人是政治生态的风向标。要坚持党管干部原则，贯彻新时期好干部标准，始终把政治标准放在第一位，注重选拔任用牢固树立“四个意识”、自觉坚定“四个自信”、坚决做到“两个维护”、全面贯彻执行党的理论和路线方针政策、忠诚干净担当的干部，对政治不合格的干部实行“一票否决”，已经在领导岗位的坚决调整。严格执行《党政领导干部选拔任用工作条例》，在选人用人中进一步突出政治标准，强化政治把关。制定实施《党政领导干部考核工作条例》，建立健全领导干部政治素质识别和评价机制，强化对干部政治忠诚、政治定力、政治担当、政治能力、政治自律等方面的深入考察考核，坚决把政治上的两面人挡在门外。匡正选人用人风气，坚持不懈整治选人用人上的不正之风，对任人唯亲、说情打招呼、跑官要官、买官卖官、拉票贿选等行为发现一起查处一起，对“带病提拔”的干部实行倒查，对政治标准把关不严的严肃处理。严格执行干部选拔任用工作纪实制度，对私自干预下级或者原任职地方和单位选人用人的，记录在案并严肃追究责任。

（十六）永葆清正廉洁的政治本色

坚决反对腐败，建设廉洁政治，是涵养政治生态的必要条件和重要任务。强化不敢腐的震慑，坚持反腐败无禁区、全覆盖、零容忍，坚持重遏制、强高压、长震慑，运用监督执纪“四种形态”，重点查处党的十八大以来不收敛、不收手，问题线索反映集中、群众反映强烈，政治问题和经济问题交织的腐败案件，严肃查处违反中央八项规定精神的问题，持续保持反腐败高压态势。扎紧不能腐的笼子，健全党和国家监督体系，加强对权力运行的制约和监督，通过改革和制度创新切断利益输送链条。特别要针对管人管钱管物管项目的单位和岗位，查找廉政风险点，通过科学管理、严格监督和发挥巡视利剑作用，切实管住权力，坚决反对特权行为和特权现象，让人民群众真正感受到清正干部、清廉政府、清明政治就在身边。增强不想腐的自觉，领导干部特别是高级干部要带头加强党性修养，知敬畏、存戒惧、守底线，坚决防范被利益集团“围猎”，持之以恒锤炼政德，明大德、守公德、严私德，带头遵守《中国共产党廉洁自律准则》，注重家庭家教家风，自觉做廉洁自律、廉洁用权、廉洁齐家的模范。

六、强化组织实施

加强党的政治建设是一项重大艰巨的政治任务。各地区各部门要进一步增强推进党的政治建设的自觉性坚定性，把思想和行动统一到党中央部署要求上来，加强组织领导、强化责任担当，确保本意见提出的各项举措落到实处，确保党的政治建设取得成效。

（十七）落实领导责任

建立健全推进党的政治建设工作责任制，各级党委（党组）要切实负起本地区本部门党的政治建设工作主体责任，将其纳入党委（党组）工作总体布局，摆在首要位置来抓，认真研究部署、大力推进落实。党委（党组）书记要认真履行第一责任人职责，对党的政治建设重要工作亲自部署、重要问题亲自过问、重大事件亲自处置。党委（党组）其他成员要根据职责分工，按照“一岗双责”要求，抓好分管部门和领域党的政治建设工作。各级党的建设工作领导小组要发挥统筹协调的职能作用，各级纪检监察机关和党委有关部门要各司其职、各负其责，履行推进党的政治建设工作相关职责。中央和国家机关要在推进党的政治建设上带好头、作示范，在深入学习贯彻习近平新时代中国特色社会主义思想上作表率，在始终同党中央保持高度一致上作表率，在坚决贯彻落实党中央决策部署上作表率，建设让党中央放心、让人民群众满意的模范机关。

（十八）抓住“关键少数”

加强党的政治建设，要坚持抓“关键少数”和管“绝大多数”相结合，重点是抓住领导机关和领导干部，发挥其示范引领作用。各级领导干部特别是高级干部要深刻认识自己在加强党的政治建设中的特殊重要性和肩负的重大责任，职位越高越要自觉严格要求自己，注重加强政治历练、积累政治经验、增进政治智慧，做到信念如磐、意志如铁，政治坚定、绝对忠诚，清正廉洁、担当负责，坚决做到“两个维护”，成为坚定的马克思主义者。实施“一把手”政治能力提升计划。

（十九）强化制度保障

加强党的政治建设，要把建章立制贯穿全过程各方面，建立健全长效机制，形成系统完备、有效管用的政治规范体系，真正实现党的政治建设有章可循、有据可依。坚持集成联动，完善党内法规制度体系有关制度，健全国家法律体系有关规定，在各类章程中明确提出有关要求，做到相辅相成、有机统一。坚持明确标准，既提出政治高线，激励党员干部向往践行，又划出政治底线，防止党员干部逾矩失范。坚持执规必严，加大宣传教育和执行力度，督促党员干部把党的政治规范刻印在心上、落实在行动上，坚决维护制度权威。

（二十）加强监督问责

各地区各部门要加强对党的政治建设工作的监督检查，将其作为巡视巡察和督查检查的重要内容，深化政治巡视，强化政治监督，着力发现和纠正政治偏差。探索建立本地区本部门政治生态评价体系。把党的政治建设工作情况纳入党委（党组）书记抓党建述职评议和党建考核评价体系，并突出其权重。坚持失责必问、问责必严，对落实党的政治建设责任不到位、推进党的政治建设工作不力以及违反党的政治纪律和政治规矩的行为严肃追责问责。

各地区各部门要紧密结合自身实际制定贯彻实施本意见的具体措施。中央军委可以根据本意见提出加强军队党的政治建设的具体意见。

党委（党组）落实全面从严治党主体责任规定

1. 2020年2月26日中共中央政治局常委会会议审议批准
2. 2020年3月9日中共中央办公厅发布

第一章 总 则

第一条 为了全面落实党委（党组）全面从严治党主体责任，推动全面从严治党向纵深发展，根据《中国共产党章程》和有关党内法规，制定本规定。

第二条 本规定适用于地方党委和按照《中国共产党党组工作条例》设立的党组（党委）。

党的纪律检查机关、党的工作机关、党委直属事业单位在本单位落实全面从严治党主体责任，党的基层组织落实全面从严治党主体责任，参照本规定执行。

第三条 党委（党组）必须深入贯彻习近平新时代中国特色社会主义思想，增强“四个意识”、坚定“四个自信”、做到“两个维护”，不忘初心、牢记使命，守责、负责、尽责，一以贯之、坚定不移全面从严治党，以伟大自我革命引领伟大社会革命，以科学理论引领全党理想信念，以“两个维护”引领全党团结统一，以正风肃纪反腐凝聚党心军心民心，永葆党的先进性和纯洁性，确保党始终成为中国特色社会主义事业的坚强领导核心。

第四条 党委（党组）落实全面从严治党主体责任，应当遵循以下原则：

（一）坚持紧紧围绕加强和改善党的全面领导；

（二）坚持全面从严治党各领域各方面各环节全覆盖；

（三）坚持真管真严、敢管敢严、长管长严；

（四）坚持全面从严治党过程和效果相统一。

第五条 中央和国家机关在全面从严治党中具有特殊地位和作用，必须在落实全面从严治党责任中走在前、作表率，全面提高机关党的建设质量，建设让党中央放心、让人民群众满意的模范机关，引领带动各地区各部门抓好全面从严治党。

第二章 责任内容

第六条 地方党委应当将党的建设与经济社会发展同谋划、同部署、同推进、同考核，加强对本地区全面从严治党各项工作的领导。主要包括：

（一）坚决维护以习近平同志为核心的党中央权威和集中统一领导，坚决贯彻执行党中央决策部署以及上级党组织决定；

（二）在本地区发挥总揽全局、协调各方的领导作用，在经济社会发展各项工作中坚持和加强党的全面领导，在同级各种组织中发挥领导作用；

（三）把党的政治建设摆在首位，坚定政治信仰，强化政治领导，提高政治能力，净化政治生态，始终在政治立场、政治方向、政治原则、政治道路上同党中央保持高度一致；

（四）把党的思想建设作为基础性建设来抓，坚定理想信念，用习近平新时代中国特色社会主义思想武装头脑、指导实践、推动工作，落实意识形态工作责任制；

（五）贯彻新时代党的组织路线，坚持民主集中制，树立和坚持正确选人用人导向，建设忠诚干净担当的高素质专业化干部队伍，加强党的基层组织和党员队伍建设，做好人才工作，夯实党执政的组织基础；

（六）持之以恒抓好党的作风建设，落实中央八项规定精神，持续整治“四风”特别是形式主义、官僚主义，反对特权思想和特权现象，密切党同人民群众的血肉联系；

（七）加强党的纪律建设，重点强化政治纪律和组织纪律，带动廉洁纪律、群众纪律、工作纪律、生活纪律严起来；

（八）落实制度治党、依规治党要求，加强本地区党内法规制度建设，严格落实党内法规执行责任制，确保党内法规制度落地见效；

（九）落实党风廉政建设主体责任，深入推进反腐败斗争，一体推进不敢腐、不能腐、不想腐，巩固发展反腐败斗争压倒性胜利；

（十）领导、支持和监督党的纪律检查机关、党的工作机关、党委直属事业单位、党组（党委）和下级地方党委、党的基层组织等落实全面从严治党主体责任，形成全面从严治党整体合力；

（十一）加强对本地区统一战线工作和群团工作的领导，动员、组织所属党组织和广大党员，团结带领群众实现党的目标任务；

（十二）勇于和善于结合本地区实际，切实解决影响全面从严治党的突出问题。

第七条 党组（党委）应当坚持党建工作与业务工作同谋划、同部署、同推进、同考核，加强对本单位（本系统）全面从严治党各项工作的领导。主要包括：

（一）坚决维护以习近平同志为核心的党中央权威和集中统一领导，坚决贯彻执行党中央决策部署以及上级党组织决定；

（二）在本单位（本系统）发挥把方向、管大局、保落实的领导作用，推动党的主张和重大决策转化为法律法规、政策政令和社会共识，确保党的理论和路线方针政策在本单位（本系统）贯彻落实；

（三）把党的政治建设摆在首位，提高政治站位，彰显政治属性，强化政治引领，增强政治能力，始终在政治立场、政治方向、政治原则、政治道路上同党中央保持高度一致，涵养良好的机关政治生态；

（四）强化理论武装，学懂弄通做实习近平新时代中国特色社会主义思想，引导党员、干部坚定理想信念宗旨，落实意识形态工作责任制；

（五）坚持民主集中制，贯彻党管干部、党管人才原则，加强忠诚干净担当的高素质专业化干部队伍建设，加强党的基层组织和党员队伍建设，着力提高党内活动和党的组织生活质量，做好人才工作；

（六）加强和改进作风，落实中央八项规定精神，持续整治“四风”特别是形式主义、官僚主义，反对特权思想和特权现象；

（七）加强党的纪律建设，履行党风廉政建设主体责任，支持纪检监察机关履行监督责任，一体推进不敢腐、不能腐、不想腐；

（八）带头遵守党内法规制度，严格落实党内法规执行责任制，建立健全本单位（本系统）党建工作制度，不断提高制度执行力；

（九）领导机关和直属单位党组织的工作，支持配合党的机关工委对本单位（本系统）党的工作的统一领导，自觉接受党的机关工委对其履行机关党建主体责任的指导督促，防止出现“灯下黑”；

（十）加强对本单位（本系统）统一战线工作和群团工作的领导，重视对党外干部、人才的培养使用，团结带领党外干部和群众，凝聚各方面智慧力量，完成党中央以及上级党组织交给的任务；

（十一）勇于和善于结合本单位（本系统）实际，切实解决影响全面从严治党的突出问题。

第八条 党委（党组）领导班子成员应当强化责任担当，狠抓责任落实，增强落实全面从严治党责任的自觉和能力，带头遵守执行全面从严治党各项规定，自觉接受党组织、党员和群众监督，在全面从严治党中发挥示范表率作用。

党委（党组）书记应当履行本地区本单位全面从严治党第一责任人职责，做到重要工作亲自部署、重大问题亲自过问、重点环节亲自协调、重要案件亲自督办；管好班子、带好队伍、抓好落实，支持、指导和督促领导班子其他成员、下级党委（党组）书记履行全面从严治党责任，发现问题及时提醒纠正。

党委（党组）领导班子其他成员根据工作分工对职责范围内的全面从严治党工作负重要领导责任，按照“一岗双责”要求，领导、检查、督促分管部门和单位全面从严治党工作，对分管部门和单位党员干部从严进行教育管理监督。

第九条 党的建设工作领导小组是党委抓全面从严治党的议事协调机构，应当加强对本地区党的建设工作的指导，定期听取工作汇报，及时研究解决重大问题。

党的纪律检查机关在履行全面从严治党监督责任同时，应当通过重大事项请示报告、提出意见建议、监督推动党委（党组）决策落实等方式，协助党委（党组）落实全面从严治党主体责任。

党委办公厅（室）、职能部门、办事机构等是党委抓全面从严治党的具体执行机关，应当在党委统一领导下充分发挥职能作用，在职责范围内抓好全面从严治党相关工作。

党的机关工委作为党委派出机关，应当统一组织、规划、部署本级机关党的工作，指导机关开展党的各方面建设，指导机关各级党组织实施对党员特别是党员领导干部的监督和管理。

部门和单位机关党委作为机关党建工作专责机构，应当聚焦主责主业，充分发挥职能作用，协助党组（党委）落实全面从严治党主体责任。

第三章 责任落实

第十条 党委（党组）每半年应当至少召开1次常委会会议（党组会议）专题研究全面从严治党工作，分析研判形势，研究解决瓶颈和短板，提出加强和改进的措施。

第十一条 党委（党组）可以根据本规定，结合实际制定责任清单，具体明确党委（党组）及其书记和领导班子其他成员承担的全面从严治党责任。制定责任清单，应当坚持简便易行、务实管用。

第十二条 党委（党组）每年年初应当根据党中央决策部署以及上级党组织决定，结合本地区本单位全面从严治党形势和任务，坚持问题导向，突出工作重点，制定本地区本单位落实全面从严治党主体责任的年度任务安排，明确责任分工和完成时限。

第十三条 党委（党组）书记应当加强对全面从严治党的调查研究，了解工作推进情况，发现和解决实践中的突出问题。

调查研究应当注重听取党的代表大会代表、党员、干部、基层党组织和群众关于全面从严治党的意见建议。

第十四条 党委（党组）应当开展经常性的全面从严治党宣传教育，特别是党章党规和党性党风党纪教育，注重发挥正反典型的示范警示作用，在本地区本单位营造全面从严治党良好氛围。

第十五条 党委（党组）及其领导班子成员应当将落实全面从严治党责任情况作为年度民主生活会对照检查内容，深入查摆存在的问题，开展严肃认真的批评和自我批评，提出务实管用的整改措施。

本地区本单位发生重大违纪违法案件、严重“四风”问题，党委（党组）应当及时召开专题民主生活会，认真对照检查，深刻剖析反思，明确整改责任。

第十六条 党委（党组）书记对领导班子其他成员、下一级党委（党组）书记，领导班子其他成员对分管部门和单位党组织书记，发现存在政治、思想、工作、生活、作风、纪律等方面苗头性、倾向性问题的，应当及时进行提醒谈话；发现落实全面从严治党责任不到位、管党治党问题较多、党员群众来信来访反映问题较多的，应当及时进行约谈，严肃批评教育，督促落实责任。

第十七条 党委（党组）应当通过会议、文件等形式通报本地区本单位落实全面从严治党主体责任情况，及时通报因责任落实不力被问责的典型问题，采取组织调整或者组织处理、纪律处分方式问责的，应当以适当方式公开。

第十八条 党委（党组）应当开展有针对性的教育培训，强化政治教育和政治训练，增强本地区本单位党组织和党员领导干部落实全面从严治党责任的意识，提高落实全面从严治党责任的能力和水平。

第四章 监督追责

第十九条 地方党委每年年初应当向上一级党委书面报告上一年度落实全面从严治党主体责任情况。地方党委常委会应当将落实全面从严治党主体责任情况作为向全会报告工作的一项重要内容。

党组（党委）每年年初应当向批准其设立的党组织书面报告上一年度落实全面从严治党主体责任情况。

第二十条 上级党组织应当加强对党委（党组）落实全面从严治党主体责任情况的监督检查和巡视巡察，着力发现和解决责任不明确、不全面、不落实等问题。

监督检查和巡视巡察中，应当注重发挥党员、干部、基层党组织和群众、新闻媒体等的作用，推动形成监督合力。

第二十一条 统筹党风廉政建设、意识形态工作、基层党建工作等方面考核，结合领导班子和领导干部考核，建立健全落实全面从严治党主体责任考核制度，在年度考核和相关考核工作中突出了解全面从严治党责任落实情况。

考核结果在本地区本单位一定范围内公布。考核结果作为对领导班子总体评价和领导干部选拔任用、实绩评价、激励约束的重要依据。

第二十二条 党委（党组）及其领导班子成员落实全面从严治党责任，有下列情形之一的，应当依规依纪追究责任：

（一）贯彻执行党中央关于全面从严治党重大决策部署以及上级党组织有关决定不认真、不得力；

（二）履行全面从严治党第一责任人职责、重要领导责任不担当、不作为；

（三）本地区本单位政治意识淡化、党的领导弱化、党建工作虚化、责任落实软化，管党治党宽松软；

（四）本地区本单位在管党治党方面出现重大问题或者造成严重后果；

（五）其他应当追究责任的情形。

第五章 附 则

第二十三条 中央军事委员会可以根据本规定，制定军队党委落实全面从严治党主体责任规定。

第二十四条 本规定由中央办公厅负责解释。

第二十五条 本规定自发布之日起施行。

中共中央关于加强对“一把手”和领导班子监督的意见

2021 年 3 月 27 日

加强对主要领导干部和领导班子的监督，是新时代坚持和加强党的全面领导，提高党的建设质量，推动全面从严治党向纵深发展的必然要求。为深入贯彻党的十九大和十九届二中、三中、四中、五中全会精神，落实全面从严治党主体责任和监督责任，现就加强对“一把手”和领导班子监督提出如下意见。

一、充分认识加强对“一把手”和领导班子监督的重要性紧迫性

习近平总书记指出，党的委员会是党执政兴国的指挥部，“一把手”是党的事业发展的领头雁，在增强“四个意识”、坚定“四个自信”、做到“两个维护”上必须作表率、打头阵；强调对各级“一把手”来说，自上而下的监督最有效，党中央要加强对高级干部的监督，各级党委（党组）要加强对所管理的领导干部特别是主要领导干部的监督，上级“一把手”必须抓好下级“一把手”；强调破解同级监督难题，关键在党委常委会，要用好批评和自我批评武器，增强主动监督、相互监督的自觉。开启全面建设社会主义现代化国家新征程，向第二个百年奋斗目标进军，面临前所未有的复杂环境和风险挑战，只有毫不动摇坚持党中央集中统一领导，一以贯之推进党的伟大自我革命，以有效监督把“关键少数”管住用好，充分发挥党员领导干部的先锋模范作用和表率引领作用，才能团结带领广大干部群众战胜前进道路上的各种艰难险阻，不断取得中国特色社会主义事业新胜利。

党的十八大以来，以习近平同志为核心的党中央坚定不移推进全面从严治党，推动落实党委（党组）主体责任、书记第一责任人职责、领导班子其他成员“一岗双责”、纪检机关监督专责，形成了许多有效做法和经验。同时，必须清醒看到，对“一把手”监督仍是薄弱环节，完善党内监督体系、落实监督责任的任务依然十分紧迫。领导干部责任越重大、岗位越重要，越要加强监督。破解对“一把手”监督和同级监督难题，必须明确监督重点，压实监督责任，细化监督措施，健全制度机制。各级党委（党组）要充分认识加强对“一把手”和领导班子监督的极端重要性和现实紧迫性，强化上级党组织监督，做实做细同级监督，推动党员领导干部增强政治意识，不断提高政治判断力、政治领悟力、政治执行力，自觉践行忠诚干净担当，带头维护党中央权威和集中统一领导，确保全党步调一致向前进。

加强对“一把手”和领导班子监督，必须坚持以习近平新时代中国特色社会主义思想为指导，坚持和加强党的全面领导，落实管党治党政治责任，完善党和国家监督体系，促进主动开展监督、自觉接受监督，形成一级抓一级、层层抓落实的监督工作格局，不断增强党的自我净化、自我完善、自我革新、自我提高能力，推动中国特色监督

制度优势更好转化为治理效能。

加强对“一把手”和领导班子监督，要全面落实党内监督制度，突出政治监督，重点强化对“一把手”和领导班子对党忠诚，践行党的性质宗旨情况的监督；强化对贯彻落实党的路线方针政策和党中央重大决策部署，践行“两个维护”情况的监督；强化对立足新发展阶段、贯彻新发展理念、构建新发展格局，推动高质量发展情况的监督；强化对落实全面从严治党主体责任和监督责任情况的监督；强化对贯彻执行民主集中制、依规依法履职用权、担当作为、廉洁自律等情况的监督，做到真管真严、敢管敢严、长管长严。

各级领导干部要从政治上认识领导职责中包含监督职责，增强监督意识，履行监督责任；正确对待党组织和群众的监督，勇于纠正错误，切实改进工作；习惯在受监督和约束的环境中工作生活，主动接受监督，决不能拒绝监督、逃避监督。“一把手”要自觉置身党组织和群众监督之下，强化责任担当，加强对领导班子其他成员和下级领导干部的监督。

二、加强对“一把手”的监督

（一）把对“一把手”的监督作为重中之重，强化监督检查。“一把手”被赋予重要权力，担负着管党治党重要政治责任，必须以强有力的监督促使其做到位高不擅权、权重不谋私。党委（党组）、纪检机关、党的工作机关要突出对“一把手”的监督，将“一把手”作为开展日常监督、专项督查等的重点，让“一把手”时刻感受到用权受监督。

（二）“一把手”要以身作则，自觉接受监督。“一把手”必须旗帜鲜明讲政治，带头做到“两个维护”，带头落实党内监督各项制度，在履行管党治党责任、严格自律上当标杆、作表率，既要自觉接受监督，又要敢于担当作为。各级领导干部特别是高级干部要带头遵守政治纪律和政治规矩，主动向党组织请示报告工作，严格落实中央八项规定及其实施细则精神，廉洁治家，自觉反对特权思想、特权现象，始终保持共产党人清正廉洁的政治本色。

（三）加强党组织自上而下的监督，上级“一把手”必须抓好下级“一把手”。中央政治局委员要注重了解分管部门、地方、领域党组织党风廉政建设情况，督促有关地方和部门“一把手”履行全面从严治党责任、做到廉洁自律，发现问题及时教育提醒。中央纪委、中央组织部应当加强对省级党委、中央单位“一把手”的监督，督促省级党委加强对下级“一把手”的管理。上级“一把手”要将监督下级“一把手”情况作为每年述职的重点内容；对下级新任职“一把手”应当开展任职谈话；同下级“一把手”定期开展监督谈话，对存在苗头性、倾向性问题的进行批评教育，对存在轻微违纪问题的及时予以诫勉。

（四）严格执行全面从严治党责任制度，落实“一把手”第一责任人职责。党委（党组）要加强对全面从严治党责任制度执行情况的监督检查，对下级“一把手”落实责任不到位、问题比较突出的及时约谈。纪检机关应当通过抓好组织实施和督促检查、提出整改建议等方式，推动第一责任人切实履行职责。健全落实全面从严治党主体责任考核制度，考核结果作为对“一把手”选拔任用、实绩评价、激励约束的重要依据。对履行第一责任人职责不担当、不作为的，依规依纪追究责任。

（五）贯彻执行民主集中制，完善“三重一大”决策监督机制。党委（党组）、纪检机关、组织部门要加强对下级党委（党组）“一把手”贯彻执行民主集中制情况的监督检查，防止出现搞一言堂甚至家长制问题。中央组织部应当对省级党委、中央单位“一把手”贯彻执行民主集中制情况进行重点监督。把“三重一大”决策制度执行情况作为巡视巡察、审计监督、专项督查的重要内容。纪委书记、派驻纪检监察组组长发现“一把手”违反决策程序的问题，应当及时提出意见，对纠正不力的要向上级纪委、派出机关反映。

（六）巡视巡察工作要紧盯“一把手”，及时发现问题。党委（党组）要坚持“发现问题、形成震慑，推动改革、促进发展”的巡视工作方针，坚守政治巡视定位，查找纠正政治偏差。巡视巡察组应当把被巡视巡察党组织“一把手”作为监督重点，进驻前向纪检机关、组织部门深入了解情况。巡视巡察谈话应当将“一把手”工作、生活情况作为必谈内容，对反映的重要问题深入了解。巡视巡察报告应当将“一把手”履行第一责任人职责和廉洁自律情况单独列出，提出明确意见和整改要求。

（七）及时掌握对“一把手”的反映，建立健全述责述廉制度。党委（党组）、纪检机关、组织部门要加强对下级党委（党组）“一把手”的日常监督，通过驻点调研、专项督查等方式，全面掌握其思想、工作、作风、生活状况。落实纪检机关、组织部门负责人同下级“一把手”谈话制度，发现一般性问题及时向本人提出，发现严重违纪违法问题向同级党委主要负责人报告。开展下级“一把手”在上级党委常委会（党组）扩大会议上述责述廉、接受评议工作，述责述廉报告在一定范围内公开。

三、加强同级领导班子监督

（八）加强领导班子成员相互监督，认真开展批评和自我批评。中央委员会成员必须严守政治纪律和政治规矩，发现其他成员有违反党章、破坏党的纪律、危害党的团结统一的行为，应当及时向党中央报告或者实名向中央纪委常委会反映。党委（党组）“一把手”要管好班子、带好队伍，经常开展谈心谈话，切实履行好教育、管理、监督责任；对领导班子其他成员所作的函询说明签署意见时，要进行教育提醒，不能“一签了之”。领导班子成员之间应当经常交换意见，发现问题坦诚向对方提出，发现“一把手”存在重要问题的可直接向上级党组织报告。坚持民主生活会和组织生活会制度，“一把手”要带头开展批评和自我批评，领导班子成员按规定对个人有关事项以及群众反映、巡视巡察反馈、组织约谈函询的问题实事求是作出说明。

（九）发挥领导班子近距离常态化监督优势，提高发现和解决自身问题的能力。党委（党组）要全面履行加强和规范党内政治生活的领导责任，建立健全相关制度。领导班子成员应当本着对自己、对同志、对班子、对党高度负责的态度，相互提醒、相互督促，把加强和规范党内政治生活各项任务落到实处，增强领导班子战斗力；发现领导班子其他成员有违纪违法问题的，应当及时如实按程序向党组织反映和报告，对隐瞒不报、当“老好人”的要连带追究责任。

（十）坚持集体领导制度，严格按规则和程序办事。健全党委（党组）领导班子权力运行制约机制，合理分解、科学配置权力。坚决防止以专题会议代替常委会会议作出决策，坚决防止以党委集体决策名义集体违规，决不允许领导班子成员将分管工作、分管领域变成不受集体领导和监督的“私人领地”。完善领导班子议事规则，重要事项须提交领导班子会议讨论，领导班子成员应当充分发表意见，意见分歧较大时应当暂缓表决，对会议表决情况和不同意见应当如实记录、存档备查。

（十一）督促领导班子其他成员履行“一岗双责”，抓好职责范围内管党治党工作。党委（党组）要制定落实全面从严治党主体责任年度计划，分解工作任务。“一把手”要定期听取领导班子其他成员履行管党治党责任的情况汇报，发现责任落实不到位的及时约谈。纪委应当向同级党委领导班子其他成员通报其分管部门和单位领导干部遵守党章党规、廉洁自律等情况，推动领导班子其他成员抓好分管部门和单位的党风廉政建设工作。

（十二）严格执行领导干部插手干预重大事项记录制度，发现问题及时报告。党委（党组）要完善落实领导干部插手干预重大事项记录制度的具体举措。对领导班子成员存在违规干预干部选拔任用、工程建设、执法司法等问题的，受请托人应当及时向所在部门和单位党组织报告。领导班子和领导干部对来自其他领导干部家属亲友的违规干预行为应当坚决抵制，及时向党组织报告。不按要求报告的，依规依纪严肃追究责任。

（十三）建立健全政治生态分析研判机制，分领域形成党风廉政建设情况报告。党委（党组）要定期分析本地区本部门本单位政治生态状况，经常听取纪检机关、党的工作机关相关报告，认真查找领导班子自身存在的突出问题，采取有力措施加以解决。纪检机关应当加强对审批监管、工程建设、资源开发、金融信贷等领域党风廉政建设情况的分析，注重发现普遍性问题，形成专题报告，促进同级党委领导班子加强对关键岗位的管理监督。

（十四）完善纪委书记谈话提醒制度，如实报告领导班子成员履职尽责和廉洁自律情况。纪委书记应当牢固树立报告问题是本职、该报告不报告是失职的意识。发现领导班子成员有苗头性、倾向性问题的，及时进行提醒。发现存在重要问题的，向上级纪委和同级党委主要负责人报告，全面准确反映情况。不报告或者不如实报告的，依规依纪严肃追究责任。

四、加强对下级领导班子的监督

（十五）落实上级党组织对下级党组织的监督责任，把管理和监督寓于实施领导的全过程。党委（党组）要切实管好自己的“责任田”，综合运用检查抽查、指导民主生活会、受理信访举报、督促问题整改等方式，加强对下级领导班子及其成员特别是“一把手”的监督，做到责任清晰、主体明确、措施管用、行之有效。

（十六）把制度的笼子扎得更紧更牢，推进监督工作规范化。党委（党组）要坚持用制度管权管事管人，健全任职回避、定期轮岗、干部交流制度，对“一把手”制定更严格的管理制度。坚持和完善领导干部报告个人有关事项制度，推进“一把手”个人有关事项在领导班子中公开工作。健全干部双重管理制度，明确主管方、协管方对双重管理干部的监督职责。

（十七）规范领导干部家属从业行为，推动构建亲清政商关系。高级干部要带头执行规范领导干部配偶、子女及其配偶经商办企业行为规定，为全党作出示范。党委（党组）要抓好相关规定落实，营造风清气正的政治生态。领导干部与企业家交往必须守住底线、把好分寸，“一把手”要带头落实“亲”、“清”要求，不得以权谋私，搞暗箱操作和利益输送；管住管好自己的家属亲友，决不允许他们利用本人职权敛财谋利，防止居心不良者对家庭成员进行“围猎”。党委（党组）、纪检机关要加强对构建亲清政商关系情况的监督检查，及时处置投诉举报，发现问题依规依纪严肃处理。

（十八）加强上级党组织对下级单位领导班子民主生活会的指导，提高民主生活会质量。党委（党组）要履行组织开好民主生活会的领导责任，统一确定或者批准下级单位领导班子民主生活会主题，上级党组织领导班子成员有计划地参加下级单位领导班子民主生活会。组织部门应当会同纪检机关对下级单位领导班子民主生活会进行督促检查和指导，重点检查“一把手”开展批评和自我批评是否态度鲜明，民主生活会是否真正红脸出汗。对不按规定召开的严肃指出并纠正，对走过场的责令重新召开。对下级党组织所辖地区、部门、单位发生重大问题的，督促下级领导班子及时召开专题民主生活会。

（十九）强化选人用人的组织把关，落实干部考察考核制度。党委（党组）要加强对干部选拔任用工作全过程监督，强化对下级领导班子成员特别是“一把手”拟任人选的把关，压实分析研判和动议、民主推荐、考察、讨论决定等各环节的领导责任。组织部门应当按照好干部标准，严格“凡提四必”程序，全面考察干部。纪检机关应当动态更新领导干部廉政档案，严把党风廉政意见回复关。党委（党组）要对下级领导班子及其成员实行分级分类考核，同巡视巡察、经济责任审计、工作督查、相关业务部门考核发现的问题相结合，进行全面客观评价。每年可以选定部分“一把手”和领导班子进行重点考核，对问题反映较多的进行专项考核。

（二十）定期分析研判信访举报情况，对群众反映多的领导干部及时敲响警钟。党委（党组）要重视信访举报工作，了解掌握群众对领导干部特别是“一把手”的反映。领导干部要倾听群众呼声，严肃认真地对待群众的意见、批评。纪检机关、组织部门应当对信访举报情况定期开展分析研判，对反映的问题提出有针对性的处置意见，督促信访举报比较集中的地方、部门、单位党组织查找分析原因。对涉及下级“一把手”及领导班子其他成员的信访举报问题进行专题分析，对社会反映突出、群众评价较差的领导干部情况及时报告，对一般性问题开展谈心谈话。

（二十一）推动问题整改常态化，完善纪检监察建议制度。党委（党组）、纪检监察机关、组织部门要加强对问题整改情况的监督检查，通过审核整改报告、督办重点问题等方式，压实主体责任，督促整改落实到位。针对查处严重违纪违法案件暴露出的问题开展警示教育。完善纪检监察建议提出、督办、反馈和回访监督机制。对整改问题不及时不到位甚至拒不整改的，依规依纪严肃处理，对典型问题通报曝光。

五、切实加强党对监督工作的领导

（二十二）加强党委（党组）对监督工作的领导，完善党内监督体系。各级党委（党组）必须坚决落实党中央关于全面从严治党的决策部署，领导好本地区本部门本单位党内监督工作，抓好督促检查。把对“一把手”和领导班子监督摆在管党治党突出位置，通过抓好“关键少数”带动“绝大多数”。统筹党内各项监督，支持和监督纪检机关履行监督责任，督促党的工作机关加强职责范围内职能监督工作，注重发挥基层党组织日常监督和党员民主监督作用。

（二十三）以党内监督为主导，贯通各类监督。各级党委要切实发挥党内监督带动作用，推动人大监督、民主监督、行政监督、司法监督、审计监督、财会监督、统计监督、群众监督、舆论监督贯通协调、形成合力。加大统筹力度，整合各类监督信息资源，有效运用大数据，建立健全重大监督事项会商研判、违纪违法问题线索移送机制，定期听取工作情况汇报，使各类监督更加协同有效。

（二十四）发挥纪委监委专责机关作用，增强监督实效。纪委监委要强化政治监督，做实日常监督，督促各级“一把手”和领导班子履行好管党治党责任、落实好党中央重大决策部署。精准有效运用“四种形态”，以严格的执纪执法增强制度刚性，对滥用职权、以权谋私的坚决查处，对不抓不管、失职失责的严肃问责。加强对下级纪委监委的领导，大力支持下级纪委监委履行监督职责，推进纪律监督、监察监督、派驻监督、巡视监督统筹衔接，完善全覆盖的监督机制。加强纪检监察机关自身建设，健全内控机制，自觉接受监督，确保权力受到严格约束。

（二十五）积极探索创新，增强针对性、有效性。各级党组织和领导干部要切实抓好本意见的贯彻落实，对各项监督制度不折不扣执行到位。加强分类指导，细化监督举措。坚持顶层设计和基层创新相结合，鼓励地方、部门和单位探索强化监督的有效办法，及时总结经验，不断增强监督实效。

防范和惩治统计造假、弄虚作假督察工作规定

1. 2018年8月24日中共中央批准
2. 2018年8月24日中共中央办公厅、国务院办公厅发布

第一条 为了构建防范和惩治统计造假、弄虚作假督察机制，推动各地区各部门严格执行统计法律法规，确保统计数据真实准确，根据《关于深化统计管理体制改革提高统计数据真实性的意见》、《统计违纪违法责任人处分处理建议办法》等有关规定和《中华人民共和国统计法》、《中华人民共和国统计法实施条例》等法律法规，制定本规定。

第二条 统计督察必须坚持以习近平新时代中国特色社会主义思想为指导，全面贯彻党的十九大和十九届二中、三中全会精神，牢固树立政治意识、大局意识、核心意识、看齐意识，坚持和加强党的全面领导，坚持稳中求进工作总基调，坚持新发展理念，紧扣我国社会主要矛盾变化，按照高质量发展的要求，围绕统筹推进“五位一体”总体布局

和协调推进“四个全面”战略布局，聚焦统计法定职责履行、统计违纪违法现象治理、统计数据质量提升，注重实效、突出重点、发现问题、严明纪律，维护统计法律法规权威，推动统计改革发展，为经济社会发展做好统计制度保障。

第三条 根据党中央、国务院授权，国家统计局组织开展统计督察，监督检查各地区各部门贯彻执行党中央、国务院关于统计工作的决策部署和要求、统计法律法规、国家统计政令等情况。

第四条 国家统计局负责统筹、指导、协调、监督统计督察工作，主要职责是制定年度督察计划，批准督察事项，审定督察报告，研究解决督察中存在的重大问题。国家统计局统计执法监督局承担统计督察日常工作。

国家统计局通过组建统计督察组开展统计督察工作，统计督察组设组长、副组长，实行组长负责制，副组长协助组长开展工作。

第五条 统计督察对象是与统计工作相关的各地区、各有关部门。重点是各省、自治区、直辖市党委和政府主要负责同志和与统计工作相关的领导班子成员，必要时可以延伸至市级党委和政府主要负责同志和与统计工作相关的领导班子成员；国务院有关部门主要负责同志和与统计工作相关的领导班子成员；省级统计机构和省级政府有关部门领导班子成员。

第六条 对省级党委和政府、国务院有关部门开展统计督察的内容包括：

（一）贯彻落实党中央、国务院关于统计改革发展各项决策部署，加强对统计工作组织领导，指导重大国情国力调查，推动统计改革发展，研究解决统计建设重大问题等情况；

（二）履行统计法定职责，遵守执行统计法律法规，严守领导干部统计法律底线，依法设立统计机构，维护统计机构和人员依法行使统计职权，保障统计工作条件，支持统计活动依法开展等情况；

（三）建立防范和惩治统计造假、弄虚作假责任制，问责统计违纪违法行为，建立统计违纪违法案件移送机制，追究统计违纪违法责任人责任，发挥统计典型违纪违法案件警示教育作用等情况；

（四）应当督察的其他情况。

对市级及以下党委和政府、地方政府有关部门，可以参照上述规定开展统计督察。

第七条 对各级统计机构、国务院有关部门行使统计职能的内设机构开展统计督察的内容包括：

（一）贯彻落实党中央、国务院关于统计改革发展各项决策部署，完成国家统计调查任务，执行国家统计标准和统计调查制度，组织实施重大国情国力调查等情况；

（二）履行统计法定职责，遵守执行统计法律法规，严守统计机构、统计人员法律底线，依法独立行使统计职权，依法组织开展统计工作，依法实施和监管统计调查，依法报请审批或者备案统计调查项目及其统计调查制度，落实统计普法责任制等情况；

（三）执行国家统计规则，遵守国家统计政令，遵守统计职业道德，执行统计部门规章和规范性文件，落实各项统计工作部署，组织实施统计改革，加强统计基层基础建设，参与构建新时代现代化统计调查体系，建立统计数据质量控制体系等情况；

（四）落实防范和惩治统计造假、弄虚作假责任制，监督检查统计工作，开展统计执法检查，依法查处统计违法行为，依照有关规定移送统计违纪违法责任人处分处理建议或者违纪违法问题线索，落实统计领域诚信建设制度等情况；

（五）应当督察的其他情况。

对国务院有关部门行使统计职能的内设机构开展统计督察的内容还包括：依法提供统计资料、行政记录，建立统计信息共享机制，贯彻落实统计信息共享要求等情况。

对地方政府有关部门行使统计职能的内设机构，可以参照上述规定开展统计督察。

第八条 统计督察主要采取以下方式进行：

（一）召开有关统计工作座谈会，听取被督察地区、部门遵守执行统计法律法规、履行统计法定职责等情况汇报；

（二）与被督察地区、部门有关领导干部和统计人员进行个别谈话，向知情人员询问有关情况；

（三）设立统计违纪违法举报渠道，受理反映被督察地区、部门以及有关领导干部统计违纪违法行为问题的来信、来电、来访等；

（四）调阅、复制有关统计资料和与统计工作有关的文件、会议记录等材料，进入被督察地区、部门统计机构统计数据处理信息系统进行比对、查询；

（五）进行遵守执行统计法律法规等情况的问卷调查，开展统计执法“双随机”抽查，赴被督察地区、部门进行实地调查了解；

（六）经国家统计局批准的其他方式。

第九条 统计督察工作一般按照以下程序进行：

（一）制定方案。国家统计局根据具体任务组建统计督察组，确定统计督察组组长、副组长、成员，明确督察组及其成员职责。统计督察组根据其职责制定实施方案，明确督察目的、对象、内容、方式、期限等。

（二）实地督察。统计督察组赴有关地区、部门督察前应当先收集了解督察对象有关统计工作的基本情况，并向被督察地区、部门送达统计督察通知书。统计督察组到达后应当向被督察地区、部门通报督察内容，严格按照督察实施方案开展督察。

（三）报告情况。统计督察组实地督察结束后应当在规定时间内形成书面督察报告以及督察意见书，经与督察对象沟通后，向国家统计局报告督察基本情况，反映发现的统计违纪违法问题，提出处理建议。

第十条 国家统计局应当及时听取统计督察组的督察情况汇报，研究提出处理意见。对涉及有关国家工作人员涉嫌统计违纪违法、应当依纪依法给予处分处理的，按照有关规定办理。

第十一条 国家统计局应当及时向被督察地区、部门反馈相关督察情况，指出有关统计工作问题，有针对性地提出整改意见，将督察意见书提供给被督察地区、部门，并将督察报告以及督察意见书移交中央纪委国家监委、中央组织部。其中，对各省、自治区、直辖市党委和政府以及国务院有关部门的督察意见应当报经党中央、国务院同意后再反馈。统计督察情况应当以适当方式向社会公开。

第十二条 被督察地区、部门收到统计督察组反馈意见后，应当对存在的问题认真整改落实，并在 3 个月内将整改情况反馈国家统计局。国家统计局应当以适当方式监督整改落实情况。

第十三条 督察中发现统计违纪违法问题和线索的，按照《统计违纪违法责任人处分处理建议办法》有关规定办理。

第十四条 国家统计局每年年初应当向党中央、国务院报告上年度统计督察情况。

第十五条 被督察地区、部门应当支持配合统计督察工作。被督察地区、部门领导班子成员应当自觉接受统计督察监督，积极配合统计督察组开展工作。督察涉及的相关人员有义务向统计督察组如实反映情况。

第十六条 被督察地区、部门及其工作人员违反规定不支持配合甚至拒绝、阻碍和干扰统计督察工作的，应当视为包庇、纵容统计违纪违法行为，依照有关规定严肃处理。

第十七条 统计督察组应当坚持实事求是，深入调查研究，全面准确了解情况，客观公正反映问题。

统计督察工作人员应当严格遵守政治纪律、组织纪律、廉洁纪律、工作纪律等有关纪律要求，有下列情形之一的，视情节轻重，给予批评教育、组织处理或者党纪政务处分；涉嫌犯罪的，移送有关机关依法处理：

（一）对统计造假、弄虚作假问题瞒案不报、有案不查、查案不力，不如实报告统计督察情况，甚至隐瞒、歪曲、捏造事实的；

（二）泄露统计督察工作中知悉的国家秘密、商业秘密、个人信息及其工作秘密的；

（三）统计督察工作中超越权限造成不良后果的；

（四）违反中央八项规定精神，或者利用统计督察工作便利，谋取私利或者为他人谋取不正当利益的；

（五）有其他违反统计督察纪律行为的。

第十八条 国家统计局根据本规定制定具体实施办法。

第十九条 本规定由国家统计局负责解释。

第二十条 本规定自 2018 年 8 月 24 日起施行。

领导干部自然资源资产离任审计规定（试行）

1. 2017 年 9 月 19 日中共中央批准

2. 2017 年 9 月 19 日中共中央办公厅、国务院办公厅发布

第一条 为了加快推进生态文明建设，践行绿色发展理念，促进自然资源资产节约集约利用和生态环境安全，推动领导干部切实履行自然资源资产管理和生态环境保护责任，根据《中共中央、国务院关于加快推进生态文明建设的意见》和《中共中央、国务院关于印发〈生态文明体制改革总体方案〉的通知》以及有关党内法规和国家法律法规，制定本规定。

第二条 领导干部离任时，应当接受自然资源资产离任审计。

审计机关开展领导干部自然资源资产离任审计适用本规定。本规定未明确的，依照《中华人民共和国审计法》、《中华人民共和国审计法实施条例》和其他有关法律法规的规定执行。

第三条 本规定所称领导干部自然资源资产离任审计，是指审计机关依法依规对主要领导干部任职期间履行自然资源资产管理和生态环境保护责任情况进行的审计。

第四条 本规定所称自然资源资产管理和生态环境保护责任，是指主要领导干部任职期间依法依规对本地区、本部门（单位）以及主管业务领域的以下工作应当履行的责任：

（一）土地、水、森林、草原、矿产、海洋等自然资源资产的管理开发利用；

（二）大气、水、土壤等环境保护和环境改善；

（三）森林、草原、荒漠、河流、湖泊、湿地、海洋等生态系统的保护和修复；

（四）其他与自然资源资产管理和生态环境保护相关的事项。

第五条 领导干部自然资源资产离任审计对象包括：

（一）地方各级党委和政府主要领导干部；

（二）各级发展改革、国土资源、环境保护、水利、农业、林业、能源、海洋等承担自然资源资产管理和生态环境保护工作部门（单位）的主要领导干部。

第六条 审计机关应当依照干部管理权限，根据组织部门委托，确定领导干部自然资源资产离任审计计划。

审计机关在组织审计时，应当坚持以开展领导干部自然资源资产离任审计为主，采取独立实施方式，也可以与领导干部经济责任审计统筹实施，由同一审计组一并审计。

第七条 审计机关开展领导干部自然资源资产离任审计应当坚持依法审计、问题导向、客观求实、鼓励创新、推动改革的原则。

第八条 领导干部自然资源资产离任审计内容主要包括：

（一）贯彻执行中央生态文明建设方针政策和决策部署情况；

（二）遵守自然资源资产管理和生态环境保护法律法规情况；

（三）自然资源资产管理和生态环境保护重大决策情况；

（四）完成自然资源资产管理和生态环境保护目标情况；

（五）履行自然资源资产管理和生态环境保护监督责任情况；

（六）组织自然资源资产和生态环境保护相关资金征管用和项目建设运行情况；

（七）履行其他相关责任情况。

审计机关应当充分考虑被审计领导干部所在地区的主体功能定位、自然资源资产禀赋特点、资源环境承载能力等，针对不同类别自然资源资产和重要生态环境保护事项，分别确定审计内容，突出审计重点。

第九条 本规定第八条第一款第一项所称的贯彻执行中央生态文明建设方针政策和决策部署情况，主要包括：

（一）生态文明体制改革相关制度建立以及落实情况；

（二）国家有关自然资源资产和生态环境保护重大战略贯彻落实情况；

（三）生态文明建设领域推进供给侧结构性改革情况。

第十条 本规定第八条第一款第二项所称的遵守自然资源资产管理和生态环境保护法律法规情况，主要包括：

（一）组织制定地方有关规章制度情况；

（二）制定、批准、审批和组织实施自然资源开发利用、生态环境保护规划（计划）中遵守资源环境生态法律法规情况；

（三）相关重大经济活动或者建设项目中遵守资源环境生态法律法规情况。

第十一条 本规定第八条第一款第三项所称的自然资源资产管理和生态环境保护重大决策情况，是指经济社会发展重大决策、资源开发利用和生态环境保护重大事项审批以及规划（计划）的调整情况，主要包括：

（一）落实国家资源生态环境保护相关禁止性、限制性、约束性政策要求情况；

（二）落实主体功能区规划、国土规划、土地利用总体规划、城乡规划等情况；

（三）国家公园等自然保护地自然生态系统保护情况；

（四）落实环境影响评价有关要求情况；

（五）推动重点生态功能区产业准入负面清单落地实施等情况以及效果。

第十二条 本规定第八条第一款第四项所称的完成自然资源资产管理和生态环境保护目标情况，主要包括：

（一）国家确定的自然资源利用、环境治理、环境质量、生态保护等方面约束性指标完成情况；

（二）国家关于大气、水、土壤污染防治等行动计划目标完成情况；

（三）其他纳入国家和地方生态文明建设考核目标完成情况。

第十三条 本规定第八条第一款第五项所称的履行自然资源资产管理和生态环境保护监督责任情况，主要包括：

（一）自然资源资产开发的合法性、管理的有序性、使用的有效性以及生态环境保护状况等情况；

（二）自然资源消耗上限、环境质量底线、生态保护红线等资源环境生态红线管控情况；

（三）资源环境承载能力变化情况以及监测预警机制建立运行情况；

（四）严重损毁自然资源资产和重大生态破坏（灾害）、环境污染事件预防处置情况；

（五）干预环境监测、环境统计以及数据弄虚作假案件处理情况；

（六）对以前年度中央相关督察、国家审计和专项考核检查等发现问题的督促整改情况。

第十四条 本规定第八条第一款第六项所称的组织自然资源资产和生态环境保护相关资金征管用和项目建设运行情况，主要包括：

（一）与自然资源资产和生态环境保护相关税费、政府性基金以及国有自然资源资产有偿使用收入等的征管用情况；

（二）国家以及地方生态环境保护资金投入以及使用情况；

（三）用能权、排污权、碳排放权、用水权等管理情况；

（四）自然资源开发利用和生态环境保护重点项目、设施建设运营情况以及信息系统建设和信息共享情况。

第十五条 审计机关应当以自然资源资产负债表或者有关部门管理数据资料反映的自然资源资产实物量和生态环境质量状况变化为基础进行审计。

第十六条 审计机关进行领导干部自然资源资产离任审计时，被审计领导干部及其所在地方、部门（单位）和其他相关单位应当依法向审计机关提供与被审计领导干部任职期间履行自然资源资产管理和生态环境保护责任有关的下列资料：

（一）签订的相关目标责任书以及完成情况，上级有关部门（单位）对其考核情况以及相关方面业绩的评估与奖惩情况；

（二）上级党委和政府或者有关部门（单位）进行例行或者专项检查情况及其出具的检查报告、结论性文书，当地党委和政府以及相关部门（单位）的整改情况；

（三）相关会议文件、材料、纪要和记录，相关工作规划（计划）以及执行情况，相关规章制度和重大决策事项的文件和资料等；

（四）财务以及资源环境调查、监测、统计等资料数据（含地理信息数据等电子数据）；

（五）被审计领导干部的述职报告以及对有关情况的说明材料；

（六）审计机关依法要求提供的其他有关资料。

被审计领导干部及其所在地方、部门（单位）和其他相关单位应当对所提供资料的真实性、完整性负责。

第十七条 审计机关应当根据审计查证事实，依照法律法规、国家有关政策规定和生态文明建设考核目标等，充分考虑地域、气候、季节、生长期等自然因素影响，以及环境问题的潜伏性、时滞性、外部性等，针对自然资源资产管理和生态环境保护工作特点，研究建立健全审计评价指标体系，将定性评价与定量评价相结合，对领导干部履行自然资源资产管理和生态环境保护责任情况作出客观公正、实事求是的评价。

审计评价应当与审计内容相统一，评价结论应当有充分的审计证据支持。

第十八条 审计机关应当根据被审计领导干部任职期间所在地区或者主管业务领域自然资源资产管理和生态环境保护情况，结合审计结果，对被审计领导干部任职期间自然资源资产管理和生态环境保护情况变化产生的原因进行综合分析，按照好、较好、一般、较差、差5个等次客观评价被审计领导干部履行自然资源资产管理和生态环境保护责任情况。

各级审计机关可以根据被审计领导干部所在地区或者主管业务领域的实际情况，进一步研究细化审计评价标准。

第十九条 本规定第十八条所称的好，主要是指被审计领导干部任职期间认真履行自然资源资产管理和生态环境保护责任，积极采取措施并取得显著成效，所在地区或者主管业务领域自然资源资产和生态环境得到有效保护或者明显改善，且在审计抽查的约束性指标、相关规划（计划）目标任务和资源环境生态红线管控任务完成情况中，未发现指标、目标、任务完成和数据真实性方面存在问题；所在地区或者主管业务领域未发生严重损毁自然资源资产和重大生态破坏（灾害）、环境污染事件；在第八条规定的其他审计范围内未发现被审计领导干部存在违纪违法违规问题。

第二十条 本规定第十八条所称的较好，主要是指被审计领导干部任职期间履行自然资源资产管理和生态环境保护责任并取得较好成效，所在地区或者主管业务领域自然资源资产和生态环境得到保护或者一定改善，所在地区或者主管业务领域未发生严重损毁自然资源资产和重大生态破坏（灾害）、环境污染事件，但存在以下问题之一的：

（一）在审计抽查的约束性指标、相关规划（计划）目标任务和资源环境生态红线管控任务完成情况中，发现个别地区（部门）在数据真实性方面存在问题；

（二）在第八条规定的其他审计范围内发现被审计领导干部对个别工作监督管理不力，导致所在地区、部门（单位）存在个别、尚未造成严重后果的问题。

第二十一条 本规定第十八条所称的一般，主要是指被审计领导干部任职期间基本履行自然资源资产管理和生态环境保护责任并取得一定成效，所在地区或者主管业务领域未发生严重损毁自然资源和重大生态破坏（灾害）、环境污染事件，但存在以下问题之一的：

（一）在审计抽查的约束性指标、相关规划（计划）目标任务和资源环境生态红线管控任务完成情况中，发现少数指标、目标、任务未完成，一些地区（部门）在数据真实性方面存在问题；

（二）在第八条规定的其他审计范围内发现被审计领导干部对相关工作监督管理不力，导致所在地区、部门（单位）存在一些局部性、尚未造成严重后果的问题。

第二十二条 本规定第十八条所称的较差，主要是指被审计领导干部任职期间履行一定的自然资源资产管理和生态环境保护责任但取得成效不好，存在以下问题之一的：

（一）被审计领导干部推进相关工作不力，在审计抽查的约束性指标、相关规划（计划）目标和资源环境生态红线管控任务完成情况中，发现较多指标、目标、任务未完成，较多地区（部门）在数据真实性方面存在问题；

（二）较重大履职不到位，造成较严重损毁自然资源和重大生态破坏（灾害）、环境污染事件或者较重大突发环境事件隐患未得到有效治理；

（三）在第八条规定的其他审计范围内发现被审计领导干部有较严重的违纪违法违规行为。

第二十三条 本规定第十八条所称的差，主要是指被审计领导干部任职期间未履行自然资源资产管理和生态环境保护责任，存在以下问题之一的：

（一）被审计领导干部未落实中央生态文明建设方针政策和决策部署，在审计抽查的约束性指标、相关规划（计划）目标和资源环境生态红线管控任务完成情况中，发现多数指标、目标、任务未完成，多数地区（部门）在数据真实性方面存在问题；

（二）重大履职不到位，造成严重损毁自然资源和重大生态破坏（灾害）、环境污染事件或者重大突发环境事件隐患未得到有效治理；

（三）在第八条规定的其他审计范围内发现被审计领导干部有严重的违纪违法违规行为。

第二十四条 审计机关实施领导干部自然资源资产离任审计后，应当向被审计领导干部及其所在地区、部门（单位）出具审计意见。与领导干部经济责任审计统筹实施的审计项目，应当将有关自然资源资产管理和生态环境保护责任方面的情况单独反映，向被审计领导干部及其所在地区、部门（单位）出具审计意见。审计意见应当提交委托审计的组织部门。

第二十五条　审计署应当向党中央、国务院报告领导干部自然资源资产离任审计情况。

地方审计机关应当将领导干部自然资源资产离任审计情况向本级党委和政府报告，同时向上级审计机关报告。

第二十六条　各级党委和政府应当逐步探索和推行领导干部自然资源资产离任审计结果公告制度。

第二十七条　被审计领导干部所在地区、部门（单位）违反国家规定的财政收支、财务收支行为，依法应当给予处理的，由审计机关在法定职权范围内作出审计决定。

第二十八条　对审计发现的人为因素造成严重损毁自然资源资产和破坏生态环境的责任事故等问题线索，需要由有关部门调查处理或者追究相关人员责任的，审计机关应当依纪依法移送有关部门处理。涉及领导干部涉嫌违纪问题线索的，审计机关应当向同级党组织报告，必要时向上级党组织报告，并按照规定将问题线索移送相关纪检监察机关处理。

对审计移送的问题线索，有关部门应当依纪依法认真查处，所涉责任人不论是否已调离转岗、提拔或者退休，都应当按照《中国共产党问责条例》、《党政领导干部生态环境损害责任追究办法（试行）》等实行终身问责，并及时向审计机关反馈查处结果。

第二十九条　被审计领导干部对审计机关出具的领导干部自然资源资产离任审计意见有异议的，可以自收到审计意见之日起30个工作日内向出具审计意见的审计机关申诉，审计机关应当自收到申诉之日起30个工作日内作出复查决定；被审计领导干部对复查决定仍有异议的，可以自收到复查决定之日起30个工作日内向上一级审计机关申请复核，上一级审计机关应当自收到复核申请之日起60个工作日内作出复核决定。

上一级审计机关的复核决定或者审计署的复查决定为审计机关的最终决定。

第三十条　对审计发现的自然资源资产管理和生态环境保护中的典型性、普遍性、倾向性问题和提出的审计建议，有关地区、部门（单位）应当认真研究，及时解决，建立健全有关制度规定。

第三十一条 被审计领导干部及其所在地区、部门（单位），对审计发现的问题应当及时整改。

被审计领导干部所在地区、部门（单位）应当以适当方式向社会公告整改结果。

第三十二条 有关部门和单位应当根据干部管理监督工作的相关要求，将审计结果以及整改情况作为考核、任免、奖惩领导干部的重要依据，并以适当方式将审计结果运用情况反馈审计机关。审计结果以及整改情况材料应当归入被审计领导干部本人档案。

第三十三条 国务院及地方各级政府负有自然资源资产管理和生态环境保护职责的工作部门应当加强部门联动，尽快建立自然资源资产数据共享平台，并向审计机关开放，为审计提供专业支持和制度保障，支持、配合审计机关开展审计。

第三十四条 县以上地方各级党委和政府应当加强对本地区领导干部自然资源资产离任审计工作的领导，及时听取本级审计机关的审计工作情况汇报并接受、配合上级审计机关审计。

第三十五条 审计机关依法独立实施领导干部自然资源资产离任审计，不受其他行政机关、社会团体和个人的干涉。审计人员依法履行审计监督职责，受法律保护。

任何组织和个人不得拒绝、阻碍审计人员依法执行职务，不得打击报复审计人员。

第三十六条 审计机关和审计人员对审计中知悉的国家秘密、商业秘密，负有保密义务。

第三十七条 领导干部任职期间，根据工作需要，审计机关可以参照本规定对其履行自然资源资产管理和生态环境保护责任情况开展审计。

第三十八条 本规定由审计署负责解释。

第三十九条 本规定自2017年9月19日起施行。

党政主要领导干部和国有企事业单位主要领导人员经济责任审计规定

1．2019 年 5 月 23 日中共中央政治局常委会会议审议批准
2．2019 年 7 月 7 日中共中央办公厅、国务院办公厅发布

第一章 总 则

第一条 为了坚持和加强党对审计工作的集中统一领导，强化对党政主要领导干部和国有企事业单位主要领导人员（以下统称领导干部）的管理监督，促进领导干部履职尽责、担当作为，确保党中央令行禁止，根据《中华人民共和国审计法》和有关党内法规，制定本规定。

第二条 经济责任审计工作以马克思列宁主义、毛泽东思想、邓小平理论、“三个代表”重要思想、科学发展观、习近平新时代中国特色社会主义思想为指导，增强“四个意识”、坚定“四个自信”、做到“两个维护”，认真落实党中央、国务院决策部署，紧紧围绕统筹推进“五位一体”总体布局和协调推进“四个全面”战略布局，贯彻新发展理念，聚焦经济责任，客观评价，揭示问题，促进经济高质量发展，促进全面深化改革，促进权力规范运行，促进反腐倡廉，推进国家治理体系和治理能力现代化。

第三条 本规定所称经济责任，是指领导干部在任职期间，对其管辖范围内贯彻执行党和国家经济方针政策、决策部署，推动经济和社会事业发展，管理公共资金、国有资产、国有资源，防控重大经济风险等有关经济活动应当履行的职责。

第四条 领导干部经济责任审计对象包括：

（一）地方各级党委、政府、纪检监察机关、法院、检察院的正职领导干部或者主持工作 1 年以上的副职领导干部；

（二）中央和地方各级党政工作部门、事业单位和人民团体等单位的正职领导干部或者主持工作 1 年以上的副职领导干部；

（三）国有和国有资本占控股地位或者主导地位的企业（含金融机构，以下统称国有企业）的法定代表人或者不担任法定代表人但实际行使相应职权的主要领导人员；

（四）上级领导干部兼任下级单位正职领导职务且不实际履行经济责任时，实际分管日常工作的副职领导干部；

（五）党中央和县级以上地方党委要求进行经济责任审计的其他主要领导干部。

第五条 领导干部履行经济责任的情况，应当依规依法接受审计监督。

经济责任审计可以在领导干部任职期间进行，也可以在领导干部离任后进行，以任职期间审计为主。

第六条 领导干部的经济责任审计按照干部管理权限确定。遇有干部管理权限与财政财务隶属关系等不一致时，由对领导干部具有干部管理权限的部门与同级审计机关共同确定实施审计的审计机关。

审计署审计长的经济责任审计，按照中央审计委员会的决定组织实施。地方审计机关主要领导干部的经济责任审计，由地方党委与上一级审计机关协商后，由上一级审计机关组织实施。

第七条 审计委员会办公室、审计机关依规依法独立实施经济责任审计，任何组织和个人不得拒绝、阻碍、干涉，不得打击报复审计人员。

对有意设置障碍、推诿拖延的，应当进行批评和通报；造成恶劣影响的，应当严肃问责追责。

第八条 审计委员会办公室、审计机关和审计人员对经济责任审计工作中知悉的国家秘密、商业秘密和个人隐私，负有保密义务。

第九条 各级党委和政府应当保证履行经济责任审计职责所必需的机构、人员和经费。

第二章 组织协调

第十条 各级党委和政府应当加强对经济责任审计工作的领导，建立健全经济责任审计工作联席会议（以下简称联席会议）制度。联席会议由纪检监察机关和组织、机构编制、审计、财政、人力资源社会保障、国有资产监督管理、金融监督管理等部门组成，召集人由审计委员会办公室主任担任。联席会议在同级审计委员会的领导下开展工作。

联席会议下设办公室，与同级审计机关内设的经济责任审计机构合署办公。办公室主任由同级审计机关的副职领导或者相当职务层次领导担任。

第十一条 联席会议主要负责研究拟订有关经济责任审计的制度文件，

监督检查经济责任审计工作情况，协调解决经济责任审计工作中出现的问题，推进经济责任审计结果运用，指导下级联席会议的工作，指导和监督部门、单位内部管理领导干部经济责任审计工作，完成审计委员会交办的其他工作。

联席会议办公室负责联席会议的日常工作。

第十二条 经济责任审计应当有计划地进行，根据干部管理监督需要和审计资源等实际情况，对审计对象实行分类管理，科学制定经济责任审计中长期规划和年度审计项目计划，推进领导干部履行经济责任情况审计全覆盖。

第十三条 年度经济责任审计项目计划按照下列程序制定：

（一）审计委员会办公室商同级组织部门提出审计计划安排，组织部门提出领导干部年度审计建议名单；

（二）审计委员会办公室征求同级纪检监察机关等有关单位意见后，纳入审计机关年度审计项目计划；

（三）审计委员会办公室提交同级审计委员会审议决定。

对属于有关主管部门管理的领导干部进行审计的，审计委员会办公室商有关主管部门提出年度审计建议名单，纳入审计机关年度审计项目计划，提交审计委员会审议决定。

第十四条 年度经济责任审计项目计划一经确定不得随意变更。确需调减或者追加的，应当按照原制定程序，报审计委员会批准后实施。

第十五条 被审计领导干部遇有被有关部门采取强制措施、纪律审查、监察调查或者死亡等特殊情况，以及存在其他不宜继续进行经济责任审计情形的，审计委员会办公室商同级纪检监察机关、组织部门等有关单位提出意见，报审计委员会批准后终止审计。

第三章 审计内容

第十六条 经济责任审计应当以领导干部任职期间公共资金、国有资产、国有资源的管理、分配和使用为基础，以领导干部权力运行和责任落实情况为重点，充分考虑领导干部管理监督需要、履职特点和审计资源等因素，依规依法确定审计内容。

第十七条 地方各级党委和政府主要领导干部经济责任审计的内容包括：

（一）贯彻执行党和国家经济方针政策、决策部署情况；

（二）本地区经济社会发展规划和政策措施的制定、执行和效果情况；

（三）重大经济事项的决策、执行和效果情况；

（四）财政财务管理和经济风险防范情况，民生保障和改善情况，生态文明建设项目、资金等管理使用和效益情况，以及在预算管理中执行机构编制管理规定情况；

（五）在经济活动中落实有关党风廉政建设责任和遵守廉洁从政规定情况；

（六）以往审计发现问题的整改情况；

（七）其他需要审计的内容。

第十八条 党政工作部门、纪检监察机关、法院、检察院、事业单位和人民团体等单位主要领导干部经济责任审计的内容包括：

（一）贯彻执行党和国家经济方针政策、决策部署情况；

（二）本部门本单位重要发展规划和政策措施的制定、执行和效果情况；

（三）重大经济事项的决策、执行和效果情况；

（四）财政财务管理和经济风险防范情况，生态文明建设项目、资金等管理使用和效益情况，以及在预算管理中执行机构编制管理规定情况；

（五）在经济活动中落实有关党风廉政建设责任和遵守廉洁从政规定情况；

（六）以往审计发现问题的整改情况；

（七）其他需要审计的内容。

第十九条 国有企业主要领导人员经济责任审计的内容包括：

（一）贯彻执行党和国家经济方针政策、决策部署情况；

（二）企业发展战略规划的制定、执行和效果情况；

（三）重大经济事项的决策、执行和效果情况；

（四）企业法人治理结构的建立、健全和运行情况，内部控制制度的制定和执行情况；

（五）企业财务的真实合法效益情况，风险管控情况，境外资产管理情况，生态环境保护情况；

（六）在经济活动中落实有关党风廉政建设责任和遵守廉洁从业规定情况；

（七）以往审计发现问题的整改情况；

（八）其他需要审计的内容。

第二十条 有关部门和单位、地方党委和政府的主要领导干部由上级领导干部兼任，且实际履行经济责任的，对其进行经济责任审计时，审计内容仅限于该领导干部所兼任职务应当履行的经济责任。

第四章 审计实施

第二十一条 审计委员会办公室、审计机关应当根据年度经济责任审计项目计划，组成审计组并实施审计。

第二十二条 对同一地方党委和政府主要领导干部，以及同一部门、单位2名以上主要领导干部的经济责任审计，可以同步组织实施，分别认定责任。

第二十三条 审计委员会办公室、审计机关应当按照规定，向被审计领导干部及其所在单位或者原任职单位（以下统称所在单位）送达审计通知书，抄送同级纪检监察机关、组织部门等有关单位。

地方审计机关主要领导干部的经济责任审计通知书，由上一级审计机关送达。

第二十四条 实施经济责任审计时，应当召开由审计组主要成员、被审计领导干部及其所在单位有关人员参加的会议，安排审计工作有关事项。联席会议有关成员单位根据工作需要可以派人参加。

审计组应当在被审计单位公示审计项目名称、审计纪律要求和举报电话等内容。

第二十五条 经济责任审计过程中，应当听取被审计领导干部所在单位领导班子成员的意见。

对地方党委和政府主要领导干部的审计，还应当听取同级人大常委会、政协主要负责同志的意见。

审计委员会办公室、审计机关应当听取联席会议有关成员单位的意见，及时了解与被审计领导干部履行经济责任有关的考察考核、群众反映、巡视巡察反馈、组织约谈、函询调查、案件查处结果等情况。

第二十六条 被审计领导干部及其所在单位，以及其他有关单位应当及时、准确、完整地提供与被审计领导干部履行经济责任有关的下列资料：

（一）被审计领导干部经济责任履行情况报告；

（二）工作计划、工作总结、工作报告、会议记录、会议纪要、决议决定、请示、批示、目标责任书、经济合同、考核检查结果、业务档案、机构编制、规章制度、以往审计发现问题整改情况等资料；

（三）财政收支、财务收支相关资料；

（四）与履行职责相关的电子数据和必要的技术文档；

（五）审计所需的其他资料。

第二十七条 被审计领导干部及其所在单位应当对所提供资料的真实性、完整性负责，并作出书面承诺。

第二十八条 经济责任审计应当加强与领导干部自然资源资产离任审计等其他审计的统筹协调，科学配置审计资源，创新审计组织管理，推动大数据等新技术应用，建立健全审计工作信息和结果共享机制，提高审计监督整体效能。

第二十九条 经济责任审计过程中，可以依规依法提请有关部门、单位予以协助。有关部门、单位应当予以支持，并及时提供有关资料和信息。

第三十条 审计组实施审计后，应当向派出审计组的审计委员会办公室、审计机关提交审计报告。

审计报告一般包括被审计领导干部任职期间履行经济责任情况的总体评价、主要业绩、审计发现的主要问题和责任认定、审计建议等内容。

第三十一条 审计委员会办公室、审计机关应当书面征求被审计领导干部及其所在单位对审计组审计报告的意见。

第三十二条 被审计领导干部及其所在单位应当自收到审计组审计报告之日起10个工作日内提出书面意见；10个工作日内未提出书面意见的，视同无异议。

审计组应当针对被审计领导干部及其所在单位提出的书面意见，进一步研究和核实，对审计报告作出必要的修改，连同被审计领导干部及其所在单位的书面意见一并报送审计委员会办公室、审计机关。

第三十三条 审计委员会办公室、审计机关按照规定程序对审计组审计报告进行审定，出具经济责任审计报告；同时出具经济责任审计结果报告，在经济责任审计报告的基础上，简要反映审计结果。

经济责任审计报告和经济责任审计结果报告应当事实清楚、评价客观、责任明确、用词恰当、文字精炼、通俗易懂。

第三十四条 经济责任审计报告、经济责任审计结果报告等审计结论性文书按照规定程序报同级审计委员会，按照干部管理权限送组织部门。根据工作需要，送纪检监察机关等联席会议其他成员单位、有关主管部门。

地方审计机关主要领导干部的经济责任审计结论性文书，由上一级审计机关送有关组织部门。根据工作需要，送有关纪检监察机关。

经济责任审计报告应当送达被审计领导干部及其所在单位。

第三十五条 经济责任审计中发现的重大问题线索，由审计委员会办公室按照规定向审计委员会报告。

应当由纪检监察机关或者有关主管部门处理的问题线索，由审计机关依规依纪依法移送处理。

被审计领导干部所在单位存在的违反国家规定的财政收支、财务收支行为，依法应当给予处理处罚的，由审计机关在法定职权范围内作出审计决定。

第三十六条 经济责任审计项目结束后，审计委员会办公室、审计机关应当组织召开会议，向被审计领导干部及其所在单位领导班子成员等有关人员反馈审计结果和相关情况。联席会议有关成员单位根据工作需要可以派人参加。

第三十七条 被审计领导干部对审计委员会办公室、审计机关出具的经济责任审计报告有异议的，可以自收到审计报告之日起 30 日内向同级审计委员会办公室申诉。审计委员会办公室应当组成复查工作小组，并要求原审计组人员等回避，自收到申诉之日起 90 日内提出复查意见，报审计委员会批准后作出复查决定。复查决定为最终决定。

地方审计机关主要领导干部对上一级审计机关出具的经济责任审计报告有异议的，可以自收到审计报告之日起 30 日内向上一级审计机关申诉。上一级审计机关应当组成复查工作小组，并要求原审计组人员等回避，自收到申诉之日起 90 日内作出复查决定。复查决定为最终决定。

本条规定的期间的最后一日是法定节假日的，以节假日后的第一个工作日为期间届满日。

第五章 审计评价

第三十八条 审计委员会办公室、审计机关应当根据不同领导职务的职责要求，在审计查证或者认定事实的基础上，综合运用多种方法，坚持定性评价与定量评价相结合，依照有关党内法规、法律法规、政策规定、责任制考核目标等，在审计范围内，对被审计领导干部履行经济责任情况，包括公共资金、国有资产、国有资源的管理、分配和使用中个人遵守廉洁从政（从业）规定等情况，作出客观公正、实事求是的评价。

审计评价应当有充分的审计证据支持，对审计中未涉及的事项不作评价。

第三十九条 对领导干部履行经济责任过程中存在的问题，审计委员会办公室、审计机关应当按照权责一致原则，根据领导干部职责分工，综合考虑相关问题的历史背景、决策过程、性质、后果和领导干部实际所起的作用等情况，界定其应当承担的直接责任或者领导责任。

第四十条 领导干部对履行经济责任过程中的下列行为应当承担直接责任：

（一）直接违反有关党内法规、法律法规、政策规定的；

（二）授意、指使、强令、纵容、包庇下属人员违反有关党内法规、法律法规、政策规定的；

（三）贯彻党和国家经济方针政策、决策部署不坚决不全面不到位，造成公共资金、国有资产、国有资源损失浪费，生态环境破坏，公共利益损害等后果的；

（四）未完成有关法律法规规章、政策措施、目标责任书等规定的领导干部作为第一责任人（负总责）事项，造成公共资金、国有资产、国有资源损失浪费，生态环境破坏，公共利益损害等后果的；

（五）未经民主决策程序或者民主决策时在多数人不同意的情况下，直接决定、批准、组织实施重大经济事项，造成公共资金、国有资产、国有资源损失浪费，生态环境破坏，公共利益损害等后果的；

（六）不履行或者不正确履行职责，对造成的后果起决定性作用的其他行为。

第四十一条 领导干部对履行经济责任过程中的下列行为应当承担领导责任：

（一）民主决策时，在多数人同意的情况下，决定、批准、组织实施重大经济事项，由于决策不当或者决策失误造成公共资金、国有资产、国有资源损失浪费，生态环境破坏，公共利益损害等后果的；

（二）违反部门、单位内部管理规定造成公共资金、国有资产、国有资源损失浪费，生态环境破坏，公共利益损害等后果的；

（三）参与相关决策和工作时，没有发表明确的反对意见，相关决策和工作违反有关党内法规、法律法规、政策规定，或者造成公共资金、国有资产、国有资源损失浪费，生态环境破坏，公共利益损害等后果的；

（四）疏于监管，未及时发现和处理所管辖范围内本级或者下一级地区（部门、单位）违反有关党内法规、法律法规、政策规定的问题，造成公共资金、国有资产、国有资源损失浪费，生态环境破坏，公共利益损害等后果的；

（五）除直接责任外，不履行或者不正确履行职责，对造成的后果应当承担责任的其他行为。

第四十二条 对被审计领导干部以外的其他责任人员，审计委员会办公室、审计机关可以适当方式向有关部门、单位提供相关情况。

第四十三条 审计评价时，应当把领导干部在推进改革中因缺乏经验、先行先试出现的失误和错误，同明知故犯的违纪违法行为区分开来；把上级尚无明确限制的探索性试验中的失误和错误，同上级明令禁止后依然我行我素的违纪违法行为区分开来；把为推动发展的无意过失，同为谋取私利的违纪违法行为区分开来。对领导干部在改革创新中的失误和错误，正确把握事业为上、实事求是、依纪依法、容纠并举等原则，经综合分析研判，可以免责或者从轻定责，鼓励探索创新，支持担当作为，保护领导干部干事创业的积极性、主动性、创造性。

第六章 审计结果运用

第四十四条 各级党委和政府应当建立健全经济责任审计情况通报、责任追究、整改落实、结果公告等结果运用制度，将经济责任审计结果以及整改情况作为考核、任免、奖惩被审计领导干部的重要参考。

经济责任审计结果报告以及审计整改报告应当归入被审计领导干部本人档案。

第四十五条 审计委员会办公室、审计机关应当按照规定以适当方式通报或者公告经济责任审计结果，对审计发现问题的整改情况进行监督检查。

第四十六条 联席会议其他成员单位应当在各自职责范围内运用审计结果：

（一）根据干部管理权限，将审计结果以及整改情况作为考核、任免、奖惩被审计领导干部的重要参考；

（二）对审计发现的问题作出进一步处理；

（三）加强审计发现问题整改落实情况的监督检查；

（四）对审计发现的典型性、普遍性、倾向性问题和提出的审计建议及时进行研究，将其作为采取有关措施、完善有关制度规定的重要参考。

联席会议其他成员单位应当以适当方式及时将审计结果运用情况反馈审计委员会办公室、审计机关。党中央另有规定的，按照有关规定办理。

第四十七条 有关主管部门应当在各自职责范围内运用审计结果：

（一）根据干部管理权限，将审计结果以及整改情况作为考核、任免、奖惩被审计领导干部的重要参考；

（二）对审计移送事项依规依纪依法作出处理处罚；

（三）督促有关部门、单位落实审计决定和整改要求，在对相关行业、单位管理和监督中有效运用审计结果；

（四）对审计发现的典型性、普遍性、倾向性问题和提出的审计建议及时进行研究，并将其作为采取有关措施、完善有关制度规定的重要参考。

有关主管部门应当以适当方式及时将审计结果运用情况反馈审计委员会办公室、审计机关。

第四十八条 被审计领导干部及其所在单位根据审计结果，应当采取以下整改措施：

（一）对审计发现的问题，在规定期限内进行整改，将整改结果书面报告审计委员会办公室、审计机关，以及组织部门或者主管部门；

（二）对审计决定，在规定期限内执行完毕，将执行情况书面报告审计委员会办公室、审计机关；

（三）根据审计发现的问题，落实有关责任人员的责任，采取相应的处理措施；

（四）根据审计建议，采取措施，健全制度，加强管理；

（五）将审计结果以及整改情况纳入所在单位领导班子党风廉政建设责任制检查考核的内容，作为领导班子民主生活会以及领导班子成员述责述廉的重要内容。

第七章　附　　则

第四十九条　审计委员会办公室、审计机关和审计人员，被审计领导干部及其所在单位，以及其他有关单位和个人在经济责任审计中的职责、权限、法律责任等，本规定未作规定的，依照党中央有关规定、《中华人民共和国审计法》、《中华人民共和国审计法实施条例》和其他法律法规执行。

第五十条　有关部门、单位对内部管理领导干部开展经济责任审计参照本规定执行，或者根据本规定制定具体办法。

第五十一条　本规定由中央审计委员会办公室、审计署负责解释。

第五十二条　本规定自2019年7月7日起施行。2010年10月12日中共中央办公厅、国务院办公厅印发的《党政主要领导干部和国有企业领导人员经济责任审计规定》同时废止。

党政领导干部选拔任用工作条例

1．2019年1月25日中共中央政治局会议审议批准
2．2019年3月3日中共中央发布

第一章　总　　则

第一条　为了坚持和加强党的全面领导，深入贯彻新时代党的组织路线和干部工作方针政策，落实党要管党、全面从严治党特别是从严管理干部的要求，坚持新时期好干部标准，建立科学规范的党政领导干部选拔任用制度，形成有效管用、简便易行、有利于优秀人才脱颖而出的选人用人机制，推进干部队伍革命化、年轻化、知识化、专业化，建设一支高举中国特色社会主义伟大旗帜，以马克思列宁主义、毛泽东思想、邓小平理论、“三个代表”重要思想、科学发展观、习近平新时代中国特色社会主义思想为指导，忠诚干净担当的高素质专业化党政领导干部队伍，保证党的基本理论、基本路线、基本方略全面贯彻执行和新时代中国特色社会主义事业顺利发展，根据《中国共产党章程》等党内法规和有关国家法律，制定本条例。

第二条 选拔任用党政领导干部，必须坚持下列原则：

（一）党管干部；

（二）德才兼备、以德为先，五湖四海、任人唯贤；

（三）事业为上、人岗相适、人事相宜；

（四）公道正派、注重实绩、群众公认；

（五）民主集中制；

（六）依法依规办事。

第三条 选拔任用党政领导干部，必须把政治标准放在首位，符合将领导班子建设成为坚持党的基本理论、基本路线、基本方略，全心全意为人民服务，具有推进新时代中国特色社会主义事业发展的能力，结构合理、团结坚强的领导集体的要求。

树立注重基层和实践的导向，大力选拔敢于负责、勇于担当、善于作为、实绩突出的干部。

注重发现和培养选拔优秀年轻干部，用好各年龄段干部。

统筹做好培养选拔女干部、少数民族干部和党外干部工作。

对不适宜担任现职的领导干部应当进行调整，推进领导干部能上能下。

第四条 本条例适用于选拔任用中共中央、全国人大常委会、国务院、全国政协、中央纪律检查委员会工作部门领导成员或者机关内设机构担任领导职务的人员，国家监察委员会、最高人民法院、最高人民检察院领导成员（不含正职）和内设机构担任领导职务的人员；县级以上地方各级党委、人大常委会、政府、政协、纪委监委、法院、检察院及其工作部门领导成员或者机关内设机构担任领导职务的人员；上列工作部门内设机构担任领导职务的人员。

选拔任用参照公务员法管理的群团机关和县级以上党委、政府直属事业单位的领导成员及其内设机构担任领导职务的人员，参照本条例执行。

上列机关、单位选拔任用非中共党员领导干部，参照本条例执行。

选拔任用民族区域自治地方党政领导干部，法律法规和政策另有规定的，从其规定。

第五条 本条例第四条所列范围中选举和依法任免的党政领导职务，党组织推荐、提名人选的产生，适用本条例的规定，其选举和依法任免按照有关法律、章程和规定进行。

第六条 党委（党组）及其组织（人事）部门按照干部管理权限履行选拔任用党政领导干部职责，切实发挥把关作用，负责本条例的组织实施。

第二章 选拔任用条件

第七条 党政领导干部必须信念坚定、为民服务、勤政务实、敢于担当、清正廉洁，具备下列基本条件：

（一）自觉坚持以马克思列宁主义、毛泽东思想、邓小平理论、“三个代表”重要思想、科学发展观、习近平新时代中国特色社会主义思想为指导，努力用马克思主义立场、观点、方法分析和解决实际问题，坚持讲学习、讲政治、讲正气，牢固树立政治意识、大局意识、核心意识、看齐意识，坚决维护习近平总书记核心地位，坚决维护党中央权威和集中统一领导，自觉在思想上政治上行动上同党中央保持高度一致，经得起各种风浪考验；

（二）具有共产主义远大理想和中国特色社会主义坚定信念，坚定道路自信、理论自信、制度自信、文化自信，坚决贯彻执行党的理论和路线方针政策，立志改革开放，献身现代化事业，在社会主义建设中艰苦创业，树立正确政绩观，做出经得起实践、人民、历史检验的实绩；

（三）坚持解放思想，实事求是，与时俱进，求真务实，认真调查研究，能够把党的方针政策同本地区本部门实际相结合，卓有成效地开展工作，落实“三严三实”要求，主动担当作为，真抓实干，讲实话，办实事，求实效；

（四）有强烈的革命事业心、政治责任感和历史使命感，有斗争精神和斗争本领，有实践经验，有胜任领导工作的组织能力、文化水平和专业素养；

（五）正确行使人民赋予的权力，坚持原则，敢抓敢管，依法办事，以身作则，艰苦朴素，勤俭节约，坚持党的群众路线，密切联系群众，自觉接受党和群众的批评、监督，加强道德修养，讲党性、重品行、作表率，带头践行社会主义核心价值观，廉洁从政、廉洁用权、廉洁修身、廉洁齐家，做到自重自省自警自励，反对形式主义、官僚主义、享乐主义和奢靡之风，反对任何滥用职权、谋求私利的行为；

（六）坚持和维护党的民主集中制，有民主作风，有全局观念，善于团结同志，包括团结同自己有不同意见的同志一道工作。

第八条 提拔担任党政领导职务的，应当具备下列基本资格：

（一）提任县处级领导职务的，应当具有五年以上工龄和两年以上基层工作经历。

（二）提任县处级以上领导职务的，一般应当具有在下一级两个以上职位任职的经历。

（三）提任县处级以上领导职务，由副职提任正职的，应当在副职岗位工作两年以上；由下级正职提任上级副职的，应当在下级正职岗位工作三年以上。

（四）一般应当具有大学专科以上文化程度，其中厅局级以上领导干部一般应当具有大学本科以上文化程度。

（五）应当经过党校（行政学院）、干部学院或者组织（人事）部门认可的其他培训机构的培训，培训时间应当达到干部教育培训的有关规定要求。确因特殊情况在提任前未达到培训要求的，应当在提任后一年内完成培训。

（六）具有正常履行职责的身体条件。

（七）符合有关法律规定的资格要求。提任党的领导职务的，还应当符合《中国共产党章程》等规定的党龄要求。

职级公务员担任领导职务，按照有关规定执行。

第九条 党政领导干部应当逐级提拔。特别优秀或者工作特殊需要的干部，可以突破任职资格规定或者越级提拔担任领导职务。

破格提拔的特别优秀干部，应当政治过硬、德才素质突出、群众公认度高，且符合下列条件之一：在关键时刻或者承担急难险重任务中经受住考验、表现突出、作出重大贡献；在条件艰苦、环境复杂、基础差的地区或者单位工作实绩突出；在其他岗位上尽职尽责，工作实绩特别显著。

因工作特殊需要破格提拔的干部，应当符合下列情形之一：领导班子结构需要或者领导职位有特殊要求的；专业性较强的岗位或者重要专项工作急需的；艰苦边远地区、贫困地区急需引进的。

破格提拔干部必须从严掌握。不得突破本条例第七条规定的基本条件和第八条第一款第七项规定的资格要求。任职试用期未满或者提拔任职不满一年的，不得破格提拔。不得在任职年限上连续破格。不得越两级提拔。

第十条 拓宽选人视野和渠道，党政领导干部可以从党政机关选拔任用，也可以从党政机关以外选拔任用，注意从企业、高等学校、科研院所等单位以及社会组织中发现选拔。地方党政领导班子成员应当注意从担任过县（市、区、旗）、乡（镇、街道）党政领导职务的干部和国有企事业单位领导人员中选拔。

第三章 分析研判和动议

第十一条 组织（人事）部门应当深化对干部的日常了解，坚持知事识人，把功夫下在平时，全方位、多角度、近距离了解干部。根据日常了解情况，对领导班子和领导干部进行综合分析研判，为党委（党组）选人用人提供依据和参考。

第十二条 党委（党组）或者组织（人事）部门根据工作需要和领导班子建设实际，结合综合分析研判情况，提出启动干部选拔任用工作意见。

第十三条 组织（人事）部门综合有关方面建议和平时了解掌握的情况，对领导班子和领导干部进行动议分析，就选拔任用的职位、条件、范围、方式、程序和人选意向等提出初步建议。

个人向党组织推荐领导干部人选，必须负责地写出推荐材料并署名。

第十四条 组织（人事）部门将初步建议向党委（党组）主要领导成员汇报，对初步建议进行完善，在一定范围内进行沟通酝酿，形成工作方案。

对动议的人选严格把关，根据工作需要，可以提前核查有关事项。

第十五条 研判和动议时，根据工作需要和实际情况，如确有必要，也可以把公开选拔、竞争上岗作为产生人选的一种方式。领导职位出现空缺且本地区本部门没有合适人选的，特别是需要补充紧缺专业人才或者配备结构需要干部的，可以通过公开选拔产生人选；领导职位出现空缺，本单位本系统符合资格条件人数较多且需要进一步比选择优的，可以通过竞争上岗产生人选。公开选拔、竞争上岗一般适用于副职领导职位。

公开选拔、竞争上岗应当结合岗位特点，坚持组织把关，突出政治素质、专业素养、工作实绩和一贯表现，防止简单以分数、票数取人。

公开选拔、竞争上岗设置的资格条件突破规定的，应当事先报上级组织（人事）部门审核同意。

第四章　民 主 推 荐

第十六条　选拔任用党政领导干部，应当经过民主推荐。民主推荐包括谈话调研推荐和会议推荐，推荐结果作为选拔任用的重要参考，在一年内有效。

第十七条　领导班子换届，民主推荐按照职位设置全额定向推荐；个别提拔任职或者进一步使用，可以按照拟任职位进行定向推荐，也可以根据拟任职位的具体情况进行非定向推荐；进一步使用的，可以采取听取意见的方式进行，其中正职也可以参照个别提拔任职进行民主推荐。

第十八条　地方领导班子换届，民主推荐应当经过下列程序：

（一）进行谈话调研推荐，提前向谈话对象提供谈话提纲、换届政策说明、干部名册等相关材料，提出有关要求，提高谈话质量；

（二）综合考虑谈话调研推荐情况以及人选条件、岗位要求、班子结构等，经与本级党委沟通协商后，由上级党委或者组织部门研究提出会议推荐参考人选，参考人选应当差额提出；

（三）召开推荐会议，由本级党委主持，考察组说明换届有关政策，介绍参考人选产生情况，提出有关要求，组织填写推荐表；

（四）对民主推荐情况进行综合分析；

（五）向上级党委或者组织部门汇报民主推荐情况。

第十九条　地方领导班子换届，谈话调研推荐一般由下列人员参加：

（一）党委成员；

（二）人大常委会、政府、政协领导成员；

（三）纪委监委领导成员；

（四）法院、检察院主要领导成员；

（五）党委工作部门、政府工作部门、群团组织主要领导成员；

（六）下一级党委和政府主要领导成员；

（七）其他需要参加的人员，可以根据知情度、关联度和代表性原则确定。

推荐人大常委会、政府、政协领导成员人选，应当有民主党派、工商联主要领导成员和无党派代表人士参加。

参加会议推荐的人员参照上列范围确定，可以适当调整。

第二十条 个别提拔任职，或者进一步使用需要进行民主推荐的，民主推荐程序可以参照本条例第十八条规定进行；必要时也可以先进行会议推荐，再进行谈话调研推荐。先进行谈话调研推荐的，可以提出会议推荐参考人选，参考人选应当差额提出。单位人数较少、参加会议推荐人员范围与谈话调研推荐人员范围基本相同，且谈话调研推荐意见集中的，根据实际情况，可以不再进行会议推荐。

根据工作需要，可以在民主推荐前对推荐职位、条件、范围以及符合职位要求和任职条件的人选，在人选所在地区或者单位领导班子范围内进行沟通。

第二十一条 个别提拔任职，或者进一步使用需要进行民主推荐的，参加民主推荐人员一般按照下列范围执行：

（一）民主推荐地方党政领导班子成员人选，参照本条例第十九条规定执行，可以适当调整。

（二）民主推荐工作部门领导成员人选，谈话调研推荐由本部门领导成员、内设机构担任主要领导职务的人员、直属单位主要领导成员以及其他需要参加的人员参加；根据实际情况还可以吸收本系统下级单位主要领导成员参加。参加会议推荐的人员范围可以适当调整。

（三）民主推荐内设机构领导职务拟任人选，参照前项所列范围确定，也可以在内设机构范围内进行。

第二十二条 党委和政府及其工作部门个别特殊需要的领导成员人选，可以由党委（党组）或者组织（人事）部门推荐，报上级组织（人事）部门同意后作为考察对象。

第五章 考 察

第二十三条 确定考察对象，应当根据工作需要和干部德才条件，将民主推荐与日常了解、综合分析研判以及岗位匹配度等情况综合考虑，深入分析、比较择优，防止把推荐票等同于选举票、简单以推荐票取人。

第二十四条 有下列情形之一的，不得列为考察对象：

（一）违反政治纪律和政治规矩的；

（二）群众公认度不高的；

（三）上一年年度考核结果为基本称职以下等次的；

（四）有跑官、拉票等非组织行为的；

（五）除特殊岗位需要外，配偶已移居国（境）外，或者没有配偶但子女均已移居国（境）外的；

（六）受到诫勉、组织处理或者党纪政务处分等影响期未满或者期满影响使用的；

（七）其他原因不宜提拔或者进一步使用的。

第二十五条 地方领导班子换届，由本级党委书记与副书记、分管组织、纪检监察等工作的常委根据上级党委组织部门反馈的情况，对考察对象人选进行酝酿，本级党委常委会研究提出考察对象建议名单，经与上级党委组织部门沟通后，确定考察对象。对拟新进党政领导班子的考察对象，应当在一定范围内公示。

个别提拔任职或者进一步使用，按照干部管理权限，由党委（党组）或者上级组织（人事）部门研究确定考察对象。

考察对象一般应当多于拟任职务人数，个别提拔任职或者进一步使用时意见比较集中的，也可以等额确定考察对象。

第二十六条 对确定的考察对象，由组织（人事）部门进行严格考察。

双重管理干部的考察工作，由主管方负责组织实施，根据工作需要会同协管方进行。

第二十七条 考察党政领导职务拟任人选，必须依据干部选拔任用条件和不同领导职务的职责要求，全面考察其德、能、勤、绩、廉，严把政治关、品行关、能力关、作风关、廉洁关。

突出政治标准，注重了解政治理论学习情况，深入考察政治忠诚、政治定力、政治担当、政治能力、政治自律等方面的情况。

深入考察道德品行，加强对工作时间之外表现的考察，注重了解社会公德、职业道德、家庭美德、个人品德等方面的情况。

强化专业素养考察，深入了解专业知识、专业能力、专业作风、专业精神等方面的情况。

注重考察工作实绩，围绕贯彻落实党中央重大决策部署，统筹推进“五位一体”总体布局和协调推进“四个全面”战略布局，深入了解履行岗位职责、贯彻新发展理念、推动高质量发展取得的实际成效。考察地方党政领导班子成员，应当把经济建设、政治建设、文化建设、社会建设、生态文明建设和党的建设等情况作为考察评价的重要内容，防止单纯以经济增长速度评定工作实绩。考察党政工作部门领导干部，应当把履行党的建设职责，制定和执行政策、推动改革创新、营造良好发展环境、提供优质公共服务、维护社会公平正义等作为考察评价的重要内容。

加强作风考察，深入了解为民服务、求真务实、勤勉敬业、敢于担当、奋发有为，遵守中央八项规定精神，反对形式主义、官僚主义、享乐主义和奢靡之风等情况。

强化廉政情况考察，深入了解遵守廉洁自律有关规定，保持高尚情操和健康情趣，慎独慎微，秉公用权，清正廉洁，不谋私利，严格要求亲属和身边工作人员等情况。

根据实际需要，针对不同层级、不同岗位考察对象，实行差异化考察，对党政正职人选，坚持更高标准、更严要求，突出把握政治方向、驾驭全局、抓班子带队伍等方面情况的考察。

第二十八条 考察党政领导职务拟任人选，应当保证充足的考察时间，经过下列程序：

（一）制定考察工作方案；

（二）同考察对象呈报单位或者所在单位党委（党组）主要领导成员就考察工作方案沟通情况，征求意见；

（三）根据考察对象的不同情况，通过适当方式在一定范围内发布干部考察预告；

（四）采取个别谈话、发放征求意见表、民主测评、实地走访、查阅干部人事档案和工作资料等方法，广泛深入地了解情况，根据需要进行专项调查、延伸考察等，注意了解考察对象生活圈、社交圈情况；

（五）同考察对象面谈，进一步了解其政治立场、思想品质、价值取向、见识见解、适应能力、性格特点、心理素质等方面情况，以及缺点和不足，鉴别印证有关问题，深化对考察对象的研判；

（六）综合分析考察情况，与考察对象的一贯表现进行比较、相互印证，全面准确地对考察对象作出评价；

（七）向考察对象呈报单位或者所在单位党委（党组）主要领导成

员反馈考察情况，并交换意见；

（八）考察组研究提出人选任用建议，向派出考察组的组织（人事）部门汇报，经组织（人事）部门集体研究提出任用建议方案，向本级党委（党组）报告。

考察内设机构领导职务拟任人选程序，可以根据实际情况适当简化。

第二十九条 考察地方党政领导班子成员拟任人选，个别谈话和征求意见的范围一般为：

（一）党委和政府领导成员，人大常委会、政协、纪委监委、法院、检察院主要领导成员；

（二）考察对象所在单位领导成员；

（三）考察对象所在单位有关工作部门主要领导成员或者内设机构担任主要领导职务的人员和直属单位主要领导成员；

（四）其他有关人员。

第三十条 考察工作部门领导班子成员拟任人选，个别谈话和征求意见的范围一般为：

（一）考察对象上级领导机关有关领导成员；

（二）考察对象所在单位领导成员；

（三）考察对象所在单位内设机构担任主要领导职务的人员和直属单位主要领导成员；

（四）其他有关人员。

考察内设机构领导职务拟任人选，个别谈话和征求意见的范围参照上列规定执行。

第三十一条 考察党政领导职务拟任人选，应当听取考察对象所在单位组织（人事）部门、纪检监察机关、机关党组织的意见，根据需要可以听取巡视巡察机构、审计机关和其他相关部门意见。

组织（人事）部门必须严格审核考察对象的干部人事档案，查核个人有关事项报告，就党风廉政情况听取纪检监察机关意见，对反映问题线索具体、有可查性的信访举报进行核查。对需要进行经济责任审计的考察对象，应当事先按照有关规定进行审计。

考察对象呈报单位或者所在单位党委（党组）必须就考察对象廉洁自律情况提出结论性意见，并由党委（党组）书记、纪委书记（纪检监察组组长）签字。机关内设机构领导职务的拟任人选考察对象，也应当由相关党组织和纪检监察机构出具廉洁自律情况结论性意见。

第三十二条 考察党政领导职务拟任人选，必须形成书面考察材料，建立考察文书档案。已经任职的，考察材料归入本人干部人事档案。考察材料必须写实，评判应当全面、准确、客观，用具体事例反映考察对象的情况，包括下列内容：

（一）德、能、勤、绩、廉方面的主要表现以及主要特长、行为特征；

（二）主要缺点和不足；

（三）民主推荐、民主测评、考察谈话情况；

（四）审核干部人事档案、查核个人有关事项报告、听取纪检监察机关意见、核查信访举报等情况的结论。

第三十三条 党委（党组）或者组织（人事）部门选派具有较高素质的人员组建考察组，考察组由两名以上成员组成。考察组负责人应当由思想政治素质好、具有较丰富工作经验并熟悉干部工作的人员担任。

实行干部考察工作责任制。考察组必须坚持原则，公道正派，深入细致，如实反映考察情况和意见，对考察材料负责，履行干部选拔任用风气监督职责。

第六章 讨论决定

第三十四条 党政领导职务拟任人选，在讨论决定或者决定呈报前，应当根据职位和人选的不同情况，分别在党委（党组）、人大常委会、政府、政协等有关领导成员中进行酝酿。

工作部门领导成员拟任人选，应当征求上级分管领导成员的意见。

非中共党员拟任人选，应当征求党委统战部门和民主党派、工商联主要领导成员、无党派代表人士的意见。

双重管理干部的任免，主管方应当事先征求协管方意见，进行酝酿。征求意见一般采用书面形式进行。协管方自收到主管方意见之日起一个月内未予答复的，视为同意。双方意见不一致时，正职的任免报上级党委组织部门协调，副职的任免由主管方决定。

第三十五条 选拔任用党政领导干部，应当按照干部管理权限由党委（党组）集体讨论作出任免决定，或者决定提出推荐、提名的意见。属于上级党委（党组）管理的，本级党委（党组）可以提出选拔任用建议。

对拟破格提拔的人选在讨论决定前，必须报经上级组织（人事）部门同意。越级提拔或者不经过民主推荐列为破格提拔人选的，应当在考察前报告，经批复同意后方可进行。

第三十六条 市（地、州、盟）、县（市、区、旗）党委和政府领导班子正职的拟任人选和推荐人选，一般应当由上级党委常委会提名并提交全会无记名投票表决；全会闭会期间，由党委常委会作出决定，决定前应当征求党委委员的意见。

第三十七条 有下列情形之一的，不得提交会议讨论：

（一）没有按照规定进行民主推荐、考察的；

（二）拟任人选所在单位党委（党组）对廉洁自律情况没有作出结论性意见的，或者纪检监察机关未反馈意见的，或者纪检监察机关有不同意见的；

（三）个人有关事项报告未查核或者经查核存疑尚未查清的；

（四）线索具体、有可查性的信访举报尚未调查清楚的；

（五）干部人事档案中身份、年龄、工龄、党龄、学历、经历等存疑尚未查清的；

（六）巡视巡察、审计等工作中发现重大问题尚未作出结论的；

（七）没有按照规定向上级报告或者报告后未经批复同意的干部任免事项；

（八）其他原因不宜提交会议讨论的。

第三十八条 党委（党组）讨论决定干部任免事项，必须有三分之二以上成员到会，并保证与会成员有足够时间听取情况介绍、充分发表意见。与会成员对任免事项，应当逐一发表同意、不同意或者缓议等明确意见，党委（党组）主要负责人应当最后表态。在充分讨论的基础上，采取口头表决、举手表决或者无记名投票等方式进行表决。意见分歧较大时，暂缓进行表决。

党委（党组）有关干部任免的决定，需要复议的，应当经党委（党组）超过半数成员同意后方可进行。

第三十九条 党委（党组）讨论决定干部任免事项，应当按照下列程序进行：

（一）党委（党组）分管组织（人事）工作的领导成员或者组织（人事）部门负责人，逐个介绍领导职务拟任人选的推荐、考察和任免理由等情况，其中涉及破格提拔等需要按照要求事先向上级组织（人事）部门报告的选拔任用有关工作事项，应当说明具体事由和征求上级组织（人事）部门意见的情况；

（二）参加会议人员进行充分讨论；

（三）进行表决，以党委（党组）应到会成员超过半数同意形成决定。

第四十条 需要报上级党委（党组）审批的拟提拔任职的干部，必须呈报党委（党组）请示并附干部任免审批表、干部考察材料、本人干部人事档案和党委（党组）会议纪要、讨论记录、民主推荐情况等材料。上级组织（人事）部门对呈报的材料应当严格审查。

需要报上级备案的干部，应当按照规定及时向上级组织（人事）部门备案。

第七章 任 职

第四十一条 党政领导职务实行选任制、委任制，部分专业性较强的领导职务可以实行聘任制。

第四十二条 实行党政领导干部任职前公示制度。

提拔担任厅局级以下领导职务的，除特殊岗位和在换届考察时已进行过公示的人选外，在党委（党组）讨论决定后、下发任职通知前，应当在一定范围内公示。公示内容应当真实准确，便于监督，涉及破格提拔的还应当说明破格的具体情形和理由。公示期不少于五个工作日。公示结果不影响任职的，办理任职手续。

第四十三条 实行党政领导干部任职试用期制度。

提拔担任下列非选举产生的厅局级以下领导职务的，试用期为一年：

（一）党委、人大常委会、政府、政协工作部门副职和内设机构领导职务；

（二）纪委监委机关内设机构、派出机构领导职务；

（三）法院、检察院内设机构的非国家权力机关依法任命的领导职务。

试用期满后，经考核胜任现职的，正式任职；不胜任的，免去试任职务，一般按照试任前职级或者职务层次安排工作。

第四十四条 实行任职谈话制度。对决定任用的干部，由党委（党组）

指定专人同本人谈话，肯定成绩，指出不足，提出要求和需要注意的问题。

对破格提拔以及通过公开选拔、竞争上岗任职的干部，试用期满正式任职时，党委（党组）还应当指定专人进行谈话。

第四十五条 党政领导职务的任职时间，按照下列时间计算：

（一）由党委（党组）决定任职的，自党委（党组）决定之日起计算；

（二）由党的代表大会、党的委员会全体会议、党的纪律检查委员会全体会议、人民代表大会、政协全体会议选举、决定任命的，自当选、决定任命之日起计算；

（三）由人大常委会或者政协常委会任命或者决定任命的，自人大常委会、政协常委会任命或者决定任命之日起计算；

（四）由党委向政府提名由政府任命的，自政府任命之日起计算。

第八章 依法推荐、提名和民主协商

第四十六条 党委向人民代表大会或者人大常委会推荐需要由人民代表大会或者人大常委会选举、任命、决定任命的领导干部人选，应当事先向人民代表大会临时党组织或者人大常委会党组和人大常委会组成人员中的党员介绍党委推荐意见。人民代表大会临时党组织、人大常委会党组和人大常委会组成人员以及人大代表中的党员，应当认真贯彻党委推荐意见，带头依法办事，正确履行职责。

第四十七条 党委向人民代表大会推荐由人民代表大会选举、决定任命的领导干部人选，应当以本级党委名义向人民代表大会主席团提交推荐书，介绍所推荐人选的有关情况，说明推荐理由。

党委向人大常委会推荐由人大常委会任命、决定任命的领导干部人选，应当在人大常委会审议前，按照规定程序提出，介绍所推荐人选的有关情况。

第四十八条 党委向政府提名由政府任命的政府工作部门和机构领导成员人选，在党委讨论决定后，由政府任命。

第四十九条 领导班子换届，党委推荐人大常委会、政府、政协领导成员人选和监察委员会主任、法院院长、检察院检察长人选，应当事先向民主党派、工商联主要领导成员和无党派代表人士通报有关情况，进行民主协商。

第五十条 党委推荐的领导干部人选，在人民代表大会选举、决定任命或者人大常委会任命、决定任命前，如果人大代表或者人大常委会组成人员对所推荐人选提出不同意见，党委应当认真研究，并作出必要的解释或者说明。如果发现有事实依据、足以影响选举或者任命的问题，党委可以建议人民代表大会或者人大常委会按照规定程序暂缓选举、任命、决定任命，也可以重新推荐人选。

政协领导成员候选人的推荐和协商提名，按照政协章程和有关规定办理。

第九章 交流、回避

第五十一条 实行党政领导干部交流制度。

（一）交流的对象主要是：因工作需要交流的；需要通过交流锻炼提高领导能力的；在一个地方或者部门工作时间较长的；按照规定需要回避的；因其他原因需要交流的。交流的重点是县级以上地方党委和政府的领导成员，纪委监委、法院、检察院、党委和政府部分工作部门的主要领导成员。

（二）地方党委和政府领导成员原则上应当任满一届，在同一职位上任职满十年的，必须交流；在同一职位连续任职达到两个任期的，不再推荐、提名或者任命担任同一职务。同一地方（部门）的党政正职一般不同时易地交流。

（三）党政机关内设机构处级以上领导干部在同一职位上任职时间较长的，应当进行交流。

（四）经历单一或者缺少基层工作经历的年轻干部，应当有计划地派到基层、艰苦边远地区和复杂环境工作，坚决防止“镀金”思想和短期行为。

（五）加强工作统筹，加大干部交流力度。推进地方与部门之间、地区之间、部门之间、党政机关与国有企事业单位以及其他社会组织之间的干部交流，推动形成国有企事业单位、社会组织干部人才及时进入党政机关的良性工作机制。

（六）干部交流由党委（党组）及其组织（人事）部门按照干部管理权限组织实施，严格把握人选的资格条件。干部个人不得自行联系交流事宜，领导干部不得指定交流人选。同一干部不宜频繁交流。

（七）交流的干部接到任职通知后，应当在党委（党组）或者组织（人事）部门限定的时间内到任。跨地区跨部门交流的，应当同时转移行政关系、工资关系和党的组织关系。

第五十二条 实行党政领导干部任职回避制度。

党政领导干部任职回避的亲属关系为：夫妻关系、直系血亲关系、三代以内旁系血亲以及近姻亲关系。有上列亲属关系的，不得在同一机关担任双方直接隶属于同一领导人员的职务或者有直接上下级领导关系的职务，也不得在其中一方担任领导职务的机关从事组织（人事）、纪检监察、审计、财务工作。

领导干部不得在本人成长地担任县（市）党委和政府以及纪委监委、组织部门、法院、检察院、公安部门主要领导成员，一般不得在本人成长地担任市（地、盟）党委和政府以及纪委监委、组织部门、法院、检察院、公安部门主要领导成员。

第五十三条 实行党政领导干部选拔任用工作回避制度。

党委（党组）及其组织（人事）部门讨论干部任免，涉及与会人员本人及其亲属的，本人必须回避。

干部考察组成员在干部考察工作中涉及其亲属的，本人必须回避。

第十章 免职、辞职、降职

第五十四条 党政领导干部有下列情形之一的，一般应当免去现职：

（一）达到任职年龄界限或者退休年龄界限的；

（二）受到责任追究应当免职的；

（三）不适宜担任现职应当免职的；

（四）因违纪违法应当免职的；

（五）辞职或者调出的；

（六）非组织选派，个人申请离职学习期限超过一年的；

（七）因健康原因，无法正常履行工作职责一年以上的；

（八）因工作需要或者其他原因应当免去现职的。

第五十五条 实行党政领导干部辞职制度。辞职包括因公辞职、自愿辞职、引咎辞职和责令辞职。

辞职应当符合有关规定，手续依照法律或者有关规定程序办理。

第五十六条 引咎辞职、责令辞职和因问责被免职的党政领导干部，一年内不安排领导职务，两年内不得担任高于原任职务层次的领导职务。

同时受到党纪政务处分的，按照影响期长的规定执行。

第五十七条 实行党政领导干部降职制度。党政领导干部在年度考核中被确定为不称职的，因工作能力较弱、受到组织处理或者其他原因不适宜担任现职务层次的，应当降职使用。降职使用的干部，其待遇按照新任职务职级的标准执行。

第五十八条 因不适宜担任现职调离岗位、免职的，一年内不得提拔。降职使用的干部重新提拔，按照有关规定执行。

重新任职或者提拔任职，应当根据具体情形、工作需要和个人情况综合考虑，合理安排使用。

对符合有关规定给予容错的干部，应当客观公正对待。

第十一章 纪律和监督

第五十九条 选拔任用党政领导干部，必须严格执行本条例的各项规定，并遵守下列纪律：

（一）不准超职数配备、超机构规格提拔领导干部、超审批权限设置机构配备干部，或者违反规定擅自设置职务名称、提高干部职务职级待遇；

（二）不准采取不正当手段为本人或者他人谋取职务、提高职级待遇；

（三）不准违反规定程序动议、推荐、考察、讨论决定任免干部，或者由主要领导成员个人决定任免干部；

（四）不准私自泄露研判、动议、民主推荐、民主测评、考察、酝酿、讨论决定干部等有关情况；

（五）不准在干部考察工作中隐瞒或者歪曲事实真相；

（六）不准在民主推荐、民主测评、组织考察和选举中搞拉票、助选等非组织活动；

（七）不准利用职务便利私自干预下级或者原任职地区、系统和单位干部选拔任用工作；

（八）不准在机构变动，主要领导成员即将达到任职年龄界限、退休年龄界限或者已经明确即将离任时，突击提拔、调整干部；

（九）不准在干部选拔任用工作中任人唯亲、排斥异己、封官许愿，拉帮结派、搞团团伙伙，营私舞弊；

（十）不准篡改、伪造干部人事档案，或者在干部身份、年龄、工龄、党龄、学历、经历等方面弄虚作假。

第六十条 加强干部选拔任用工作全程监督，严格执行干部选拔任用全程纪实和任前事项报告、“一报告两评议”、专项检查、离任检查、立项督查、“带病提拔”问题倒查等制度。严肃查处违反组织（人事）纪律的行为。对违反本条例规定的事项，按照有关规定对党委（党组）主要领导成员和有关领导成员、组织（人事）部门有关领导成员以及其他直接责任人作出组织处理或者纪律处分；涉嫌违法犯罪的，移送有关国家机关依法处理。

对无正当理由拒不服从组织调动或者交流决定的，依规依纪依法予以免职或者降职使用，并视情节轻重给予处分。

第六十一条 实行党政领导干部选拔任用工作责任追究制度。凡用人失察失误造成严重后果的，本地区本部门用人上的不正之风严重、干部群众反映强烈以及对违反组织（人事）纪律的行为查处不力的，应当根据具体情况，严肃追究党委（党组）及其主要领导成员、有关领导成员、组织（人事）部门、纪检监察机关、干部考察组有关领导成员以及其他直接责任人的责任。

第六十二条 党委（党组）及其组织（人事）部门对干部选拔任用工作和贯彻执行本条例的情况进行监督检查，认真受理有关干部选拔任用工作的举报、申诉，制止、纠正违反本条例的行为，并对有关责任人提出处理意见或者处理建议。

纪检监察机关、巡视巡察机构按照有关规定，加强对干部选拔任用工作的监督检查。

第六十三条 实行地方党委组织部门和纪检监察、巡视巡察、机构编制、审计、信访等有关机构联席会议制度，就加强对干部选拔任用工作的监督，沟通信息、交流情况、研究问题，提出意见和建议。联席会议由组织部门召集。

第六十四条 党委（党组）及其组织（人事）部门在干部选拔任用工作中，必须严格执行本条例，坚持出以公心、公正用人，严格规范履职用权行为，自觉接受党内监督、社会监督、群众监督。下级机关和党员、干部、群众对干部选拔任用工作中的违规违纪行为，有权向上级党委（党组）及其组织（人事）部门、纪检监察机关举报、申诉，受理部门和机关应当按照有关规定查核处理。

第十二章 附 则

第六十五条 本条例对工作部门的规定，同时适用于办事机构、派出机构、特设机构以及其他直属机构。

第六十六条 选拔任用乡（镇、街道）的党政领导干部，由省、自治区、直辖市党委根据本条例制定相应的实施办法。

第六十七条 中国人民解放军和中国人民武装警察部队领导干部的选拔任用办法，由中央军事委员会根据本条例的原则作出规定。

第六十八条 本条例由中共中央组织部负责解释。

第六十九条 本条例自2019年3月3日起施行。2014年1月14日中共中央印发的《党政领导干部选拔任用工作条例》同时废止。

干部选拔任用工作监督检查和责任追究办法

1. 2019年4月11日中共中央政治局常委会会议审议批准

2. 2019年5月13日中共中央办公厅发布

第一章 总 则

第一条 为了落实全面从严治党和从严管理干部要求，规范干部选拔任用工作监督检查和责任追究，根据《党政领导干部选拔任用工作条例》、《中国共产党党内监督条例》、《中国共产党问责条例》等党内法规，制定本办法。

第二条 干部选拔任用工作监督检查和责任追究，坚持以习近平新时代中国特色社会主义思想为指导，贯彻新时代党的组织路线，落实新时期好干部标准，树立正确导向，突出政治监督，从严查处违规用人问题和选人用人中的不正之风，严肃追究失职失察责任，促进形成风清气正的用人生态。

第三条 干部选拔任用工作监督检查和责任追究，坚持党委（党组）领导、分级负责，实事求是、依法依规，发扬民主、群众参与，分类施策、精准有效，防治并举、失责必究。

第四条 党委（党组）及其组织（人事）部门按照职责权限，负责干部选拔任用工作的监督检查和责任追究，纪检监察机关、巡视巡察机构按照有关规定履行干部选拔任用工作监督职责。

中央组织部负责监督检查和责任追究工作的宏观指导，地方党委组织部和垂直管理单位组织（人事）部门负责指导本地区本系统的监督检查和责任追究工作。

第五条 本办法适用于各级党的机关、人大机关、行政机关、政协机关、监察机关、审判机关、检察机关以及事业单位、群团组织、国有企业干部选拔任用工作的监督检查和责任追究。

第二章 监督检查重点内容

第六条 坚持党管干部原则情况。重点监督检查是否按照干部管理权限由党委（党组）履行干部选拔任用责任，是否按照民主集中制和党委（党组）议事规则、决策程序讨论决定干部任免事项。

第七条 坚持好干部标准和树立正确用人导向情况。重点监督检查是否坚持德才兼备、以德为先，坚持五湖四海、任人唯贤，坚持事业为上、公道正派；是否坚持新时期好干部标准，严把政治关、品行关、能力关、作风关、廉洁关，选拔任用忠诚干净担当的干部。

第八条 执行干部选拔任用工作政策规定情况。重点监督检查是否按照机构规格和职数、资格条件、工作程序选拔任用干部；是否深入考察，认真查核，对人选严格把关；是否严格执行交流、回避、任期、退休、干部选拔任用请示报告等制度规定；是否严格落实干部管理监督制度。

第九条 遵守组织人事纪律和匡正选人用人风气情况。重点监督检查是否严格遵守干部选拔任用工作纪律，是否采取有力措施严肃查处和纠正选人用人不正之风。

第十条 促进干部担当作为情况。重点监督检查是否采取有效措施激励干部担当作为，是否对不担当不作为的干部严格管理、严肃问责。

第三章 监督检查工作机制

第十一条 建立健全干部选拔任用工作组织监督、民主监督机制，把专项检查与日常监督结合起来，将监督检查贯穿干部选拔任用工作全过程。

第十二条 强化上级党组织监督检查。主要采取任前事项报告、“一报告两评议”、专项检查、离任检查、问题核查等方式进行。

第十三条 完善党委（党组）领导班子内部监督。党委（党组）研究干部任免事项，应当把酝酿贯穿始终，认真听取班子成员意见。会议讨论决定时，领导班子成员应当逐一发表意见，主要负责人最后表态。领导班子成员对人选意见分歧较大时，应当暂缓表决。不得以个别征求意见、领导圈阅等形式代替集体讨论决定。

第十四条 健全组织（人事）部门内部监督。选拔任用领导干部应当向干部监督机构了解情况，干部监督机构负责人列席研究讨论干部任免事项会议。认真执行干部选拔任用工作纪实制度，建立自查制度，每年对干部选拔任用工作情况进行1次自查。

第十五条 拓宽群众监督渠道。认真查核和处理群众举报反映的问题，定期开展分析研判，及时研究提出工作意见。自觉接受舆论监督，及时回应群众关切。完善“12380”举报受理平台，提高举报受理工作信息化水平。

第十六条 健全地方党委干部选拔任用监督工作联席会议制度，加强有关部门的沟通协调，形成监督工作合力。联席会议由组织部门召集，一般每年召开1次，重要情况随时沟通。

第四章 任前事项报告

第十七条 在干部选拔任用工作中，有下列情形之一，应当在事前向上级组织（人事）部门报告：

（一）机构变动或者主要领导成员即将离任前提拔、调整干部的；

（二）除领导班子换届外，一次集中调整干部数量较大或者一定时期内频繁调整干部的；

（三）因机构改革等特殊情况暂时超职数配备干部的；

（四）党委和政府及其工作部门个别特殊需要的领导成员人选，不经民主推荐，由组织推荐提名作为考察对象的；

（五）破格、越级提拔干部的；

（六）领导干部秘书等身边工作人员提拔任用的；

（七）领导干部近亲属在领导干部所在单位（系统）内提拔任用，或者在领导干部所在地区提拔担任下一级领导职务的；

（八）国家级贫困县、集中连片特困地区地市在完成脱贫任务前党政正职职级晋升或者岗位变动的，以及市（地、州、盟）、县（市、区、旗）、乡（镇）党政正职任职不满3年进行调整的；

（九）领导干部因问责引咎辞职或者被责令辞职、免职、降职、撤职，影响期满拟重新担任领导职务或者提拔任职的；

（十）各类高层次人才中配偶已移居国（境）外或者没有配偶但子女均已移居国（境）外人员、本人已移居国（境）外的人员（含外籍专家），因工作需要在限制性岗位任职的；

（十一）干部达到任职或者退休年龄界限，需要延迟免职（退休）的；

（十二）其他应当报告的事项。

第十八条 上级组织（人事）部门接到干部选拔任用工作有关事项报告后，应当认真审核研究，并在15个工作日内予以答复。未经答复或者未经同意的人选不得提交党委（党组）会议讨论决定。未按照规定报告或者报告后未经同意作出的干部任用决定，应当予以纠正。

第五章 干部选拔任用工作“一报告两评议”

第十九条 党委（党组）每年应当结合全会或者领导班子和领导干部年度总结考核，报告干部选拔任用工作情况，接受对年度干部选拔任用工作和所提拔任用干部的民主评议。

第二十条 参加民主评议人员范围，地方一般为参加和列席全会人员，其他单位一般为参加领导班子和领导干部年度总结考核会议人员，并有一定数量的干部群众代表。

提拔任用干部民主评议对象，地方一般为本级党委近一年内提拔的正职领导干部；其他单位一般为近一年内提拔担任内设机构领导职务的人员和直属单位领导班子成员。

第二十一条 “一报告两评议”由上级组织（人事）部门会同被评议地方和单位组织实施，评议结果应当及时反馈，并作为考核领导班子和领导干部的重要参考。

对评议反映的突出问题，上级组织（人事）部门应当采取约谈、责令作出说明等方式，督促被评议地方和单位整改。对认可度明显偏低的干部，被评议地方和单位应当对其选拔任用过程进行分析、作出说明，并视情进行教育或者处理。

第二十二条 被评议地方和单位应当向参加民主评议人员通报评议结果和整改情况。

第六章 专项检查

第二十三条 党委（党组）开展常规巡视巡察期间，同级组织（人事）

部门应当通过派出检查组等方式，对选人用人工作进行专项检查。

结合专项检查，可以对领导干部担当作为情况进行检查。

第二十四条 检查组在巡视巡察组组长领导下开展工作。检查前，巡视巡察组应当向检查组提供所发现的选人用人问题线索。检查组发现的主要问题，应当提供给巡视巡察组，并写入巡视巡察报告。

第二十五条 检查工作结束后，检查组应当形成检查情况报告，报派出检查组的组织（人事）部门主要负责人或者党委（党组）负责人审定后，与巡视巡察情况一并反馈，并有针对性地提出整改意见。

第二十六条 被检查地方和单位应当积极配合检查，如实提供情况，对照检查反馈意见抓好整改落实，并于收到反馈意见后2个月内向派出检查组的组织（人事）部门报告整改情况。派出检查组的组织（人事）部门应当加强对整改情况的监督，确保问题整改到位。

第二十七条 对选人用人问题反映突出的地方和单位，上级组织（人事）部门可以视情开展重点检查。

第七章 离任检查

第二十八条 市（地、州、盟）、县（市、区、旗）党委书记离任时，应当对其任职期间干部选拔任用工作进行检查。

第二十九条 离任检查通过民主评议、查阅干部选拔任用工作相关材料、听取干部群众意见等方式进行。

第三十条 离任检查按照干部管理权限由上级组织部门开展。对拟提拔重用的检查对象，结合干部考察工作进行，检查结果在考察材料中予以反映，并作为评价使用的重要参考。

第八章 问题核查

第三十一条 组织（人事）部门对监督检查发现和群众举报、媒体反映的违规选人用人问题线索，应当采取调查核实、提醒、函询或者要求作出说明等方式办理。

第三十二条 对严重违规选人用人问题实行立项督查，办理单位应当认真组织调查，不得层层下转。查核结果和处理意见一般在2个月内书面报告上级组织（人事）部门。

第三十三条 对提拔任现职后受到撤销党内职务或者撤职以上党纪政务处分，且其违纪违法问题发生在提拔任职前的干部，应当按照干部管理权限，由组织（人事）部门对其选拔任用过程进行倒查，也可以由上级组织（人事）部门倒查，并及时形成倒查工作报告。

第九章 责任追究

第三十四条 对违规选人用人问题，党委（党组）负全面领导责任，领导班子主要负责人和直接主管的班子成员承担主要领导责任，参与决策的领导班子其他成员承担领导责任。组织（人事）部门、纪检监察机关、干部考察组有关负责人和其他责任人员在各自职责范围内承担相应责任。

第三十五条 干部选拔任用工作有下列情形之一，应当追究党委（党组）及其主要负责人或者直接主管的领导班子成员、参与决策的领导班子其他成员的责任：

（一）民主集中制执行不到位，党委（党组）领导把关作用发挥不力，出现重大用人失察失误，产生恶劣影响的；

（二）用人导向出现偏差，选人用人不正之风严重，干部不担当不作为问题突出，干部群众反映强烈的；

（三）落实主体责任不到位，对选人用人问题和干部不担当不作为问题不处置、不整改、不问责，造成严重后果的；

（四）维护和执行组织人事纪律不力，导致选人用人违规违纪行为多发，造成恶劣影响的；

（五）其他应当追究的失职失责情形。

第三十六条 干部选拔任用工作有下列情形之一，应当追究组织（人事）部门有关负责人和其他责任人员的责任：

（一）不按照规定的职数、资格条件、工作程序、纪律要求选拔任用干部的；

（二）不按照规定向上级组织（人事）部门报告干部选拔任用工作有关事项的；

（三）不按照规定对所属地方、单位干部选拔任用工作监督检查导致问题突出的；

（四）对反映线索具体、有可查性的选人用人问题不按照规定进行调查核实或者作出处理的；

（五）其他应当追究的失职失责情形。

第三十七条 干部选拔任用工作有下列情形之一，应当追究纪检监察机关有关负责人和其他责任人员的责任：

（一）不如实回复拟任人选廉洁自律情况并提出结论性意见的；

（二）对收到的反映拟任人选问题线索具体、有可查性的信访举报不按照规定调查核实，或者对相关违纪违法问题不按照规定调查处理的；

（三）不按照规定履行干部选拔任用工作监督职责造成严重后果的；

（四）其他应当追究的失职失责情形。

第三十八条 干部选拔任用工作有下列情形之一，应当追究干部考察组有关负责人和其他责任人员的责任：

（一）不按照规定程序和要求进行考察的；

（二）考察严重失真失实，或者隐瞒歪曲事实真相、泄露重要考察信息的；

（三）不认真审核干部人事档案信息，或者对反映考察对象的举报不如实报告，以及不按照规定对问题进行了解核实，造成严重后果的；

（四）其他应当追究的失职失责情形。

第三十九条 党委（党组）有本办法所列应当追究责任的情形，情节较轻的，责令作出书面检查；情节较重的，责令整改并在一定范围内通报；情节严重、本身又不能纠正的，应当予以改组。

第四十条 领导干部和有关责任人员有本办法所列应当追究责任的情形，情节较轻的，给予批评教育、责令作出书面检查、通报或者诫勉处理；情节较重的，给予停职检查、调离岗位、限制提拔使用处理；情节严重的，应当引咎辞职或者给予责令辞职、免职、降职处理。

应当给予纪律处分的，依照有关规定追究纪律责任。涉嫌违法犯罪的，移送有关国家机关依法处理。

第十章 附 则

第四十一条 本办法由中央组织部负责解释。

第四十二条 本办法自2019年5月13日起施行。2003年6月19日中央办公厅印发的《党政领导干部选拔任用工作监督检查办法（试行）》、2010年3月7日中央办公厅印发的《党政领导干部选拔任用工作责任追究办法（试行）》同时废止。

干部人事档案工作条例

1. 2018 年 11 月 20 日中共中央批准
2. 2018 年 11 月 20 日中共中央办公厅发布

第一章 总 则

第一条 为了贯彻新时代党的组织路线，落实从严管理干部要求，充分发挥干部人事档案在建设高素质专业化干部队伍中的重要作用，推动干部人事档案工作科学化、制度化、规范化，根据《中国共产党章程》等党内法规和《中华人民共和国公务员法》、《中华人民共和国档案法》等国家法律法规，制定本条例。

第二条 干部人事档案是各级党委（党组）和组织人事等有关部门在党的组织建设、干部人事管理、人才服务等工作中形成的，反映干部个人政治品质、道德品行、思想认识、学习工作经历、专业素养、工作作风、工作实绩、廉洁自律、遵纪守法以及家庭状况、社会关系等情况的历史记录材料。

第三条 干部人事档案是教育培养、选拔任用、管理监督干部和评鉴人才的重要基础，是维护干部人才合法权益的重要依据，是社会信用体系的重要组成部分，是党的重要执政资源，属于党和国家所有。

第四条 干部人事档案工作必须坚持以马克思列宁主义、毛泽东思想、邓小平理论、“三个代表”重要思想、科学发展观、习近平新时代中国特色社会主义思想为指导，坚持和加强党的全面领导，坚持党要管党、全面从严治党，坚持德才兼备、以德为先、任人唯贤，坚持科学管理、改革创新，服务广大干部人才，服务党的建设新的伟大工程，服务新时代中国特色社会主义伟大事业。

第五条 干部人事档案工作应当遵循下列原则：

（一）党管干部、党管人才；
（二）依规依法、全面从严；
（三）分级负责、集中管理；
（四）真实准确、完整规范；

（五）方便利用、安全保密。

第六条 本条例适用于党政领导干部、机关公务员、参照公务员法管理的机关（单位）工作人员（工勤人员除外），国有企事业单位领导人员、管理人员和专业技术人员的人事档案管理工作。

第二章 管理体制和职责

第七条 全国干部人事档案工作在党中央领导下，由中央组织部主管，各地区各部门各单位按照干部管理权限分级负责、集中管理。

第八条 中央组织部负责全国干部人事档案工作的宏观指导、政策研究、制度建设、协调服务和监督检查。

建立由中央组织部牵头、中央和国家机关有关部门参与的干部人事档案工作协调配合机制，研究完善相关政策和业务标准，解决有关问题，促进工作有机衔接、协同推进。

第九条 各级党委（党组）领导本地区本部门本单位干部人事档案工作，贯彻落实党中央相关部署要求，研究解决工作机构、经费和条件保障等问题，将干部人事档案工作列为党建工作目标考核内容。

第十条 各级组织人事部门负责本地区本部门本单位干部人事档案工作，建立健全规章制度和工作机制，配齐配强工作力量，组织开展宣传、指导和监督检查。

第十一条 中央组织部负责集中管理中央管理干部的人事档案。

第十二条 中央和国家机关各部委、参照公务员法管理的机关（单位）组织人事部门，中管金融企业、中央企业、党委书记和校长列入中央管理的高校组织人事部门，负责集中管理党委（党组）管理的干部（领导人员、管理人员、专业技术人员，下同）和本单位其他干部的人事档案。

第十三条 省（自治区、直辖市）、市（地、州、盟）党委组织部门负责集中管理本级党委管理干部的人事档案；省、市级直属机关和国有企事业单位组织人事部门集中管理党委（党组）管理的干部和本单位其他干部的人事档案。

县（市、区、旗）以下机关（单位）的干部人事档案可以按不同类别、身份，由县（市、区、旗）党委组织部门、人力资源社会保障部门等分别集中管理。

第十四条 根据工作需要，经上级组织人事部门批准，有关机关（单位）组织人事部门可以集中管理下级单位的干部人事档案。

第十五条 干部人事档案工作人员和与其档案管理同在一个部门且有夫妻、直系血亲、三代以内旁系血亲、近姻亲关系人员的档案，由干部人事档案工作人员所在单位组织人事部门另行指定专人管理。

第十六条 组织人事部门应当明确负责干部人事档案工作的机构（以下简称干部人事档案工作机构），每管理1000卷档案一般应当配备1名专职工作人员。有业务指导任务的干部人事档案工作机构，还应当配备相应的业务指导人员。管理档案数量较少且未设立工作机构的单位，应当明确岗位，专人负责。

干部人事档案工作机构（含干部人事档案工作岗位，下同）的职责包括：

（一）负责干部人事档案的建立、接收、保管、转递，档案材料的收集、鉴别、整理、归档，档案信息化等日常管理工作；

（二）负责干部人事档案的查（借）阅、档案信息研究等利用工作，组织开展干部人事档案审核工作；

（三）配合有关方面调查涉及干部人事档案的违规违纪违法行为；

（四）指导和监督检查下级单位干部人事档案工作；

（五）办理其他有关事项。

第十七条 组织人事部门应当选配政治素质好、专业能力强、作风正派的党员干部从事干部人事档案工作。强化党性教育和业务培训，从严管理，加强激励保障。

干部人事档案工作人员应当政治坚定、坚持原则、忠于职守、甘于奉献、严守纪律。对于表现优秀的干部人事档案工作人员，应当注重培养使用。

第三章　内容和分类

第十八条 干部人事档案内容根据新时代党的建设和组织人事工作以及经济社会发展需要确定，保证真实准确、全面规范、鲜活及时。

第十九条 干部人事档案主要内容和分类包括：

（一）履历类材料。主要有《干部履历表》和干部简历等材料。

（二）自传和思想类材料。主要有自传、参加党的重大教育活动情况和重要党性分析、重要思想汇报等材料。

（三）考核鉴定类材料。主要有平时考核、年度考核、专项考核、任（聘）期考核，工作鉴定，重大政治事件、突发事件和重大任务中的表现，援派、挂职锻炼考核鉴定，党组织书记抓基层党建评价意见等材料。

（四）学历学位、专业技术职务（职称）、学术评鉴和教育培训类材料。主要有中学以来取得的学历学位，职业（任职）资格和评聘专业技术职务（职称），当选院士、入选重大人才工程，发明创造、科研成果获奖、著作译著和有重大影响的论文目录，政策理论、业务知识、文化素养培训和技能训练情况等材料。

（五）政审、审计和审核类材料。主要有政治历史情况审查，领导干部经济责任审计和自然资源资产离任审计的审计结果及整改情况、履行干部选拔任用工作职责离任检查结果及说明，证明，干部基本信息审核认定、干部人事档案任前审核登记表，廉洁从业结论性评价等材料。

（六）党、团类材料。主要有《中国共产党入党志愿书》、入党申请书、转正申请书、培养教育考察，党员登记表，停止党籍、恢复党籍，退党、脱党，保留组织关系、恢复组织生活，《中国共产主义青年团入团志愿书》、入团申请书，加入或者退出民主党派等材料。

（七）表彰奖励类材料。主要有表彰和嘉奖、记功、授予荣誉称号，先进事迹以及撤销奖励等材料。

（八）违规违纪违法处理处分类材料。主要有党纪政务处分，组织处理，法院刑事判决书、裁定书，公安机关有关行政处理决定，有关行业监管部门对干部有失诚信、违反法律和行政法规等行为形成的记录，人民法院认定的被执行人失信信息等材料。

（九）工资、任免、出国和会议代表类材料。主要有工资待遇审批、参加社会保险，录用、聘用、招用、入伍、考察、任免、调配、军队转业（复员）安置、退（离）休、辞职、辞退，公务员（参照公务员法管理人员）登记、遴选、选调、调任、职级晋升，职务、职级套改，事业单位管理岗位职员等级晋升，出国（境）审批，当选党的代表大会、人民代表大会、政协会议、群团组织代表会议、民主党派代表会议等会议代表（委员）及相关职务等材料。

（十）其他可供组织参考的材料。主要有毕业生就业报到证、派遣证，工作调动介绍信，国（境）外永久居留资格、长期居留许可等证件有关内容的复印件和体检表等材料。

干部人事档案材料具体内容和分类标准由中央组织部确定。

第二十条 各级党政机关、国有企事业单位和其他组织及个人应当按照各自职责，共同做好干部人事档案内容建设。

中央组织部会同有关部门统一明确归档材料的内容填写、格式规范等要求。

各级党政机关、国有企事业单位和其他组织应当按照要求制发材料。

干部本人和材料形成部门必须如实、规范填写材料。

材料形成部门应当按照相关规定审核材料，在材料形成后 1 个月内主动向相应的干部人事档案工作机构移交。

第四章 日常管理

第二十一条 干部人事档案日常管理主要包括档案建立、接收、保管、转递、信息化、统计和保密，档案材料的收集、鉴别、整理和归档等。

日常管理工作中，组织人事部门及其干部人事档案工作机构应当执行国家档案管理的有关法律法规，接受同级档案行政管理部门的业务监督和指导。

第二十二条 干部人事档案分为正本和副本。

首次参加工作被录用或者聘用为本条例第六条所列人员的，由相应的干部人事档案工作机构以其入党、入团，录用、聘用，中学以来的学籍、奖惩和自传等材料为基础，建立档案正本，并且负责管理。

干部所在单位或者协管单位干部人事档案工作机构根据工作需要，可以建立副处级或者相当职务以上干部的干部人事档案副本，并且负责管理。副本由正本主要材料的复制件构成。正本有关材料和信息变更时，副本应当相应变更。

发现干部人事档案丢失或者损毁的，必须立即报告上级组织人事部门，并且全力查找或者补救。确实无法找到或者补救的，经报上级组织人事部门批准，由负责管理档案的干部人事档案工作机构协调有关单位重新建立档案或者补充必要证明材料。

第二十三条 干部人事数字档案是按照国家相关技术标准，利用扫描等技术手段将干部人事纸质档案转化形成的数字图像和数字文本。

组织人事部门及其干部人事档案工作机构在干部人事档案数字化过程中，应当严格规范档案目录建库、档案扫描、图像处理、数据存储、数据验收、数据交换、数据备份、安全管理等基本环节，保证数字档案的真实性、完整性、可用性、安全性，确保与纸质档案一致。

干部人事数字档案在利用、转递和保密等方面按照纸质档案相关要求管理。

第二十四条 组织人事部门及其干部人事档案工作机构应当按照预防为主、防治结合的要求，建立和维护科学合理的档案存放秩序，按照有关标准要求建设干部人事档案库房，加强库房安全管理和技术防护。档案数量较少的单位，也应当设置专用房间保管档案。阅档场所、整理场所、办公场所应当分开。

第二十五条 干部人事档案管理权限发生变动的，原管理单位的干部人事档案工作机构应当对档案进行认真核对整理，保证档案内容真实准确、材料齐全完整，并在 2 个月内完成转递；现管理单位的干部人事档案工作机构应当认真审核，严格把关，一般应当在接到档案 2 个月内完成审核入库。

干部出现辞职、出国不归或者被辞退、解除（终止）劳动（聘用）合同、开除公职等情况，在党委（党组）或者组织人事等有关部门对当事人作出结论意见或者处理处分，经保密审查后，原管理单位的干部人事档案工作机构应当将档案转递至相应的干部人事档案工作机构、公共就业和人才服务机构或者本人户籍所在地的社会保障服务机构。接收单位不得无故拒绝接收人事档案。

转递干部人事档案必须通过机要交通或者安排专人送取，转递单位和接收单位应当严格履行转递手续。

因行政区划调整、机构改革等原因单位撤销合并、职能划转、职责调整，国有企业破产、重组等，组织人事部门应当制定干部人事档案移交工作方案，编制移交清单，按照有关要求及时移交档案。

干部死亡 5 年后，其人事档案移交本单位档案部门保存，按同级国家档案馆接收范围的规定进馆。

第二十六条 组织人事部门及其干部人事档案工作机构应当按照国家相关标准和要求，加强档案信息资源的规划、建设、开发和管理，提升档案信息采集、处理、传输、利用能力，建立健全安全、便捷、共享、高效的干部人事档案信息化管理体系。

第二十七条 组织人事部门及其干部人事档案工作机构应当定期对干部

人事档案日常管理、基础设施和队伍建设等工作情况进行统计、分析、研判，加强档案资源科学管理。

第二十八条 各级党政机关、国有企事业单位和其他组织及个人，对于属于国家秘密、工作秘密的干部人事档案材料和信息，应当严格保密；对于涉及商业秘密、个人隐私的材料和信息，应当按照国家有关法律规定进行管理。

第二十九条 干部人事档案工作机构及其工作人员应当按照相关标准和要求，及时收集材料，鉴别材料内容是否真实，检查材料填写是否规范、手续是否完备等；对于应当归档的材料准确分类，逐份编写材料目录，整理合格后，一般应当在2个月内归档。

第五章 利用和审核

第三十条 干部人事档案利用工作应当强化服务理念，严格利用程序，创新利用方式，提高利用效能，充分发挥档案资政作用、体现凭证价值。

干部人事档案利用方式主要包括查（借）阅、复制和摘录等。

第三十一条 因工作需要，符合下列情形之一的，可以查阅干部人事档案：

（一）政治审查、发展党员、党员教育、党员管理等；

（二）干部录用、聘用、考核、考察、任免、调配、职级晋升、教育培养、职称评聘、表彰奖励、工资待遇、公务员登记备案、退（离）休、社会保险、治丧等；

（三）人才引进、培养、评选、推送等；

（四）巡视、巡察，选人用人检查、违规选人用人问题查核，组织处理，党纪政务处分，涉嫌违法犯罪的调查取证、案件查办等；

（五）经具有干部管理权限的党委（党组）、组织人事部门批准的编史修志，撰写大事记、人物传记，举办展览、纪念活动等；

（六）干部日常管理中，熟悉了解干部，研究、发现和解决有关问题等；

（七）其他因工作需要利用的事项。

干部本人及其亲属办理公证、诉讼取证等有关干部个人合法权益保障的事项，可以按照有关规定提请相应的组织人事等部门查阅档案。

复制、摘录的档案材料，应当按照有关要求管理和使用。

第三十二条 查阅干部人事档案按照以下程序和要求进行：

（一）查阅单位如实填写干部人事档案查阅审批材料，按照程序报单位负责同志审批签字并加盖公章；

（二）查阅档案应当2人以上，一般均为党员；

（三）干部人事档案工作机构应当按照程序审批；

（四）在规定时限内查阅。

第三十三条 干部人事档案一般不予外借，确因工作需要借阅的，借阅单位应当履行审批手续，在规定时限内归还，归还时干部人事档案工作机构应当认真核对档案材料。

第三十四条 组织人事部门及其干部人事档案工作机构应当按照统一要求，结合实际制定查（借）阅干部人事档案的具体规定。

第三十五条 组织人事部门应当坚持“凡提必审”、“凡进必审”、干部管理权限发生变化的“凡转必审”，在干部动议、考察、任职前公示、录用、聘用、遴选、选调、交流，人才引进，军队转业（复员）安置，档案转递、接收等环节，严格按照有关政策和标准，及时做好干部人事档案审核工作。

第三十六条 干部人事档案审核应当在全面审核档案内容的基础上，重点审核干部的出生日期、参加工作时间、入党时间、学历学位、工作经历、干部身份、家庭主要成员及重要社会关系、专业技术职务（职称）、学术评鉴、奖惩等基本信息，审核档案内容是否真实、档案材料是否齐全、档案材料记载内容之间的关联性是否合理以及是否有影响干部使用的情形等。

第三十七条 干部人事档案审核中发现的问题应当按照相关规定及时进行整改和处理。涉及干部个人信息重新认定的，应当及时通知干部所在单位和干部本人。

凡发现档案材料或者信息涉嫌造假的，组织人事部门等应当立即查核，未核准前，一律暂缓考察或者暂停任职、录用、聘用、调动等程序。

第三十八条 组织人事部门及其干部人事档案工作机构应当运用大数据等信息技术，建立健全干部人事档案科学利用机制，为干部资源配置、领导班子建设、干部队伍宏观管理、组织人事工作规律研究等提供精准高效服务。

第六章 纪律和监督

第三十九条 开展干部人事档案工作必须遵守下列纪律：

（一）严禁篡改、伪造干部人事档案；

（二）严禁提供虚假材料、不如实填报干部人事档案信息；

（三）严禁转递、接收、归档涉嫌造假或者来历不明的干部人事档案材料；

（四）严禁利用职务、工作上的便利，直接实施档案造假，授意、指使、纵容、默许他人档案造假，为档案造假提供方便，或者在知情后不及时向组织报告；

（五）严禁插手、干扰有关部门调查、处理档案造假问题；

（六）严禁擅自抽取、撤换、添加干部人事档案材料；

（七）严禁圈划、损坏、扣留、出卖、交换、转让、赠送干部人事档案；

（八）严禁擅自提供、摘录、复制、拍摄、保存、丢弃、销毁干部人事档案；

（九）严禁违规转递、接收和查（借）阅干部人事档案；

（十）严禁擅自将干部人事档案带出国（境）外；

（十一）严禁泄露或者擅自对外公开干部人事档案内容。

第四十条 党委（党组）及其组织人事部门对干部人事档案工作和本条例实施情况进行监督检查。

纪检监察机关、巡视巡察机构按照有关规定，对干部人事档案工作进行监督检查。

第四十一条 党委（党组）及其组织人事部门在干部人事档案工作中，必须严格执行本条例，自觉接受组织监督和党员、干部、群众监督。

下级机关（单位）和党员、干部、群众对干部人事档案工作中的违纪违规行为，有权向上级党委（党组）及其组织人事部门、纪检监察机关举报、申诉，受理部门和机关应当按照有关规定查核处理。

第四十二条 对于违反相关规定和纪律的，依据有关规定予以纠正；根据情节轻重，给予批评教育、组织处理或者党纪政务处分，并视情追究相关人员责任。涉嫌违法犯罪的，按照国家法律法规处理。

第七章 附　　则

第四十三条 流动人员和自主择业军队转业干部等其他人员的人事档案

管理工作，由相关主管部门根据本条例精神另行规定。

第四十四条 中国人民解放军和中国人民武装警察部队干部人事档案工作规定，由中央军事委员会根据本条例精神制定。

第四十五条 本条例由中央组织部负责解释。

第四十六条 本条例自2018年11月20日起施行。1991年4月2日中央组织部、国家档案局印发的《干部档案工作条例》同时废止。

中共中央组织部关于进一步从严管理干部档案的通知

2014年6月12日

干部档案是历史地、全面地考察了解干部的重要依据，体现了干部的基本诚信，也反映了组织人事部门的管理水平。一段时间以来，少数干部为了个人目的在档案上弄虚作假，有的组织人事部门审核把关不严，致使涂改伪造年龄、学历、身份等问题不时出现，造成了不良影响。为落实中央从严管理干部的要求，坚决整治干部档案工作中的不正之风，严明组织人事纪律，现就进一步加强干部档案从严管理通知如下。

一、严禁干部档案弄虚作假。干部档案真实性是干部工作严肃性的基本保证，涂改伪造干部档案属于违法违纪行为。各地区各部门要严格执行《党政领导干部选拔任用工作条例》《干部档案工作条例》等有关规定，严禁涂改干部档案，严禁在干部年龄、工龄、党龄、学历、经历和身份（以下简称“三龄二历一身份”）等方面弄虚作假。各级干部要自觉讲诚信、懂规矩、守纪律，严肃对待个人档案，如实填写有关材料，确保档案信息真实准确。

二、严格实行干部档案任前审核制度。各级组织人事部门要按照干部管理权限和“谁管理、谁把关，谁考察、谁审核，谁签字、谁负责”原则，对拟选拔任用干部、交流任职干部、军队转业干部和新进干部队伍人员的档案进行严格审核，重点审核“三龄二历一身份”等内容。发现档案涂改、材料和信息涉嫌造假的，要立即查核，未核准前一律暂缓考察并停止任职、录用程序。特别要严格执行《关于认真做好干部出生日期管理工作的通知》（组通字〔2006〕41号），在办理干部录用、任免等事项时，要对干部的出生日期进行认真核对、确保无误，凡已经组织认定而干部本人又要求更改出生日期的，均不再办理。

三、严格审核干部任前公示信息。按照《关于严格审核干部任前公示信息的通知》（组厅字〔2012〕36号）要求，干部选任部门要认真审核干部任前公示信息，发现有疑义的要立即查核，未核准前不得公示；经查核没有问题但有特殊情况可能引起公众质疑的，公示时应作必要说明。

四、严格干部档案日常管理。干部档案材料形成部门要认真核对有关信息，确保归档材料真实准确、规范完整，杜绝假材料。干部档案使用部门要严格遵守查借阅纪律，严禁在查借阅过程中涂改、抽取、撤换、添加档案材料；借阅的档案要妥善管理，严禁擅自转借。干部档案管理部门要坚持从严管档，逐份审核归档材料；严格查借阅审批手续，查借阅归还的档案要逐卷逐页审核；严格干部档案转递制度，严禁将档案交个人自带或转递。组织人事部门要加强与纪检监察、政法、人社、教育等相关部门和军队的协调联系，共同研究解决干部档案管理中的薄弱环节和突出问题，制定完善相关政策。要创新干部档案管理的方法和手段，积极推进干部档案数字化，不断提高管档工作水平。

五、严格落实干部档案工作责任制。干部选任部门负有档案使用把关责任，发现干部档案涂改造假、重要信息记载不一致等问题，要立即报告、认真核实、及时处理。干部档案管理部门负有业务把关责任，在档案和材料接收、查借阅、转递、保管等环节，要严格制度、全程把关、不留死角。严格执行《党政领导干部选拔任用工作责任追究办法（试行）》《档案管理违法违纪行为处分规定》等规定，凡发现干部档案弄虚作假的都要全程倒查，存在隐情不报、把关不严等失职渎职行为的，不仅查处当事人，而且追究相关责任人的责任。

六、从严加强干部档案队伍建设。各级组织人事部门要按照《干部档案工作条例》规定，坚持标准、严把入口，选配政治可靠、作风正派、责任心强、业务素质好的中共党员从事干部档案工作；根据工作需要，及时充实力量、优化结构，保持队伍相对稳定。要强化党性教育和纪律约束，着力引导干部档案工作人员坚持原则、公道正派、敢于担当，切实增强事业心和责任感，坚决抵制各种不正之风。要加强业务培训，提高干部档案工作人员业务水平和工作能力。要把从严管理与关心爱护结合起来，从思想、学习、工作、生活等方面关心干部档案工作人员，及时帮助解决实际困难，充分调动他们的积极性，努力建设一支爱岗敬业、默默奉献、富有“安、专、迷”精神的干部档案队伍。

干部教育培训工作条例

1. 2015年9月10日中共中央政治局常委会会议审议批准，2015年10月14日中共中央发布

2. 2023年8月31日中共中央政治局会议修订，2023年9月19日中共中央发布

第一章　总　　则

第一条　为了推进干部教育培训工作科学化、制度化、规范化，培养造就政治过硬、适应新时代要求、具备领导社会主义现代化建设能力的高素质干部队伍，根据《中国共产党章程》，制定本条例。

第二条　干部教育培训是建设高素质干部队伍的先导性、基础性、战略性工程，在推进中国特色社会主义伟大事业和党的建设新的伟大工程中具有不可替代的重要地位和作用。干部教育培训工作必须高举中国特色社会主义伟大旗帜，坚持马克思列宁主义、毛泽东思想、邓小平理论、“三个代表”重要思想、科学发展观，全面贯彻习近平新时代中国特色社会主义思想，深入贯彻习近平总书记关于党的建设的重要思想，认真落实新时代党的建设总要求和新时代党的组织路线，深刻领悟“两个确立”的决定性意义，增强“四个意识”、坚定“四个自信”、做到“两个维护”，把深入学习贯彻习近平新时代中国特色社会主义思想作为主题主线，以坚定理想信念宗旨为根本，以全面增强执政本领为重点，高质量教育培训干部，高水平服务党和国家事业发展，为以中国式现代化全面推进中华民族伟大复兴提供思想政治保证和能力支撑。

第三条　干部教育培训工作应当遵循下列原则：

（一）政治统领，服务大局。旗帜鲜明讲政治，坚持和加强党的全面领导，紧紧围绕党和国家事业发展需要开展教育培训，始终保持正确政治方向。

（二）育德为先，注重能力。坚持新时代好干部标准，突出党的创新理论武装和党性教育，加强能力培训，全面提高干部德才素质和履职能力。

（三）分类分级，全面覆盖。按照干部管理权限组织实施教育培训，把教育培训的普遍性要求与不同类别、不同层级、不同岗位干部的特殊需要结合起来，增强针对性，确保全员培训。

（四）联系实际，学以致用。大力弘扬马克思主义学风，围绕中心工作，坚持问题导向，引导干部加强主观世界和客观世界改造，做到学思用贯通、知信行统一。

（五）与时俱进，守正创新。继承和发扬干部教育培训优良传统和作风，遵循干部成长规律和干部教育培训规律，推进干部教育培训理论创新、实践创新、制度创新。

（六）依规依法，从严管理。建立健全干部教育培训法规制度，推进干部教育培训规范管理，从严治校、从严治教、从严治学，保持良好的教学秩序和学习风气。

第四条 本条例适用于党的机关、人大机关、行政机关、政协机关、监察机关、审判机关、检察机关，以及列入公务员法实施范围的其他机关和参照公务员法管理的机关（单位）的干部教育培训工作。

国有企业、事业单位结合各自特点执行本条例。

第二章 管理体制

第五条 全国干部教育培训工作实行在党中央领导下，由中央组织部主管，中央和国家机关有关工作部门分工负责，中央和地方分级管理的体制。

第六条 中央组织部履行全国干部教育培训工作的整体规划、制度建设、宏观指导、协调服务、监督管理等职能。

全国干部教育联席会议成员单位按照职责分工，负责相关的干部教育培训工作。

中央和国家机关各部门负责指导本行业本系统的业务培训。

第七条 地方各级党委领导本地区干部教育培训工作，贯彻执行党和国家干部教育培训工作的方针政策，把干部教育培训工作纳入本地区党的建设整体部署和经济社会发展规划，统筹研究推进。

地方各级党委组织部主管本地区干部教育培训工作。地方各级干部教育领导小组或者联席会议成员单位按照职责分工，负责相关的干部教育培训工作。

第八条 干部所在单位按照干部管理权限，负责组织实施和管理本单位的干部教育培训工作。

第九条 垂直管理部门的干部教育培训工作由部门负责。

双重管理单位的干部教育培训工作由主管单位负责、协管单位配合，根据工作需要，经协商也可以由协管单位负责。

第十条 党委和政府工作部门抽调下级党委和政府领导班子成员参加培训，必须报同级干部教育培训主管部门审批；抽调下级党委管理的干部参加本系统本行业培训，应当以书面形式提前通知下级党委组织部门，避免多头调训和重复培训。

第三章 教育培训对象

第十一条 干部有接受教育培训的权利和义务。

第十二条 干部教育培训的对象是全体干部，重点是县处级以上党政领导干部和优秀年轻干部。

第十三条 干部应当根据不同情况参加相应的教育培训：

（一）党的理论教育和党性教育的专题培训；

（二）贯彻落实党和国家重大决策部署的集中轮训；

（三）新录（聘）用的初任培训；

（四）晋升领导职务的任职培训；

（五）提升履职能力的在职培训；

（六）其他培训。

第十四条 省部级、厅局级、县处级党政领导干部和四级调研员及相当层次职级以上公务员，经组织选调，应当每5年参加党校（行政学院）、干部学院等干部教育培训机构脱产培训，以及干部教育培训主管部门认可的其他集中培训，累计不少于3个月或者550学时。提拔担任领导职务的，确因特殊情况在提任前未达到教育培训要求的，应当在提任后1年内完成培训。干部教育培训主管部门应当作出规划，统筹安排。

乡科级党政领导干部和一级主任科员及相当层次职级以下公务员，

应当每年参加干部教育培训主管部门认可的集中培训，累计不少于12天或者90学时。

干部应当结合岗位职责参加网络培训，完成规定的学时。

第十五条 干部在参加组织选派的脱产培训期间，一般应当享受在岗同等待遇，一般不承担所在单位的日常工作、出国（境）考察等任务。因特殊情况确需请假的，必须严格履行手续，累计请假时间原则上不得超过总学时的1/7，超过的应予退学。

第十六条 干部个人参加社会化培训，费用一律由本人承担，不得由财政经费和单位经费报销，不得接受任何机构和他人的资助或者变相资助。

第四章 教育培训内容

第十七条 干部教育培训以深入学习贯彻习近平新时代中国特色社会主义思想为主题主线，以党的理论教育、党性教育和履职能力培训为重点，注重知识培训，全面提高干部素质和能力。

第十八条 党的理论教育重点开展马克思列宁主义、毛泽东思想、邓小平理论、“三个代表”重要思想、科学发展观教育培训，全面加强习近平新时代中国特色社会主义思想教育培训，加强党的路线方针政策教育培训，引导干部自觉做共产主义远大理想和中国特色社会主义共同理想的坚定信仰者和忠实实践者，提高运用马克思主义立场观点方法分析解决实际问题的能力，增强适应新时代要求、推进中国式现代化建设的本领。

突出党的创新理论教育，坚持用习近平新时代中国特色社会主义思想统一思想、统一意志、统一行动，教育引导干部全面系统掌握这一思想的基本观点、科学体系，把握好这一思想的世界观、方法论，坚持好、运用好贯穿其中的立场观点方法，深刻领悟“两个确立”的决定性意义，增强“四个意识”、坚定“四个自信”、做到“两个维护”，不断提高政治判断力、政治领悟力、政治执行力，自觉在思想上、政治上、行动上同以习近平同志为核心的党中央保持高度一致。

对党外干部，也应当根据其特点，开展相应的政治理论教育。

第十九条 党性教育重点开展理想信念、党的宗旨、革命传统、党风廉政教育。突出党章和党规党纪学习教育，强化政治忠诚教育，加强政治纪律和政治规矩教育，加强斗争精神和斗争本领养成，深入开展党史、新中国史、改革开放史、社会主义发展史、中华民族发展史学习教育，坚持用以伟大建党精神为源头的中国共产党人精神谱系教育干部，加强铸牢中华民族共同体意识教育，开展社会主义核心价值观教育、中华优秀传统文化教育、中华民族传统美德教育，开展政德教育、警示教育，引导党员干部提高思想觉悟、精神境界、道德修养，树立正确的权力观、政绩观、事业观，做到对党忠诚、个人干净、敢于担当，永葆共产党人政治本色。

第二十条 履职能力培训重点开展党中央关于经济建设、政治建设、文化建设、社会建设、生态文明建设和党的建设等方面重大决策部署的培训，分领域分专题学深学透习近平总书记重要思想、重要论述，提升推动高质量发展本领、服务群众本领、防范化解风险本领。加强宪法、法律和政策法规教育培训，提高干部科学执政、民主执政、依法执政水平。开展总体国家安全观教育，增强干部国家安全意识，提高统筹发展和安全能力。

第二十一条 知识培训应当根据干部岗位特点和工作要求，有针对性地开展履行岗位职责所必备知识的培训，加强各种新知识新技能的教育培训，帮助干部优化知识结构、完善知识体系、提高综合素养。

第五章 教育培训方式方法

第二十二条 干部教育培训以脱产培训、党委（党组）理论学习中心组学习、网络培训、在职自学等方式进行。

第二十三条 脱产培训以组织调训为主。干部教育培训主管部门负责制定调训计划、选调干部参加培训，对重要岗位的干部可以实行点名调训。干部所在单位按照计划完成调训任务。干部必须服从组织调训。

第二十四条 党委（党组）理论学习中心组学习以政治学习为根本，以深入学习贯彻习近平新时代中国特色社会主义思想为主题主线，在个人自学和专题调研基础上保证每个季度不少于1次集体学习研讨。

第二十五条 充分运用现代信息技术，完善网络培训制度，建立兼容、开放、共享、规范的干部网络培训体系。提高干部教育培训教学和管理数字化水平，用好大数据、人工智能等技术手段。

第二十六条 建立健全干部在职自学制度。干部所在单位应当支持鼓励干部在职自学，并提供必要条件。

第二十七条 干部教育培训应当根据内容要求和干部特点，综合运用讲授式、研讨式、案例式、模拟式、体验式、访谈式、行动学习等方法，实现教学相长、学学相长。

干部教育培训主管部门应当引导和支持干部教育培训机构积极开展方式方法创新。

第六章 教育培训机构

第二十八条 干部教育培训机构主要包括：党校（行政学院）、干部学院、社会主义学院、部门行业培训机构、国有企业培训机构、干部教育培训高校基地。

各级党委（党组）和干部教育培训主管部门应当加强对干部教育培训机构的工作指导，构建分工明确、优势互补、布局合理、规范有序的培训机构体系。

第二十九条 党校（行政学院）是干部教育培训的主渠道，应当坚守党校初心、坚持党校姓党，突出党的理论教育、党性教育，加强履职能力培训，发挥为党育才、为党献策的独特价值。

中央党校（国家行政学院）和中国浦东干部学院、中国井冈山干部学院、中国延安干部学院作为国家级干部教育培训机构，应当发挥示范引领作用。

省（自治区、直辖市）党性教育干部学院是教育党员干部坚定理想信念、加强党性修养、传承红色基因、赓续红色血脉的重要阵地，应当用好红色资源，突出办学特色，发挥在党性教育中的独特优势。

社会主义学院是党领导的统一战线性质的政治学院，应当坚持功能定位，承担好民主党派和无党派人士、统一战线其他领域代表人士、统战干部及统一战线理论研究人才等培训任务。

部门行业培训机构、国有企业培训机构应当按照各自职责提升办学水平，重点做好本部门本行业本单位的干部教育培训工作。

干部教育培训高校基地应当发挥学科专业优势，重点开展履职能力培训。

各类干部教育培训机构应当加强交流合作，通过联合办学等方式，促进资源优化配置。

第三十条 根据工作需要，干部教育培训主办单位可以委托干部教育培训主管部门认可的其他高等学校、科研院所承担干部教育培训任务。

第三十一条 干部教育培训机构应当以教学为中心，深化教学改革，优化学科结构，完善培训内容，科学设置培训班次和学制，改进课程设计，创新教学方法，规范现场教学点管理，提高教学水平。

第三十二条 各级党委应当加强对党校（行政学院）工作的领导，履行办好、管好、建好党校（行政学院）的主体责任，选优配强领导班子，按照实用、安全、有效的原则加强和改善基础设施和办学条件。

因地制宜推进县级党校（行政学校）分类建设，深化办学体制改革和办学模式创新，不断提升办学能力和水平。

第三十三条 加强干部教育培训机构规范管理和质量提升，调整、整顿办学能力弱的干部教育培训机构。新设干部教育培训机构应当严格按照有关规定程序和机构编制管理权限审批。

第三十四条 干部教育培训主管部门和干部教育培训机构应当注重干部教育培训管理者队伍建设，加强培养，严格管理，促进交流，优化结构，提高素质。

加强干部教育培训理论研究。

第三十五条 干部教育培训机构必须贯彻执行党和国家干部教育培训方针政策和有关党内法规、法律法规，严格落实意识形态工作责任制，加强校风教风学风建设。

第七章 师资、课程、教材、经费

第三十六条 干部教育培训主管部门和干部教育培训机构应当按照政治过硬、素质优良、规模适当、结构合理、专兼结合的原则，建设高素质干部教育培训师资队伍。

第三十七条 从事干部教育培训工作的教师，必须对党忠诚、信念坚定，严守纪律、严谨治学，具有良好的思想道德修养、较高的理论政策水平、扎实的专业知识基础，有一定的实际工作经验，掌握现代教育培训理论和方法，具备胜任教学、科研工作的能力，不得传播违反党的理论和路线方针政策、违反中央决定的错误观点。

第三十八条 注重专职教师队伍建设，创新引才育才机制，完善考核、奖惩和教育培训、实践锻炼制度，专职教师每年参加教育培训的时间累计不少于1个月。逐步建立符合干部教育培训特点的师资队伍考核评价体系和职称评审制度。

第三十九条 注重邀请思想政治素质过硬、实践经验丰富、理论水平较高的领导干部、专家学者和先进模范人物、优秀基层干部等到干部教育培训课堂授课，充分发挥外请教师的作用。干部教育培训主办单位和干部教育培训机构应当加强对外请教师的审核把关。

坚持领导干部上讲台制度。县级以上党政领导班子成员特别是主要领导干部应当带头到党校（行政学院）、干部学院、社会主义学院等授课。

第四十条 中央组织部和各省（自治区、直辖市）党委组织部应当建立完善干部教育培训师资库。有条件的地区和部门可以根据工作需要建立干部教育培训师资库。

第四十一条 干部教育培训主管部门和干部教育培训机构应当完善课程开发和更新机制，构建富有时代特征和实践特色、务实管用的课程体系。

第四十二条 加强精品课程建设，重点开发体现马克思主义中国化时代化最新成果、反映各领域实践党的创新理论的精品课程。

建立干部教育培训精品课程库，实现优质课程资源共享。

第四十三条 适应不同类别干部教育培训的需要，着眼于提高干部综合素质和能力，开发具有政治性、思想性、权威性、指导性、可读性的干部学习培训教材。

第四十四条 全国干部培训教材编审指导委员会负责全国干部学习培训教材规划、编写、审定等工作。地方、部门和干部教育培训机构可以编写符合需要、各具特色的干部学习培训教材。

第四十五条 干部教育培训主管部门和干部教育培训机构应当严格审核把关，优先选用中央有关部门组织编写、推荐的权威教材，也可以选用其他优秀出版物。未经审核把关的教材不得进入干部教育培训课堂。

第四十六条 干部教育培训经费列入各级政府年度财政预算，保证干部教育培训工作需要。

干部教育培训主管部门、干部教育培训主办单位和干部教育培训机构应当严格干部教育培训经费管理，厉行节约，勤俭办学，提高经费使用效益。

第四十七条 各级党委和政府应当加大对革命老区、民族地区、边疆地区、乡村振兴重点帮扶地区干部教育培训支持力度，推动优质培训资源向基层延伸倾斜。

第八章 考核与评估

第四十八条 干部教育培训主管部门和干部教育培训机构应当完善干部

教育培训考核和激励机制。干部接受教育培训情况应当作为干部考核的内容和任职、晋升的重要依据。

第四十九条 干部教育培训考核的内容包括干部的学习态度和表现，理论、知识掌握程度，党性修养、作风养成和遵规守纪情况，以及解决实际问题的能力等。

干部教育培训考核结果应当按照干部管理权限及时反馈组织人事部门。干部教育培训考核不合格的，年度考核不得确定为优秀等次。

第五十条 干部教育培训考核应当区分不同教育培训方式分别实施。脱产培训的考核，由主办单位和干部教育培训机构实施；网络培训的考核，由主办单位和干部所在单位实施。

干部教育培训主管部门和干部教育培训机构应当健全跟班管理制度，加强对干部学习培训的考核与监督。

第五十一条 干部教育培训实行登记管理。各级干部教育培训主管部门和干部所在单位应当按照干部管理权限，建立完善干部教育培训档案，如实记载干部参加教育培训情况和考核结果。

干部参加脱产培训情况应当记入干部年度考核登记表，参加2个月以上的脱产培训情况应当记入干部任免审批表。

第五十二条 干部教育培训主管部门负责对干部教育培训机构进行评估，也可以委托干部教育培训主管部门认可的机构进行评估。

干部教育培训机构评估的内容包括办学方针、培训质量、师资队伍、组织管理、学风建设、基础设施、经费管理等。

干部教育培训主管部门应当充分运用评估结果，指导干部教育培训机构改进工作。

第五十三条 干部教育培训主办单位负责对干部教育培训班次进行评估。

班次评估的内容包括培训设计、培训实施、培训管理、培训效果等。

评估结果应当作为评价干部教育培训机构办学质量的重要标准，作为确定干部教育培训机构承担培训任务的重要依据。

第五十四条 干部教育培训机构负责对干部教育培训课程进行评估。

课程评估的内容包括教学态度、教学内容、教学方法、教学效果等。

干部教育培训机构应当将评估结果作为指导教学部门和教师改进

教学的重要依据。

第九章　纪律与监督

第五十五条　各级党委和政府及其有关工作部门、干部教育培训机构、干部所在单位和干部本人必须严格执行本条例。开展干部教育培训工作情况应当作为领导班子考核、巡视巡察和选人用人专项检查的内容。

第五十六条　干部教育培训主管部门会同有关部门对干部教育培训工作和贯彻执行本条例情况进行监督检查，制止和纠正违反本条例的行为，并对有关责任单位和人员提出处理意见和建议。

第五十七条　干部教育培训主办单位和干部教育培训机构违反本条例和有关规定的，由干部教育培训主管部门或者会同有关部门责令限期整改；逾期不改的，给予通报批评；情节严重的，由有关部门对负有领导责任人员和直接责任人员给予组织处理、党纪政务处分。

第五十八条　从事干部教育培训工作的教师违反本条例和有关规定的，由干部教育培训机构或者有关部门视情节轻重给予批评教育、组织处理、党纪政务处分。

第五十九条　干部因故未按规定参加教育培训或者未达到教育培训要求的，应当及时安排补训。对无正当理由不参加教育培训的，由干部管理部门视情节轻重给予批评教育、组织处理。干部弄虚作假获取培训经历的，由干部管理部门按照有关规定严肃处理。

第六十条　干部参加教育培训期间必须严格遵守学习培训和廉洁自律各项规定。违反本条例和有关规定的，由干部教育培训机构视情节轻重给予约谈提醒、通报批评、责令退学等处理；情节严重的，由有关部门给予组织处理、党纪政务处分。

第十章　附　　则

第六十一条　中国人民解放军和中国人民武装警察部队的干部教育培训规定，由中央军事委员会根据本条例制定。

第六十二条　本条例由中共中央组织部负责解释。

第六十三条　本条例自发布之日起施行。

中国共产党廉洁自律准则

1. 2015年10月12日中共中央政治局会议审议批准
2. 2015年10月18日中共中央发布

中国共产党全体党员和各级党员领导干部必须坚定共产主义理想和中国特色社会主义信念，必须坚持全心全意为人民服务根本宗旨，必须继承发扬党的优良传统和作风，必须自觉培养高尚道德情操，努力弘扬中华民族传统美德，廉洁自律，接受监督，永葆党的先进性和纯洁性。

党员廉洁自律规范

第一条 坚持公私分明，先公后私，克己奉公。

第二条 坚持崇廉拒腐，清白做人，干净做事。

第三条 坚持尚俭戒奢，艰苦朴素，勤俭节约。

第四条 坚持吃苦在前，享受在后，甘于奉献。

党员领导干部廉洁自律规范

第五条 廉洁从政，自觉保持人民公仆本色。

第六条 廉洁用权，自觉维护人民根本利益。

第七条 廉洁修身，自觉提升思想道德境界。

第八条 廉洁齐家，自觉带头树立良好家风。

党政机关厉行节约反对浪费条例

1. 2013年10月29日中共中央政治局会议审议批准
2. 2013年11月18日中共中央、国务院发布

第一章 总 则

第一条 为了进一步弘扬艰苦奋斗、勤俭节约的优良作风，推进党政机关厉行节约反对浪费，建设节约型机关，根据国家有关法律法规和中央有关规定，制定本条例。

第二条 本条例适用于党的机关、人大机关、行政机关、政协机关、审判机关、检察机关，以及工会、共青团、妇联等人民团体和参照公务员法管理的事业单位。

第三条 本条例所称浪费，是指党政机关及其工作人员违反规定进行不必要的公务活动，或者在履行公务中超出规定范围、标准和要求，不当使用公共资金、资产和资源，给国家和社会造成损失的行为。

第四条 党政机关厉行节约反对浪费，应当遵循下列原则：坚持从严从简，勤俭办一切事业，降低公务活动成本；坚持依法依规，遵守国家法律法规和党内法规制度的相关规定，严格按程序办事；坚持总量控制，科学设定相关标准，严格控制经费支出总额，加强厉行节约绩效考评；坚持实事求是，从实际出发安排公务活动，取消不必要的公务活动，保证正常公务活动；坚持公开透明，除涉及国家秘密事项外，公务活动中的资金、资产、资源使用等情况应予公开，接受各方面监督；坚持深化改革，通过改革创新破解体制机制障碍，建立健全厉行节约反对浪费工作长效机制。

第五条 中共中央办公厅、国务院办公厅负责统筹协调、指导检查全国党政机关厉行节约反对浪费工作，建立协调联络机制承办具体事务。地方各级党委办公厅（室）、政府办公厅（室）负责指导检查本地区党政机关厉行节约反对浪费工作。

纪检监察机关和组织人事、宣传、外事、发展改革、财政、审计、机关事务管理等部门根据职责分工，依法依规履行对厉行节约反对浪费相关工作的管理、监督等职责。

第六条 各级党委和政府应当加强对厉行节约反对浪费工作的组织领导。党政机关领导班子主要负责人对本地区、本部门、本单位的厉行节约反对浪费工作负总责，其他成员根据工作分工，对职责范围内的厉行节约反对浪费工作负主要领导责任。

第二章 经费管理

第七条 党政机关应当加强预算编制管理，按照综合预算的要求，将各项收入和支出全部纳入部门预算。

党政机关依法取得的罚没收入、行政事业性收费、政府性基金、国有资产收益和处置等非税收入，必须按规定及时足额上缴国库，严禁以任何形式隐瞒、截留、挤占、挪用、坐支或者私分，严禁转移到机关所属工会、培训中心、服务中心等单位账户使用。

第八条 党政机关应当遵循先有预算、后有支出的原则，严格执行预算，严禁超预算或者无预算安排支出，严禁虚列支出、转移或者套取预算资金。

严格控制国内差旅费、因公临时出国（境）费、公务接待费、公务用车购置及运行费、会议费、培训费等支出。年度预算执行中不予追加，因特殊需要确需追加的，由财政部门审核后按程序报批。

建立预算执行全过程动态监控机制，完善预算执行管理办法，建立健全预算绩效管理体系，增强预算执行的严肃性，提高预算执行的准确率，防止年底突击花钱等现象发生。

第九条 推进政府会计改革，进一步健全会计制度，准确核算机关运行经费，全面反映行政成本。

第十条 财政部门应当会同有关部门，根据国内差旅、因公临时出国（境）、公务接待、会议、培训等工作特点，综合考虑经济发展水平、有关货物和服务的市场价格水平，制定分地区的公务活动经费开支范围和开支标准。

加强相关开支标准之间的衔接，建立开支标准调整机制，定期根据有关货物和服务的市场价格变动情况调整相关开支标准，增强开支标准的协调性、规范性、科学性。

严格开支范围和标准，严格支出报销审核，不得报销任何超范围、超标准以及与相关公务活动无关的费用。

第十一条 全面实行公务卡制度。健全公务卡强制结算目录，党政机关国内发生的公务差旅费、公务接待费、公务用车购置及运行费、会议费、培训费等经费支出，除按规定实行财政直接支付或者银行转账外，应当使用公务卡结算。

第十二条 党政机关采购货物、工程和服务，应当遵循公开透明、公平竞争、诚实信用原则。

政府采购应当依法完整编制采购预算，严格执行经费预算和资产配置标准，合理确定采购需求，不得超标准采购，不得超出办公需要采购服务。

严格执行政府采购程序，不得违反规定以任何方式和理由指定或者变相指定品牌、型号、产地。采购公开招标数额标准以上的货物、工程和服务，应当进行公开招标，确需改变采购方式的，应当严格执行有关公示和审批程序。列入政府集中采购目录范围的，应当委托集中采购机构代理采购，并逐步实行批量集中采购。严格控制协议供货采购的数量和规模，不得以协议供货拆分项目的方式规避公开招标。

党政机关应当按照政府采购合同规定的采购需求组织验收。政府采购监督管理部门应当逐步建立政府采购结果评价制度，对政府采购的资金节约、政策效能、透明程度以及专业化水平进行综合、客观评价。

加快政府采购管理交易平台建设，推进电子化政府采购。

第三章　国内差旅和因公临时出国（境）

第十三条　党政机关应当建立健全并严格执行国内差旅内部审批制度，从严控制国内差旅人数和天数，严禁无明确公务目的的差旅活动，严禁以公务差旅为名变相旅游，严禁异地部门间无实质内容的学习交流和考察调研。

第十四条　国内差旅人员应当严格按规定乘坐交通工具、住宿、就餐，费用由所在单位承担。

差旅人员住宿、就餐由接待单位协助安排的，必须按标准交纳住宿费、餐费。差旅人员不得向接待单位提出正常公务活动以外的要求，不得接受礼金、礼品和土特产品等。

第十五条　统筹安排年度因公临时出国计划，严格控制团组数量和规模，不得安排照顾性、无实质内容的一般性出访，不得安排考察性出访，严禁集中安排赴热门国家和地区出访，严禁以各种名义变相公款出国旅游。严格执行因公临时出国限量管理规定，不得把出国作为个人待遇、安排轮流出国。严格控制跨地区、跨部门团组。

组织、外专等有关部门应当加强出国培训总体规划和监督管理，严格控制出国培训规模，科学设置培训项目，择优选派培训对象，提高出国培训的质量和实效。

第十六条　外事管理部门应当加强因公临时出国审核审批管理，对违反规定、不适合成行的团组予以调整或者取消。

加强因公临时出国经费预算总额控制，严格执行经费先行审核制度。无出国经费预算安排的不予批准，确有特殊需要的，按规定程序报批。严禁违反规定使用出国经费预算以外资金作为出国经费，严禁向所属单位、企业、我国驻外机构等摊派或者转嫁出国费用。

第十七条　出国团组应当按规定标准安排交通工具和食宿，不得违反规定乘坐民航包机，不得乘坐私人、企业和外国航空公司包机，不得安排超标准住房和用车，不得擅自增加出访国家或者地区，不得擅自绕道旅行，不得擅自延长在国外停留时间。

出国期间，不得与我国驻外机构和其他中资机构、企业之间用公款互赠礼品或者纪念品，不得用公款相互宴请。

第十八条　严格根据工作需要编制出境计划，加强因公出境审批和管理，不得安排出境考察，不得组织无实质内容的调研、会议、培训等活动。

严格遵守因公出境经费预算、支出、使用、核算等财务制度，不得接受超标准接待和高消费娱乐，不得接受礼金、贵重礼品、有价证券、支付凭证等。

第四章　公务接待

第十九条　建立健全国内公务接待集中管理制度。党政机关公务接待管理部门应当加强对国内公务接待工作的管理和指导。

第二十条　党政机关应当建立公务接待审批控制制度，对无公函的公务活动不予接待，严禁将非公务活动纳入接待范围。

第二十一条　党政机关应当严格执行国内公务接待标准，实行接待费支出总额控制制度。

接待单位应当严格按标准安排接待对象的住宿用房，协助安排用餐的按标准收取餐费，不得在接待费中列支应当由接待对象承担的费用，不得以举办会议、培训等名义列支、转移、隐匿接待费开支。

建立国内公务接待清单制度，如实反映接待对象、公务活动、接待费用等情况。接待清单作为财务报销的凭证之一并接受审计。

第二十二条　外宾接待工作应当遵循服务外交、友好对等、务实节俭的原则。外宾邀请单位应当严格按照有关规定安排接待活动，从严从紧控制外宾团组和接待费用。

第二十三条　有关部门和地方应当参照国内公务接待标准，制定招商引资等活动的接待办法，严格审批，强化管理，严禁超规格、超标准接待，严禁扩大接待范围、增加接待项目，严禁以招商引资等名义变相安排公务接待。

第二十四条 党政机关不得以任何名义新建、改建、扩建所属宾馆、招待所等具有接待功能的设施或者场所。

建立接待资源共享机制，推进机关所属接待、培训场所的集中统一管理和利用。健全服务经营机制，推行机关所属接待、培训场所企业化管理，降低服务经营成本。

积极推进国内公务接待服务社会化改革，有效利用社会资源为国内公务接待提供住宿、餐饮、用车等服务。

第五章 公务用车

第二十五条 坚持社会化、市场化方向，改革公务用车制度，合理有效配置公务用车资源，创新公务交通分类提供方式，保障公务出行，降低行政成本，建立符合国情的新型公务用车制度。

改革公务用车实物配给方式，取消一般公务用车，保留必要的执法执勤、机要通信、应急和特种专业技术用车及按规定配备的其他车辆。普通公务出行由公务人员自主选择，实行社会化提供。取消的一般公务用车，采取公开招标、拍卖等方式公开处置。

适度发放公务交通补贴，不得以车改补贴的名义变相发放福利。

第二十六条 党政机关应当从严配备实行定向化保障的公务用车，不得以特殊用途等理由变相超编制、超标准配备公务用车，不得以任何方式换用、借用、占用下属单位或者其他单位和个人的车辆，不得接受企事业单位和个人赠送的车辆。

严格按规定配备专车，不得擅自扩大专车配备范围或者变相配备专车。

从严控制执法执勤用车的配备范围、编制和标准。执法执勤用车配备应当严格限制在一线执法执勤岗位，机关内部管理和后勤岗位以及机关所属事业单位一律不得配备。

第二十七条 公务用车实行政府集中采购，应当选用国产汽车，优先选用新能源汽车。

公务用车严格按照规定年限更新，已到更新年限尚能继续使用的应当继续使用，不得因领导干部职务晋升、调任等原因提前更新。

公务用车保险、维修、加油等实行政府采购，降低运行成本。

第二十八条 除涉及国家安全、侦查办案等有保密要求的特殊工作用车外，执法执勤用车应当喷涂明显的统一标识。

第二十九条 根据公务活动需要，严格按规定使用公务用车，严禁以任何理由挪用或者固定给个人使用执法执勤、机要通信等公务用车，领导干部亲属和身边工作人员不得因私使用配备给领导干部的公务用车。

第六章 会议活动

第三十条 党政机关应当精简会议，严格执行会议费开支范围和标准。

党政机关会议实行分类管理、分级审批。财政部门应当会同机关事务管理等部门制定本级党政机关会议费管理办法，从严控制会议数量、会期和参会人员规模。完善并严格执行严禁党政机关到风景名胜区开会制度规定。

第三十一条 会议召开场所实行政府采购定点管理。会议住宿用房以标准间为主，用餐安排自助餐或者工作餐。

会议期间，不得安排宴请，不得组织旅游以及与会议无关的参观活动，不得以任何名义发放纪念品。

完善会议费报销制度。未经批准以及超范围、超标准开支的会议费用，一律不予报销。严禁违规使用会议费购置办公设备，严禁列支公务接待费等与会议无关的任何费用，严禁套取会议资金。

第三十二条 建立健全培训审批制度，严格控制培训数量、时间、规模，严禁以培训名义召开会议。

严格执行分类培训经费开支标准，严格控制培训经费支出范围，严禁在培训经费中列支公务接待费、会议费等与培训无关的任何费用。严禁以培训名义进行公款宴请、公款旅游活动。

第三十三条 未经批准，党政机关不得以公祭、历史文化、特色物产、单位成立、行政区划变更、工程奠基或者竣工等名义举办或者委托、指派其他单位举办各类节会、庆典活动，不得举办论坛、博览会、展会活动。严禁使用财政性资金举办营业性文艺晚会。从严控制举办大型综合性运动会和各类赛会。

经批准的节会、庆典、论坛、博览会、展会、运动会、赛会等活动，应当严格控制规模和经费支出，不得向下属单位摊派费用，不得借举办活动发放各类纪念品，不得超出规定标准支付费用邀请名人、明星参与活动。为举办活动专门配备的设备在活动结束后应当及时收回。

第三十四条 严格控制和规范各类评比达标表彰活动，实行中央和省（自治区、直辖市）两级审批制度。评比达标表彰项目费用由举办单位承担，不得以任何方式向相关单位和个人收取费用。

第七章 办 公 用 房

第三十五条 党政机关办公用房建设应当从严控制。凡是违反规定的拟建办公用房项目，必须坚决终止；凡是未按照规定程序履行审批手续、擅自开工建设的办公用房项目，必须停建并予以没收；凡是超规模、超标准、超投资概算建设的办公用房项目，应当根据具体情况限期腾退超标准面积或者全部没收、拍卖。

党政机关办公用房应当严格管理，推进办公用房资源的公平配置和集约使用。凡是超过规定面积标准占有、使用办公用房以及未经批准租用办公用房的，必须腾退；凡是未经批准改变办公用房使用功能的，原则上应当恢复原使用功能。严禁出租出借办公用房，已经出租出借的，到期必须收回；租赁合同未到期的，租金收入应当按照收支两条线管理。

第三十六条 党政机关新建、改建、扩建、购置、置换、维修改造、租赁办公用房，必须严格按规定履行审批程序。采取置换方式配给办公用房的，应当执行新建办公用房各项标准，不得以未使用政府预算建设资金、资产整合等名义规避审批。

第三十七条 党政机关办公用房建设项目应当按照朴素、实用、安全、节能原则，严格执行办公用房建设标准、单位综合造价标准和公共建筑节能设计标准，符合土地利用和城市规划要求。党政机关办公楼不得追求成为城市地标建筑，严禁配套建设大型广场、公园等设施。

第三十八条 党政机关办公用房建设项目投资，统一由政府预算建设资金安排。土地收益和资产转让收益应当按照有关规定实行收支两条线管理，不得直接用于办公用房建设。

党政机关办公用房维修改造项目所需投资，统一列入预算由财政资金安排解决，未经审批的项目不得安排预算。

第三十九条 办公用房建设应当严格执行工程招投标和政府采购有关规定，加强对工程项目的全过程监理和审计监督。加快推行办公用房建设项目代建制。

办公用房因使用时间较长、设施设备老化、功能不全，不能满足办公需求的，可以进行维修改造。维修改造项目应当以消除安全隐患、恢复和完善使用功能、降低能源资源消耗为重点，严格履行审批程序，严格执行维修改造标准。

第四十条　建立健全办公用房集中统一管理制度，对办公用房实行统一调配、统一权属登记。

党政机关应当严格按照有关标准和本单位“三定”方案，从严核定、使用办公用房。超标部分应当移交同级机关事务管理部门用于统一调剂。

新建、调整办公用房的单位，应当按照“建新交旧”、“调新交旧”的原则，在搬入新建或者新调整办公用房的同时，将原办公用房腾退移交机关事务管理部门统一调剂使用。

因机构增设、职能调整确需增加办公用房的，应当在本单位现有办公用房中解决；本单位现有办公用房不能满足需要的，由机关事务管理部门整合办公用房资源调剂解决；无法调剂、确需租用解决的，应当严格履行报批手续，不得以变相补偿方式租用由企业等单位提供的办公用房。

第四十一条　党政机关领导干部应当按照标准配置使用一处办公用房，确因工作需要另行配置办公用房的，应当严格履行审批程序。领导干部不得长期租用宾馆、酒店房间作为办公用房。配置使用的办公用房，在退休或者调离时应当及时腾退并由原单位收回。

第八章　资 源 节 约

第四十二条　党政机关应当节约集约利用资源，加强全过程节约管理，提高能源、水、粮食、办公家具、办公设备、办公用品等的利用效率和效益，统筹利用土地，杜绝浪费行为。

第四十三条　对能源、水的使用实行分类定额和目标责任管理。推广应用节能技术产品，淘汰高耗能设施设备，重点推广应用新能源和可再生能源。积极使用节水型器具，建设节水型单位。

健全节能产品政府采购政策，严格执行节能产品政府强制采购和优先采购制度。

第四十四条　优化办公家具、办公设备等资产的配置和使用，通过调剂方式盘活存量资产，节约购置资金。已到更新年限尚能继续使用的，不得报废处置。

对产生的非涉密废纸、废弃电器电子产品等废旧物品进行集中回收处理，促进循环利用；涉及国家秘密的，按照有关保密规定进行销毁。

第四十五条 党政机关政务信息系统建设应当统筹规划，统一组织实施，防止重复建设和频繁升级。

建立共享共用机制，加强资源整合，推动重要政务信息系统互联互通、信息共享和业务协同，降低软件开发、系统维护和升级等方面费用，防止资源浪费。

积极利用信息化手段，推行无纸化办公，减少一次性办公用品消耗。

第九章 宣传教育

第四十六条 宣传部门应当把厉行节约反对浪费作为重要宣传内容，充分发挥各级各类媒体作用，重视运用互联网等新兴媒体，通过新闻报道、文化作品、公益广告等形式，广泛宣传中华民族勤俭节约的优秀品德，宣传阐释相关制度规定，宣传推广厉行节约的经验做法和先进典型，倡导绿色低碳消费理念和健康文明生活方式。

第四十七条 党政机关应当把加强厉行节约反对浪费教育作为作风建设的重要内容，融入干部队伍建设和机关日常管理之中，建立健全常态化工作机制。对各种铺张浪费现象和行为，应当严肃批评、督促改正。

纪检监察机关应当不定期曝光铺张浪费的典型案例，发挥警示教育作用。

组织人事部门和党校、行政学院、干部学院应当把厉行节约反对浪费作为干部教育培训的重要内容，创新教育方法，切实增强教育培训的针对性和实效性。

第四十八条 党政机关应当围绕建设节约型机关，组织开展形式多样、便于参与的活动，引导干部职工增强节约意识、珍惜物力财力，积极培育和形成崇尚节约、厉行节约、反对浪费的机关文化，为在全社会形成节俭之风发挥示范表率作用。

第十章 监督检查

第四十九条 各级党委和政府应当建立厉行节约反对浪费监督检查机制，明确监督检查的主体、职责、内容、方法、程序等，加强经常性督促检查，针对突出问题开展重点检查、暗访等专项活动。

下级党委和政府应当每年向上级党委和政府报告本地区厉行节约反对浪费工作情况，党委和政府所属部门、单位应当每年向本级党委和政府报告本部门、本单位厉行节约反对浪费工作情况。报告可结合领导班子年度考核和工作报告一并进行。

第五十条 领导干部厉行节约反对浪费工作情况，应当列为领导班子民主生活会和领导干部述职述廉的重要内容并接受评议。

第五十一条 党委办公厅（室）、政府办公厅（室）负责统筹协调相关部门开展对厉行节约反对浪费工作的督促检查。每年至少组织开展一次专项督查，并将督查情况在适当范围内通报。专项督查可以与党风廉政建设责任制检查考核、年终党建工作考核等相结合，督查考核结果应当按照干部管理权限送纪检监察机关和组织人事部门，作为干部管理监督、选拔任用的依据。

第五十二条 纪检监察机关应当加强对厉行节约反对浪费工作的监督检查，受理群众举报和有关部门移送的案件线索，及时查处违纪违法问题。

中央和省、自治区、直辖市党委巡视组应当按照有关规定，加强对有关党组织领导班子及其成员厉行节约反对浪费工作情况的巡视监督。

第五十三条 财政部门应当加强对党政机关预算管理有关工作以及财务、政府采购和会计事项的监督，依法处理发现的违规问题，并及时向本级党委和政府汇报有关结果。

审计部门应当加强对党政机关预算执行、决算和其他财政收支情况，以及有关经济活动的审计监督，加大对党政机关公务支出和公款消费的审计力度，及时向本级党委和政府汇报审计结果，依法处理、督促整改违规问题，并将涉嫌违纪违法问题移送有关部门查处。

第五十四条 党政机关应当建立健全厉行节约反对浪费信息公开制度。除依照法律法规和有关要求须保密的内容和事项外，下列内容应当按照及时、方便、多样的原则，以适当方式进行公开：

（一）预算和决算信息；

（二）政府采购文件、采购预算、中标成交结果、采购合同等情况；

（三）国内公务接待的批次、人数、经费总额等情况；

（四）会议的名称、主要内容、支出金额等情况；

（五）培训的项目、内容、人数、经费等情况；

（六）节会、庆典、论坛、博览会、展会、运动会、赛会等活动举办信息；

（七）办公用房建设、维修改造、使用、运行费用支出等情况；

（八）公务支出和公款消费的审计结果；

（九）其他需要公开的内容。

第五十五条 推动和支持人民代表大会及其常务委员会依法严格审查批准党政机关公务支出预算，加强对预算执行情况的监督。发挥人大代表的监督作用，通过提出意见、建议、批评以及询问、质询等方式加强对党政机关厉行节约反对浪费工作的监督。

支持人民政协对党政机关厉行节约反对浪费工作的监督，自觉接受并积极支持政协委员通过调研、视察、提案等方式加强对党政机关厉行节约反对浪费工作的监督。

第五十六条 重视各级各类媒体在厉行节约反对浪费方面的舆论监督作用。建立舆情反馈机制，及时调查处理媒体曝光的违规违纪违法问题。

发挥群众对党政机关及其工作人员铺张浪费行为的监督作用，认真调查处理群众反映的问题。

第十一章　责任追究

第五十七条 建立党政机关厉行节约反对浪费工作责任追究制度。

对违反本条例规定造成浪费的，应当依纪依法追究相关人员的责任，对负有领导责任的主要负责人或者有关领导干部实行问责。

第五十八条 有下列情形之一的，追究相关人员的责任：

（一）未经审批列支财政性资金的；

（二）采取弄虚作假等手段违规取得审批的；

（三）违反审批要求擅自变通执行的；

（四）违反管理规定超标准或者以虚假事项开支的；

（五）利用职务便利假公济私的；

（六）有其他违反审批、管理、监督规定行为的。

第五十九条 有下列情形之一的，追究主要负责人或者有关领导干部的责任：

（一）本地区、本部门、本单位铺张浪费、奢侈奢华问题严重，对发现的问题查处不力，干部群众反映强烈的；

（二）指使、纵容下属单位或者人员违反本条例规定造成浪费的；

（三）不履行内部审批、管理、监督职责造成浪费的；

（四）不按规定及时公开本地区、本部门、本单位有关厉行节约反对浪费工作信息的；

（五）其他对铺张浪费问题负有领导责任的。

第六十条 违反本条例规定造成浪费的，根据情节轻重，由有关部门依照职责权限给予批评教育、责令作出检查、诫勉谈话、通报批评或者调离岗位、责令辞职、免职、降职等处理。

应当追究党纪政纪责任的，依照《中国共产党纪律处分条例》、《行政机关公务员处分条例》等有关规定给予相应的党纪政纪处分。

涉嫌违法犯罪的，依法追究法律责任。

第六十一条 违反本条例规定获得的经济利益，应当予以收缴或者纠正。

违反本条例规定，用公款支付、报销应由个人支付的费用，应当责令退赔。

第六十二条 受到责任追究的人员对处理决定不服的，可以按照相关规定向有关机关提出申诉。受理申诉机关应当依据有关规定认真受理并作出结论。

申诉期间，不停止处理决定的执行。

第十二章 附 则

第六十三条 各省、自治区、直辖市党委和政府，中央和国家机关各部委，可以根据本条例，结合实际制定实施细则。有关职能部门应当根据各自职责，制定完善相关配套制度。

国有企业、国有金融企业、不参照公务员法管理的事业单位，参照本条例执行。

中国人民解放军和中国人民武装警察部队按照军队有关规定执行。

第六十四条 本条例由中共中央办公厅、国务院办公厅会同有关部门负责解释。

第六十五条 本条例自发布之日起施行。1997 年 5 月 25 日发布的《中共中央、国务院关于党政机关厉行节约制止奢侈浪费行为的若干规定》同时废止。其他有关党政机关厉行节约反对浪费的规定，凡与本条例不一致的，按照本条例执行。

关于实行党风廉政建设责任制的规定

中共中央、国务院2010年11月10日印发

第一章 总 则

第一条 为了加强党风廉政建设，明确领导班子、领导干部在党风廉政建设中的责任，推动科学发展，促进社会和谐，提高党的执政能力，保持和发展党的先进性，根据《中华人民共和国宪法》和《中国共产党章程》，制定本规定。

第二条 本规定适用于各级党的机关、人大机关、行政机关、政协机关、审判机关、检察机关的领导班子、领导干部。

人民团体、国有和国有控股企业（含国有和国有控股金融企业）、事业单位的领导班子、领导干部参照执行本规定。

第三条 实行党风廉政建设责任制，要以邓小平理论和“三个代表”重要思想为指导，深入贯彻落实科学发展观，坚持党要管党、从严治党，坚持标本兼治、综合治理、惩防并举、注重预防，扎实推进惩治和预防腐败体系建设，保证党中央、国务院关于党风廉政建设的决策和部署的贯彻落实。

第四条 实行党风廉政建设责任制，要坚持党委统一领导，党政齐抓共管，纪委组织协调，部门各负其责，依靠群众的支持和参与。要把党风廉政建设作为党的建设和政权建设的重要内容，纳入领导班子、领导干部目标管理，与经济建设、政治建设、文化建设、社会建设以及生态文明建设和业务工作紧密结合，一起部署，一起落实，一起检查，一起考核。

第五条 实行党风廉政建设责任制，要坚持集体领导与个人分工负责相结合，谁主管、谁负责，一级抓一级、层层抓落实。

第二章 责 任 内 容

第六条 领导班子对职责范围内的党风廉政建设负全面领导责任。

领导班子主要负责人是职责范围内的党风廉政建设第一责任人，应当重要工作亲自部署、重大问题亲自过问、重点环节亲自协调、重要案件亲自督办。

领导班子其他成员根据工作分工，对职责范围内的党风廉政建设负主要领导责任。

第七条 领导班子、领导干部在党风廉政建设中承担以下领导责任：

（一）贯彻落实党中央、国务院以及上级党委（党组）、政府和纪检监察机关关于党风廉政建设的部署和要求，结合实际研究制定党风廉政建设工作计划、目标要求和具体措施，每年召开专题研究党风廉政建设的党委常委会议（党组会议）和政府廉政建设工作会议，对党风廉政建设工作任务进行责任分解，明确领导班子、领导干部在党风廉政建设中的职责和任务分工，并按照计划推动落实；

（二）开展党性党风党纪和廉洁从政教育，组织党员、干部学习党风廉政建设理论和法规制度，加强廉政文化建设；

（三）贯彻落实党风廉政法规制度，推进制度创新，深化体制机制改革，从源头上预防和治理腐败；

（四）强化权力制约和监督，建立健全决策权、执行权、监督权既相互制约又相互协调的权力结构和运行机制，推进权力运行程序化和公开透明；

（五）监督检查本地区、本部门、本系统的党风廉政建设情况和下级领导班子、领导干部廉洁从政情况；

（六）严格按照规定选拔任用干部，防止和纠正选人用人上的不正之风；

（七）加强作风建设，纠正损害群众利益的不正之风，切实解决党风政风方面存在的突出问题；

（八）领导、组织并支持执纪执法机关依纪依法履行职责，及时听取工作汇报，切实解决重大问题。

第三章 检查考核与监督

第八条 党委（党组）应当建立党风廉政建设责任制的检查考核制度，建立健全检查考核机制，制定检查考核的评价标准、指标体系，明确检查考核的内容、方法、程序。

第九条 党委（党组）应当建立健全党风廉政建设责任制领导小组，负责对下一级领导班子、领导干部党风廉政建设责任制执行情况的检查考核。

第十条 检查考核工作每年进行一次。检查考核可以与领导班子、领导干部工作目标考核、年度考核、惩治和预防腐败体系建设检查工作等结合进行，也可以组织专门检查考核。

检查考核情况应当及时向同级党委（党组）报告。

第十一条 党委（党组）应当将检查考核情况在适当范围内通报。对检查考核中发现的问题，要及时研究解决，督促整改落实。

第十二条 党委（党组）应当建立和完善检查考核结果运用制度。检查考核结果作为对领导班子总体评价和领导干部业绩评定、奖励惩处、选拔任用的重要依据。

第十三条 纪检监察机关（机构）、组织人事部门协助同级党委（党组）开展对党风廉政建设责任制执行情况的检查考核，或者根据职责开展检查工作。

第十四条 党委常委会应当将执行党风廉政建设责任制的情况，作为向同级党的委员会全体会议报告工作的一项重要内容。

第十五条 领导干部执行党风廉政建设责任制的情况，应当列为民主生活会和述职述廉的重要内容，并在本单位、本部门进行评议。

第十六条 党委（党组）应当将贯彻落实党风廉政建设责任制的情况，每年专题报告上一级党委（党组）和纪委。

第十七条 中央和省、自治区、直辖市党委巡视组应当依照巡视工作的有关规定，加强对有关党组织领导班子及其成员执行党风廉政建设责任制情况的巡视监督。

第十八条 党委（党组）应当结合本地区、本部门、本系统实际，建立走访座谈、社会问卷调查等党风廉政建设社会评价机制，动员和组织党员、群众有序参与，广泛接受监督。

第四章 责任追究

第十九条 领导班子、领导干部违反或者未能正确履行本规定第七条规定的职责，有下列情形之一的，应当追究责任：

（一）对党风廉政建设工作领导不力，以致职责范围内明令禁止的不正之风得不到有效治理，造成不良影响的；

（二）对上级领导机关交办的党风廉政建设责任范围内的事项不传达贯彻、不安排部署、不督促落实，或者拒不办理的；

（三）对本地区、本部门、本系统发现的严重违纪违法行为隐瞒不报、压案不查的；

（四）疏于监督管理，致使领导班子成员或者直接管辖的下属发生严重违纪违法问题的；

（五）违反规定选拔任用干部，或者用人失察、失误造成恶劣影响的；

（六）放任、包庇、纵容下属人员违反财政、金融、税务、审计、统计等法律法规，弄虚作假的；

（七）有其他违反党风廉政建设责任制行为的。

第二十条 领导班子有本规定第十九条所列情形，情节较轻的，责令作出书面检查；情节较重的，给予通报批评；情节严重的，进行调整处理。

第二十一条 领导干部有本规定第十九条所列情形，情节较轻的，给予批评教育、诫勉谈话、责令作出书面检查；情节较重的，给予通报批评；情节严重的，给予党纪处分、政务处分，或者给予调整职务、责令辞职、免职和降职等组织处理。涉嫌犯罪的，移送司法机关依法处理。

以上责任追究方式可以单独使用，也可以合并使用。

第二十二条 领导班子、领导干部具有本规定第十九条所列情形，并具有下列情节之一的，应当从重追究责任：

（一）对职责范围内发生的问题进行掩盖、袒护的；

（二）干扰、阻碍责任追究调查处理的。

第二十三条 领导班子、领导干部具有本规定第十九条所列情形，并具有下列情节之一的，可以从轻或者减轻追究责任：

（一）对职责范围内发生的问题及时如实报告并主动查处和纠正，有效避免损失或者挽回影响的；

（二）认真整改，成效明显的。

第二十四条 领导班子、领导干部违反本规定，需要查明事实、追究责任的，由有关机关或者部门按照职责和权限调查处理。其中需要追究党纪责任、给予政务处分的，由纪检监察机关按照有关规定程序办理；需要给予组织处理的，由组织人事部门或者由负责调查的纪检监察机关会同组织人事部门，按照有关权限和程序办理。

第二十五条 实施责任追究，要实事求是，分清集体责任和个人责任、主要领导责任和重要领导责任。

追究集体责任时，领导班子主要负责人和直接主管的领导班子成员承担主要领导责任，参与决策的班子其他成员承担重要领导责任。对错误决策提出明确反对意见而没有被采纳的，不承担领导责任。

错误决策由领导干部个人决定或者批准的，追究该领导干部个人的责任。

第二十六条 实施责任追究不因领导干部工作岗位或者职务的变动而免予追究。已退休但按照本规定应当追究责任的，仍须进行相应的责任追究。

第二十七条 受到责任追究的领导班子、领导干部，取消当年年度考核评优和评选各类先进的资格。

单独受到责令辞职、免职处理的领导干部，一年内不得重新担任与其原任职务相当的领导职务；受到降职处理的，两年内不得提升职务。同时受到党纪处分、政务处分和组织处理的，按影响期较长的执行。

第二十八条 各级纪检监察机关应当加强对下级党委（党组）、政府实施责任追究情况的监督检查，发现有应当追究而未追究或者责任追究处理决定不落实等问题的，应当及时督促下级党委（党组）、政府予以纠正。

第五章 附　　则

第二十九条 各省、自治区、直辖市，中央和国家机关各部委可以根据本规定制定实施办法。

第三十条 中央军委可以根据本规定，结合中国人民解放军和中国人民武装警察部队的实际情况，制定具体规定。

第三十一条 本规定由中央纪委国家监委负责解释。

第三十二条 本规定自发布之日起施行。1998 年 11 月发布的《关于实行党风廉政建设责任制的规定》同时废止。

关于改进工作作风、密切联系群众的八项规定

中共中央政治局 2012 年 12 月 4 日审议通过

中共中央政治局 2012 年 12 月 4 日在北京召开会议，审议通过中共中央政治局《关于改进工作作风、密切联系群众的八项规定》。规定要求：

一、要改进调查研究，到基层调研要深入了解真实情况，总结经验、研

究问题、解决困难、指导工作，向群众学习、向实践学习，多同群众座谈，多同干部谈心，多商量讨论，多解剖典型，多到困难和矛盾集中、群众意见多的地方去，切忌走过场、搞形式主义；要轻车简从、减少陪同、简化接待，不张贴悬挂标语横幅，不安排群众迎送，不铺设迎宾地毯，不摆放花草，不安排宴请。

二、要精简会议活动，切实改进会风，严格控制以中央名义召开的各类全国性会议和举行的重大活动，不开泛泛部署工作和提要求的会，未经中央批准一律不出席各类剪彩、奠基活动和庆祝会、纪念会、表彰会、博览会、研讨会及各类论坛；提高会议实效，开短会、讲短话，力戒空话、套话。

三、要精简文件简报，切实改进文风，没有实质内容、可发可不发的文件、简报一律不发。

四、要规范出访活动，从外交工作大局需要出发合理安排出访活动，严格控制出访随行人员，严格按照规定乘坐交通工具，一般不安排中资机构、华侨华人、留学生代表等到机场迎送。

五、要改进警卫工作，坚持有利于联系群众的原则，减少交通管制，一般情况下不得封路、不清场闭馆。

六、要改进新闻报道，中央政治局同志出席会议和活动应根据工作需要、新闻价值、社会效果决定是否报道，进一步压缩报道的数量、字数、时长。

七、要严格文稿发表，除中央统一安排外，个人不公开出版著作、讲话单行本，不发贺信、贺电，不题词、题字。

八、要厉行勤俭节约，严格遵守廉洁从政有关规定，严格执行住房、车辆配备等有关工作和生活待遇的规定。

关于解决形式主义突出问题为基层减负的通知

中共中央办公厅2019年3月6日印发

党的十八大以来，习近平总书记就加强党的作风建设，力戒形式主义、官僚主义作出一系列重要指示。近期，习近平总书记专门作出重要批示，强调2019年要解决一些困扰基层的形式主义问题，切实为基层减负。为贯彻落实习近平总书记重要指示批示精神，更好为基层干部松绑减负，激励广大干部担当作为、不懈奋斗，经中央领导同志同意，决定将2019年作为“基层减负年”，现就有关工作要求通知如下。

一、以党的政治建设为统领加强思想教育，着力解决党性不纯、政绩观错位的问题

坚持用习近平新时代中国特色社会主义思想武装头脑，在深化消化转化上下功夫，把理论学习的成效体现到增强党性修养、提高工作能力、改进工作作风、推动党的事业发展上。将力戒形式主义、官僚主义作为全党开展的“不忘初心、牢记使命”主题教育重要内容，教育引导党员干部牢记党的宗旨，坚持实事求是的思想路线，树立正确政绩观，把对上负责与对下负责统一起来。从领导机关首先是中央和国家机关做起，开展作风建设专项整治行动，发扬斗争精神，对困扰基层的形式主义问题进行大排查，着重从思想观念、工作作风和领导方法上找根源、抓整改。严明政治纪律和政治规矩，认真汲取秦岭北麓西安境内违建别墅问题的深刻教训，坚决防止和纠正落实党中央决策部署不用心、不务实、不尽力，口号喊得震天响、行动起来轻飘飘的问题，真正把树牢“四个意识”、做到“两个维护”的要求落到实处。

二、严格控制层层发文、层层开会，着力解决文山会海反弹回潮的问题

认真贯彻落实中央八项规定及其实施细则精神，从中央层面做起，层层大幅度精简文件和会议，确保发给县级以下的文件、召开的会议减少30%—50%。发扬“短实新”文风，坚决压缩篇幅，防止穿靴戴帽、冗长空洞，中央印发的政策性文件原则上不超过10页，地方和部门也要按此从严掌握。地方各级、基层单位贯彻落实中央和上级文件，可结合实际制定务实管用的举措，除有明确规定外，不再制定贯彻落实意见和实施细则。科学确定中央文件密级和印发范围，能公开的公开。少开会、开短会，开管用的会。上级会议原则上只开到下一级，经批准直接开到县级的会议，不再层层开会。严禁随意拔高会议规格、扩大会议规模，未经批准不得要求党委和政府主要负责同志以及部门一把手参会，减少陪会。提倡合并开会、套开会议，多采用电视电话、网络视频会议等形式。提高会议实效，不搞照本宣科，不搞泛泛表态，不刻意搞传达不过夜，坚决防止同一事项议而不决、反复开会。进一步改革会议公文制度，选择一些地方和单位开展治理文山会海工作试点。

三、加强计划管理和监督实施，着力解决督查检查考核过多过频、过度留痕的问题

抓好《中共中央办公厅关于统筹规范督查检查考核工作的通知》贯彻落实，严格控制总量，实行年度计划和审批报备制度，中央和国家机关有关部门原则上每年搞 1 次综合性督查检查考核，对县乡村和厂矿企业学校的督查检查考核事项减少 50%以上的目标要确保执行到位。强化结果导向，考核评价一个地方和单位的工作，关键看有没有解决实际问题、群众的评价怎么样。坚决纠正机械式做法，不得随意要求基层填表报数、层层报材料，不得简单将有没有领导批示、开会发文、台账记录、工作笔记等作为工作是否落实的标准，不得以微信工作群、政务 APP 上传工作场景截图或录制视频来代替对实际工作评价。严格控制“一票否决”事项，不能动辄签“责任状”，变相向地方和基层推卸责任。对涉及城市评选评比表彰的各类创建活动进行集中清理，该撤销的撤销，该合并的合并。对巡视巡察、环保督察、脱贫攻坚督查考核、政府大督查、党建考核等，牵头部门也要倾听基层意见进行完善，提出优化改进措施。调查研究、执法检查等要轻车简从、务求实效，不干扰基层正常工作。

四、完善问责制度和激励关怀机制，着力解决干部不敢担当作为的问题

坚持严管和厚爱结合，实事求是、依规依纪依法严肃问责、规范问责、精准问责、慎重问责，真正起到问责一个、警醒一片的效果。修订《中国共产党问责条例》。有效解决问责不力和问责泛化简单化等问题。正确对待被问责的干部，对影响期满、表现好的干部，符合有关条件的，该使用的要使用。制定纪检监察机关处理检举控告工作规则，保障党员权利，及时为干部澄清正名，严肃查处诬告陷害行为。改进谈话和函询工作方法，有效减轻干部不必要的心理负担。把“三个区分开来”的要求具体化，正确把握干部在工作中出现失误错误的性质和影响，切实保护干部干事创业的积极性，为担当者担当，为负责者负责。对基层干部特别是困难艰苦地区和奋战在脱贫攻坚第一线

的干部，给予更多理解和支持，在政策、待遇等方面给予倾斜。

五、加强组织领导，为解决困扰基层的形式主义问题提供坚强保障

在党中央集中统一领导下，建立中央层面整治形式主义为基层减负专项工作机制，由中央办公厅牵头，中央纪委国家监委机关、中央组织部、中央宣传部、中央改革办、中央和国家机关工委、全国人大常委会办公厅、国务院办公厅、全国政协办公厅等参加，负责统筹协调推进落实工作。各地区各部门党委（党组）要切实履行主体责任，一把手负总责，党委办公厅（室）负责协调推进落实，把力戒形式主义、官僚主义作为重要任务，拿出有效管用的整治措施。加强政治巡视和政治督查，加大舆论监督力度，对形式主义、官僚主义典型问题点名道姓通报曝光，对干实事、作风好的先进典型及时总结推广，为广大党员干部作示范、树标杆。

中央和国家机关差旅费管理办法

1．2013年12月31日财政部印发

2．财行〔2013〕531号

第一章　总　　则

第一条　为加强和规范中央和国家机关国内差旅费管理，推进厉行节约反对浪费，根据《党政机关厉行节约反对浪费条例》，制定本办法。

第二条　本办法适用于中央和国家机关，以及参照公务员法管理的事业单位（以下简称中央单位）。

本办法所称中央和国家机关，是指党中央各部门，国务院各部委、各直属机构，全国人大常委会办公厅，全国政协办公厅，最高人民法院，最高人民检察院，各人民团体、各民主党派中央和全国工商联。

第三条　差旅费是指工作人员临时到常驻地以外地区公务出差所发生的城市间交通费、住宿费、伙食补助费和市内交通费。

第四条　中央单位应当建立健全公务出差审批制度。出差必须按规定报经单位有关领导批准，从严控制出差人数和天数；严格差旅费预算管理，控制差旅费支出规模；严禁无实质内容、无明确公务目的的差旅活动，严禁以任何名义和方式变相旅游，严禁异地部门间无实质内容的学习交流和考察调研。

第五条　财政部按照分地区、分级别、分项目的原则制定差旅费标准，并根据经济社会发展水平、市场价格及消费水平变动情况适时调整。

第二章　城市间交通费

第六条　城市间交通费是指工作人员因公到常驻地以外地区出差乘坐火车、轮船、飞机等交通工具所发生的费用。

第七条　出差人员应当按规定等级乘坐交通工具。乘坐交通工具的等级见下表：

交通工具 级别	火车（含高铁、动车、全列软席列车）	轮船（不包括旅游船）	飞机
部级及相当职务人员	火车软席（软座、软卧），高铁/动车商务座，全列软席列车一等软座	一等舱	头等舱
司局级及相当职务人员	火车软席（软座、软卧），高铁/动车一等座，全列软席列车一等软座	二等舱	经济舱
其余人员	火车硬席（硬座、硬卧），高铁/动车二等座、全列软席列车二等软座	三等舱	经济舱

部级及相当职务人员出差，因工作需要，随行一人可乘坐同等级交通工具。

未按规定等级乘坐交通工具的，超支部分由个人自理。

第八条　到出差目的地有多种交通工具可选择时，出差人员在不影响公务、确保安全的前提下，应当选乘经济便捷的交通工具。

第九条　乘坐飞机的，民航发展基金、燃油附加费可以凭据报销。

第十条　乘坐飞机、火车、轮船等交通工具的，每人次可以购买交通意外保险一份。所在单位统一购买交通意外保险的，不再重复购买。

第三章　住　宿　费

第十一条　住宿费是指工作人员因公出差期间入住宾馆（包括饭店、招待所，下同）发生的房租费用。

第十二条　财政部分地区制定住宿费限额标准。各省、自治区、直辖市和计划单列市财政厅（局）根据当地经济社会发展水平、市场价格、消费水平等因素，提出所在市（省会城市、直辖市、计划单列市，下同）的住宿费限额标准报财政部，经财政部统筹研究提出意见反馈地方审核确认后，由财政部统一发布作为中央单位工作人员到相关地区出差的住宿费限额标准。

对于住宿价格季节性变化明显的城市，住宿费限额标准在旺季可适当上浮一定比例，具体规定由财政部另行发布。

第十三条 部级及相当职务人员住普通套间，司局级及以下人员住单间或标准间。

第十四条 出差人员应当在职务级别对应的住宿费标准限额内，选择安全、经济、便捷的宾馆住宿。

第四章 伙食补助费

第十五条 伙食补助费是指对工作人员在因公出差期间给予的伙食补助费用。

第十六条 伙食补助费按出差自然（日历）天数计算，按规定标准包干使用。

第十七条 财政部分地区制定伙食补助费标准。各省、自治区、直辖市和计划单列市财政厅（局）负责根据当地经济社会发展水平、市场价格、消费水平等因素，参照所在市公务接待工作餐、会议用餐等标准提出伙食补助费标准报财政部，经财政部统筹研究提出意见反馈地方审核确认后，由财政部统一发布作为中央单位工作人员到相关地区出差的伙食补助费标准。

第十八条 出差人员应当自行用餐。凡由接待单位统一安排用餐的，应当向接待单位交纳伙食费。

第五章 市内交通费

第十九条 市内交通费是指工作人员因公出差期间发生的市内交通费用。

第二十条 市内交通费按出差自然（日历）天数计算，每人每天 80 元包干使用。

第二十一条 出差人员由接待单位或其他单位提供交通工具的，应向接待单位或其他单位交纳相关费用。

第六章 报销管理

第二十二条 出差人员应当严格按规定开支差旅费，费用由所在单位承担，不得向下级单位、企业或其他单位转嫁。

第二十三条 城市间交通费按乘坐交通工具的等级凭据报销，订票费、经批准发生的签转或退票费、交通意外保险费凭据报销。

住宿费在标准限额之内凭发票据实报销。

伙食补助费按出差目的地的标准报销，在途期间的伙食补助费按当天最后到达目的地的标准报销。

市内交通费按规定标准报销。

未按规定开支差旅费的，超支部分由个人自理。

第二十四条 工作人员出差结束后应当及时办理报销手续。差旅费报销时应当提供出差审批单、机票、车票、住宿费发票等凭证。

住宿费、机票支出等按规定用公务卡结算。

第二十五条 财务部门应当严格按规定审核差旅费开支，对未经批准出差以及超范围、超标准开支的费用不予报销。

实际发生住宿而无住宿费发票的，不得报销住宿费以及城市间交通费、伙食补助费和市内交通费。

第七章 监督问责

第二十六条 各单位应当加强对本单位工作人员出差活动和经费报销的内控管理，对本单位出差审批制度、差旅费预算及规模控制负责，相关领导、财务人员等对差旅费报销进行审核把关，确保票据来源合法，内容真实完整、合规。对未经批准擅自出差、不按规定开支和报销差旅费的人员进行严肃处理。

一级预算单位应当强化对所属预算单位的监督检查，发现问题及时处理，重大问题向财政部报告。

各单位应当自觉接受审计部门对出差活动及相关经费支出的审计监督。

第二十七条 财政部会同有关部门对中央单位差旅费管理和使用情况进行监督检查。主要内容包括：

（一）单位差旅审批制度是否健全，出差活动是否按规定履行审批手续；

（二）差旅费开支范围和标准是否符合规定；

（三）差旅费报销是否符合规定；

（四）是否向下级单位、企业或其他单位转嫁差旅费；

（五）差旅费管理和使用的其他情况。

第二十八条 出差人员不得向接待单位提出正常公务活动以外的要求，不得在出差期间接受违反规定用公款支付的宴请、游览和非工作需要的参观，不得接受礼品、礼金和土特产品等。

第二十九条 违反本办法规定，有下列行为之一的，依法依规追究相关单位和人员的责任：

（一）单位无出差审批制度或出差审批控制不严的；

（二）虚报冒领差旅费的；

（三）擅自扩大差旅费开支范围和提高开支标准的；

（四）不按规定报销差旅费的；

（五）转嫁差旅费的；

（六）其他违反本办法行为的。

有前款所列行为之一的，由财政部会同有关部门责令改正，违规资金应予追回，并视情况予以通报。对直接责任人和相关负责人，报请其所在单位按规定给予行政处分。涉嫌违法的，移送司法机关处理。

第八章 附 则

第三十条 工作人员外出参加会议、培训，举办单位统一安排食宿的，会议、培训期间的食宿费和市内交通费由会议、培训举办单位按规定统一开支；往返会议、培训地点的差旅费由所在单位按照规定报销。

第三十一条 不参照公务员法管理的事业单位参照本办法执行。

各单位应当根据本办法，结合本单位实际情况制定具体操作规定。

中国人民解放军和中国人民武装警察部队的差旅费管理办法参照本办法另行规定。

第三十二条 本办法由财政部负责解释。

第三十三条 本办法自2014年1月1日起施行。2006年11月13日发布的《财政部关于印发〈中央国家机关和事业单位差旅费管理办法〉的通知》（财行〔2006〕313号）同时废止，其他有关中央国家机关和事业单位差旅费管理规定与本办法不一致的，按照本办法执行。

关于调整中央和国家机关差旅住宿费标准等有关问题的通知

1. 2015年9月30日财政部印发
2. 财行〔2015〕497号

党中央有关部门，国务院各部委、各直属机构，全国人大常委会办公厅，全国政协办公厅，高法院，高检院，各人民团体，各民主党派中央，新疆生产建设兵团：

为贯彻落实《党政机关厉行节约反对浪费条例》和差旅费制度关于标准应适时调整的规定，进一步规范和加强中央和国家机关差旅费管理，提高差旅住宿费标准的科学性、有效性，综合考虑近两年全国各地区宾馆（饭店）住宿费价格变动、实际工作需要、淡旺季等因素，经研究决定，自2016年1月1日起调整《中央和国家机关差旅费管理办法》（财行〔2013〕531号）规定的差旅住宿费标准。现就有关事项通知如下：

一、调整北京、上海等11个城市部级干部住宿费标准、7个城市司局级干部住宿费标准和33个城市处级及以下干部住宿费标准，具体标准见附表。

二、拉萨、西宁、哈尔滨、海口、大连、青岛等6个受地理、气候等自然条件限制和季节性热点影响较大的城市试行差旅住宿费淡旺季标准。旺季期间及上浮后标准见附表。

三、调整后的差旅住宿费标准是中央和国家机关工作人员到各省会城市、直辖市、计划单列市出差的住宿费上限标准，各类人员应当坚持勤俭节约原则，根据职级对应的住宿费标准自行选择宾馆住宿（不分房型），在限额标准内据实报销。

中央和国家机关工作人员到各省、自治区、直辖市、计划单列市所辖地、州、市（县）出差执行当地财政部门制定的差旅住宿费标准。各地、州、市（县）差旅住宿费标准未制定公布前，可暂按其省会城市住宿费标准执行。

四、各单位应当严格按照差旅费制度和厉行节约反对浪费的有关规定，加强出差审批管理，从严控制出差人数和天数，严格差旅费预算管理和报销审核，控制差旅费支出规模。对违反差旅费管理规定的行为，有关部门应依法依规追究相关单位和人员的责任。

附件

中央和国家机关国内差旅住宿费标准调整表

单位：元/人·天

序号	地区（城市）	住宿费标准			淡旺季浮动标准建议				
					旺季期间	旺季上浮价			上浮比例
		部级	司局级	其他人员		部级	司局级	其他人员	
1	北京市	1100	650	500					
2	天津市	800	480	380					
3	河北省（石家庄）	800	450	350					
4	山西省（太原）	800	480	350					
5	内蒙古（呼和浩特）	800	460	350					
6	辽宁省（沈阳）	800	480	350					
7	大连市	800	490	350	7-9月	960	590	420	20%
8	吉林省（长春）	800	450	350					
9	黑龙江省（哈尔滨）	800	450	350	7-9月	960	540	420	20%
10	上海市	1100	600	500					
11	江苏省（南京）	900	490	380					
12	浙江省（杭州）	900	500	400					
13	宁波市	800	450	350					
14	安徽省（合肥）	800	460	350					
15	福建省（福州）	900	480	380					
16	厦门市	900	500	400					
17	江西省（南昌）	800	470	350					

续表

序号	地区（城市）	住宿费标准			淡旺季浮动标准建议				
					旺季期间	旺季上浮价			上浮比例
		部级	司局级	其他人员		部级	司局级	其他人员	
18	山东省（济南）	800	480	380					
19	青岛市	800	490	380	7-9 月	960	590	450	20%
20	河南省（郑州）	900	480	380					
21	湖北省（武汉）	800	480	350					
22	湖南省（长沙）	800	450	350					
23	广东省（广州）	900	550	450					
24	深圳市	900	550	450					
25	广西（南宁）	800	470	350					
26	海南省（海口）	800	500	350	11-2 月	1040	650	450	30%
27	重庆市	800	480	370					
28	四川省（成都）	900	470	370					
29	贵州省（贵阳）	800	470	370					
30	云南省（昆明）	900	480	380					
31	西藏（拉萨）	800	500	350	6-9 月	1200	750	530	50%
32	陕西省（西安）	800	460	350					
33	甘肃省（兰州）	800	470	350					
34	青海省（西宁）	800	500	350	6-9 月	1200	750	530	50%
35	宁夏（银川）	800	470	350					
36	新疆（乌鲁木齐）	800	480	350					

财政部、国管局、中直管理局关于《中央和国家机关会议费管理办法》的补充通知

1. 2023 年 5 月 30 日
2. 财行〔2023〕86 号

党中央有关部门，国务院各部委、各直属机构，全国人大常委会办公

厅，全国政协办公厅，最高人民法院，最高人民检察院，各民主党派中央，有关人民团体：

为贯彻落实中央八项规定精神，进一步规范中央和国家机关会议费管理，现就有关事项补充通知如下：

一、本通知适用于中央和国家机关按照《中央和国家机关会议费管理办法》（财行〔2016〕214号，以下简称《办法》）规定召开的一类、二类、三类、四类会议，包括线下会议和线上会议。

线上会议是指采取电视电话、网络视频等方式召开的会议，含线上与线下相结合的会议。

二、会议会期，二、三、四类会议原则上不超过1天半，传达、布置类会议不得超过1天。

会议报到和离开时间，一、二、三类会议合计不得超过1天半，四类会议合计不得超过1天。

三、各单位召开会议，在符合保密和网络信息安全要求的前提下，提倡采用线上会议形式。线上会议的主会场和分会场参会人数合计不得超过《办法》规定的相应会议类别参会人数上限，不请外地同志到主会场参会。

线上会议优先选择单位内部电视电话、电子政务内网视频会商等现有应用系统。单位现有应用系统无法保障的，应当结合工作性质、保密要求等，选择专用系统、运营商服务系统、第三方软件服务系统等。

四、会议费开支范围包括：

（一）线下费用：《办法》规定的住宿费、伙食费、会议场地租金、交通费、文件印刷费、医药费等；

（二）线上费用：能够明确对应具体会议的设备租赁费、线路费、电视电话会议通话费、技术服务费、软件应用费、音视频制作费等。

五、会议费应当按照以下方式进行核算列支：

（一）线下费用按照《办法》有关规定以实际发生的费用项目分项定额标准总额为上限，结合线下实际参会人数、会议时间进行核算。各项费用之间可以调剂使用，未实际发生的费用项目不得参与调剂。

（二）线上费用不纳入《办法》规定的综合定额标准内核算，凭合法票据原则上在单位年度会议费预算内据实列支。

各单位应当按照厉行节约、提高效率的原则，通过市场调研、充分议价，合理选择线上会议应用系统，细化完善本单位线上会议支出标准。

六、各单位在会议结束后应当及时办理会议费报销手续。线下费用按照《办法》有关规定进行报销。线上费用应当提供费用清单和使用相关应用系统所开具的合法票据，签署服务合同的，需一并提供相关合同。

七、各单位应当加强涉密会议安全和保密管理，落实网络安全工作责任制，强化网络安全技术防护措施，选择安全可靠的应用系统，督促系统服务供应商严格落实安全保密责任，加强对运维人员、技术服务人员日常保密教育和监督，定期开展终端设备和涉密场所保密检查，妥善保管会议音视频等材料，切实做好安全保障工作。

八、各单位应当加强对会议内容相近、参会人员范围相同会议的统筹，严格控制各类会议规模，简化办会形式，合理确定参会人员范围，减少参会人员数量，减少陪会。

九、各单位应在《办法》及本通知规定的开支范围和开支标准内从严从紧核定会议费预算，节约会议经费开支。

十、本通知自2023年8月1日起施行。《办法》有关规定与本通知不符的，以本通知为准。

党政机关公务用车管理办法

1．2017年12月5日中共中央批准

2．2017年12月5日中共中央办公厅、国务院办公厅发布

第一章　总　　则

第一条　为了进一步规范党政机关公务用车管理，有效保障公务活动，促进党风廉政建设和节约型机关建设，根据《党政机关厉行节约反对浪费条例》、《机关事务管理条例》等有关规定，制定本办法。

第二条　本办法适用于党的机关、人大机关、行政机关、政协机关、监察机关、审判机关、检察机关，以及工会、共青团、妇联等人民团体和参照公务员法管理的事业单位。

第三条 本办法所称公务用车，是指党政机关配备的用于定向保障公务活动的机动车辆，包括机要通信用车、应急保障用车、执法执勤用车、特种专业技术用车以及其他按照规定配备的公务用车。

机要通信用车是指用于传递、运送机要文件和涉密载体的机动车辆。

应急保障用车是指用于处理突发事件、抢险救灾或者其他紧急公务的机动车辆。

执法执勤用车是指中央批准的执法执勤部门（系统）用于一线执法执勤公务的机动车辆。

特种专业技术用车是指固定搭载专业技术设备、用于执行特殊工作任务的机动车辆。

第四条 党政机关公务用车管理遵循统一管理、定向保障、经济适用、节能环保的原则。

第五条 党政机关公务用车实行统一制度规范、分级分类管理。党政机关公务用车主管部门负责本级党政机关公务用车管理工作，根据职责实行统一编制、统一标准、统一购置经费、统一采购配备管理；指导监督下级党政机关公务用车管理工作。

第二章 编制和标准管理

第六条 党政机关公务用车实行编制管理。车辆编制根据机构设置、人员编制和工作需要等因素确定。

机要通信用车、应急保障用车和其他按照规定配备的公务用车编制由公务用车主管部门会同有关部门确定。

执法执勤用车、特种专业技术用车编制由财政部门会同有关部门确定，并送公务用车主管部门备案。

第七条 党政机关配备公务用车应当严格执行以下标准：

（一）机要通信用车配备价格 12 万元以内、排气量 1．6 升（含）以下的轿车或者其他小型客车。

（二）应急保障用车和其他按照规定配备的公务用车配备价格 18 万元以内、排气量 1．8 升（含）以下的轿车或者其他小型客车。确因情况特殊，可以适当配备价格 25 万元以内、排气量 3．0 升（含）以下的其他小型客车、中型客车或者价格 45 万元以内的大型客车。

（三）执法执勤用车配备价格 12 万元以内、排气量 1．6 升（含）以下的轿车或者其他小型客车，因工作需要可以配备价格 18 万元以内、排气量1.8升（含）以下的轿车或者其他小型客车。确因情况特殊，可以适当配备价格25万元以内、排气量3.0升（含）以下的其他小型客车、中型客车或者价格45万元以内的大型客车。

（四）特种专业技术用车配备标准由有关部门会同财政部门按照保障工作需要、厉行节约的原则确定。

公务用车配备新能源轿车的，价格不得超过18万元。

上述配备标准应当根据公务保障需要、汽车行业技术发展、市场价格变化等因素适时调整。

第八条 严格控制执法执勤用车的配备范围、编制和标准。执法执勤用车配备应当严格限定在一线执法执勤岗位。

第三章 配备和经费管理

第九条 公务用车主管部门根据公务用车配备更新标准和现状，编制年度公务用车配备更新计划。

第十条 财政部门根据年度公务用车配备更新计划，按照预算管理有关规定统筹安排购置经费，列入公务用车主管部门预算。

第十一条 财政部门会同公务用车主管部门制定公务用车运行费用定额标准，统筹安排公务用车运行费用，列入党政机关部门预算。

第十二条 公务用车主管部门按照政府采购法律法规和国家有关政策规定，统一组织实施公务用车集中采购。

第十三条 党政机关应当配备使用国产汽车，带头使用新能源汽车，按照规定逐步扩大新能源汽车配备比例。

第十四条 地方各级党政机关确因工作需要超出规定标准配备公务用车的，必须报省级公务用车主管部门批准。

党政机关原则上不配备越野车。确因工作需要，按照程序报批后，可以适当配备国产越野车。越野车不得作为领导干部固定用车。

第十五条 除涉及国家安全、侦查办案等有保密要求的特殊工作用车外，党政机关公务用车产权注册登记所有人应当为本机关法人，不得将公务用车登记在下属单位、企业或者个人名下。

第四章 使用和处置管理

第十六条 党政机关应当加强公务用车使用管理，严格按照规定使用公务用车，严禁公车私用、私车公养，不得既领取公务交通补贴又违规使用公务用车。

第十七条 党政机关应当推进公务用车服务平台建设。各地区应当结合实际，将各类公务用车纳入平台集中管理，采用信息化手段统筹调度、高效使用，鼓励通过社会化专业机构提高平台管理运行效率。

第十八条 党政机关应当推进公务用车标识化管理。除涉及国家安全、侦查办案和其他有保密要求的特殊工作用车外，公务用车应当统一标识。

第十九条 党政机关应当建立公务用车管理台账，加强相关证照档案的保存和管理。

各省、自治区、直辖市以及中央和国家机关公务用车主管部门应当建立统一的公务用车管理信息系统，提高公务用车配备使用管理信息化水平。

第二十条 党政机关应当建立健全公务用车使用管理制度，严格执行，加强监督，降低运行成本。

严格公务用车使用时间、事由、地点、里程、油耗、费用等信息登记和公示制度。严格执行回单位或者其他指定地点停放制度，节假日期间除工作需要外应当封存停驶。

实行公务用车保险、维修、加油政府集中采购和定点保险、定点维修、定点加油制度，健全公务用车油耗、运行费用单车核算和年度绩效评价制度。

第二十一条 党政机关应当减少公务用车长途行驶，工作人员到外地办理公务，除特殊情况外，应当乘用公共交通工具。外事接待、会议和集体活动用车主要通过社会租赁方式解决。

第二十二条 公务用车使用年限超过 8 年的可以更新；达到更新年限仍能继续使用的，应当继续使用。因安全等原因确需提前更新的，应当严格履行审批手续。

公务用车按照规定更新后，可以采取拍卖、厂家回收、报废等方式规范处置旧车。处置收入按照非税收入有关规定管理。

第五章 监督问责

第二十三条 党政机关应当建立公务用车配备更新和使用情况统计报告制度。各省、自治区、直辖市公务用车主管部门负责统计汇总本地区公务用车配备更新和使用情况。国家机关事务管理局、中共中央直属机关事务管理局负责统计汇总中央和国家机关公务用车配备更新和使用情况。

第二十四条 党政机关应当严格执行公务用车配备使用管理各项规定，将公务用车配备更新、使用、处置和经费预算执行等情况纳入内部审计、政务公开和政务诚信建设范围，接受社会监督。

公务用车主管部门应当加强对党政机关公务用车配备更新、使用、处置等情况的监督检查，定期通报或者公示相关情况。

财政、审计部门应当加强对公务用车经费预算管理使用情况的监督检查，依法处理、督促整改违规问题，并将涉嫌违纪违法问题移送有关部门查处。

公安交通管理部门应当定期与公务用车主管部门交换公务用车注册登记信息、使用状态等情况。

纪检监察机关应当及时受理群众举报和有关部门移送的公务用车管理问题线索，严肃查处违纪违法问题。

第二十五条 公务用车主管部门有下列情形之一的，依纪依法追究相关人员责任：

（一）违规核定公务用车编制的；

（二）违规审批超编制、超标准配备公务用车的；

（三）违规审批未到年限更新公务用车的；

（四）违规安排公务用车经费预算的；

（五）有其他未按规定履行管理监督职责行为的。

第二十六条 党政机关有下列情形之一的，依纪依法追究相关人员责任：

（一）超编制、超标准配备公务用车的；

（二）违反规定将公务用车登记在下属单位、企业或者个人名下的；

（三）公车私用、私车公养，或者既领取公务交通补贴又违规使用公务用车的；

（四）换用、借用、占用下属单位或者其他单位和个人的车辆，或者擅自接受企事业单位和个人赠送车辆的；

（五）挪用或者固定给个人使用执法执勤、机要通信等公务用车的；

（六）为公务用车增加高档配置或者豪华内饰的；

（七）在车辆维修等费用中虚列名目或者夹带其他费用，为非本单位车辆报销运行维护费用的；

（八）违规处置公务用车的；

（九）有其他违反公务用车配备使用管理规定行为的。

第六章 附 则

第二十七条 本办法所称小型客车、中型客车、大型客车等，依据中华人民共和国公共安全行业标准 GA 802—2014《机动车类型 术语和定义》界定。

第二十八条 各省、自治区、直辖市以及中央和国家机关各部门，应当根据本办法，结合实际制定具体管理办法。

第二十九条 中央和国家机关所属垂直管理机构、派出机构公务用车由行政主管部门依照本办法进行管理。

各民主党派机关公务用车管理适用本办法。

不参照公务员法管理的事业单位公务用车，按照本办法的原则管理。

第三十条 本办法由国家机关事务管理局、中共中央直属机关事务管理局会同有关部门负责解释。

第三十一条 本办法自 2017 年 12 月 5 日起施行。中共中央办公厅、国务院办公厅 2011 年 1 月 6 日印发的《党政机关公务用车配备使用管理办法》同时废止。

党政机关办公用房建设标准

1. 2014 年 11 月 24 日国家发展改革委、住房城乡建设部印发

2. 发改投资〔2014〕2674 号

第一章 总 则

第一条 为规范党政机关办公用房建设，提高投资决策科学化水平，合理确定党政机关办公用房的建设内容、建设规模和标准，满足办公使用功能的需要，加强管理和监督，制定本建设标准。

第二条 本建设标准是党政机关办公用房建设项目决策和建设的全国统

一标准，是编制、评估和审批党政机关办公用房建设项目的项目建议书、可行性研究报告、初步设计以及对项目建设进行监督检查的重要依据。

第三条 本建设标准适用于全国乡（镇、苏木）级及以上党的机关、人大机关、行政机关、政协机关、审判机关、检察机关，工会、共青团、妇联等人民团体机关，以及各级机关组成机构、直属机构、派出机构和直属事业单位（以下统称党政机关）办公用房的新建（或购置）、改建和扩建工程。配备、租用办公用房参照执行。

第四条 党政机关办公用房建设必须贯彻艰苦奋斗、勤俭节约、反对浪费的方针，按照统筹兼顾、适用为主、满足办公需要的原则进行建设。

集中建设或联合建设的办公用房，应充分利用公共服务和附属设施，打破系统、部门之间的界限，实行统一规划、集中管理、共同使用。

第五条 党政机关办公用房建设必须符合土地利用和城乡规划要求，从严控制用地规模，严格土地审批，节约集约用地，严禁超标准占地、低效利用土地，不得占用耕地，新建项目不得配套建设大型广场、公园等设施。

第六条 党政机关办公用房建设应做到庄重、朴素、经济、适用和资源节约，不得定位为城市标志性建筑。外立面不得搞豪华装修，内装修应简洁朴素。

第七条 党政机关办公用房的建设规模应根据使用单位的类别和各级别编制定员，按照本建设标准的规定确定建筑面积。严禁超规模、超标准、超投资建设党政机关办公用房。

第八条 党政机关办公用房的建设除应符合本建设标准外，还应符合国家关于安全、资源节约、环境保护、卫生、绿色建筑等标准和规范要求。

第二章 建筑分类与面积指标

第九条 党政机关办公用房根据单位级别和性质分为五类，其适用对象见表1。

表 1　党政机关办公用房类别划分

类别	适用对象
中央机关	中央部（委）级党的机关、人大机关、行政机关、政协机关、审判机关、检察机关，工会、共青团、妇联等人民团体机关，以及各机关派出机构和直属事业单位。
省级机关	省（自治区、直辖市）级党的机关、人大机关、行政机关、政协机关、审判机关、检察机关，工会、共青团、妇联等人民团体机关，以及各机关的组成机构、直属机构、派出机构和直属事业单位。
市级机关	市（地、州、盟）级党的机关、人大机关、行政机关、政协机关、审判机关、检察机关，工会、共青团、妇联等人民团体机关，以及各机关的组成机构、直属机构、派出机构和直属事业单位。
县级机关	县（市、旗）级党的机关、人大机关、行政机关、政协机关、审判机关、检察机关，工会、共青团、妇联等人民团体机关，以及各机关的组成机构、直属机构、派出机构和直属事业单位。
乡级机关	乡（镇、苏木）级党的机关、人大机关、行政机关及其他机关。

第十条　党政机关办公用房由基本办公用房（办公室、服务用房、设备用房）、附属用房两部分组成，并应符合表 2 的规定。

表 2　党政机关办公用房功能分类

<table>
<tr><th>办公用房</th><th colspan="2">包括内容</th></tr>
<tr><td rowspan="3">基本办公用房</td><td>办公室</td><td>包括领导人员办公室和一般工作人员办公室。</td></tr>
<tr><td>服务用房</td><td>包括会议室、接待室、档案室、图书资料室、机关信息网络用房、机要保密室、文印室、收发室、医务室、值班室、储藏室、物业及工勤人员用房、开水间、卫生间等。</td></tr>
<tr><td>设备用房</td><td>包括变配电室、水泵房、水箱间、中水处理间、锅炉房（或热力交换站）、空调机房、通信机房、电梯机房、建筑智能化系统设备用房等。</td></tr>
<tr><td>附属用房</td><td colspan="2">包括食堂、停车库（汽车库，自行车库，电动车、摩托车库）、警卫用房、人防设施等。</td></tr>
</table>

注：表中所称领导人员是指独立法人单位的领导班子成员。

第十一条 各级工作人员办公室使用面积不应超过表3的规定：

表3 各级工作人员办公室使用面积

类别	适用对象	使用面积（平方米/人）
中央机关	部级正职	54
	部级副职	42
	正司（局）级	24
	副司（局）级	18
	处级	12
	处级以下	9
省级机关	省级正职	54
	省级副职	42
	正厅（局）级	30
	副厅（局）级	24
	正处级	18
	副处级	12
	处级以下	9
市级机关	市级正职	42
	市级副职	30
	正局（处）级	24
	副局（处）级	18
	局（处）级以下	9
县级机关	县级正职	30
	县级副职	24
	正科级	18
	副科级	12
	科级以下	9

续表

类别	适用对象	使用面积（平方米/人）
乡级机关	乡级正职	由省级人民政府按照中央规定和精神自行做出规定，原则上不得超过县级副职。
	乡级副职	
	乡级以下	

注：1. 副省级城市、副部级单位副职办公室面积指标按不超过省（部）级副职标准执行，其组成部门的正、副局（司）级人员办公室面积指标按不超过省级机关或中央机关相应的正、副厅（局、司）级标准执行。副市（厅）、副县（处）级单位以此类推。

2. 中央机关司（局）级派出机构、事业单位按省级机关厅（局）级单位标准执行，处级派出机构、事业单位按市级机关局（处）级单位标准执行；省级机关处级直属机构、派出机构、事业单位按市级机关局（处）级单位标准执行，科级派出机构、事业单位按县级机关科级单位标准执行。其他以此类推。

3. 各级党政机关领导人员办公室可在上列规定的办公室使用面积范围内配备休息室。

4. 省部级领导人员、省（自治区、直辖市）所属厅（局）正职和市（地、州、盟）、县（市、区、旗）党政正职办公室可在上列规定的办公室使用面积范围内配备不超过6平方米的卫生间。

第十二条 服务用房使用面积不应超过表4的规定：

表4 服务用房编制定员人均使用面积

类别	使用面积（平方米/人）	计 算 方 法
中央机关 省级机关	7~9	200人及以下取上限，400人及以上取下限，中间值用公式（1100-x）/100计算确定。
市级机关	6~8	200人及以下取上限，400人及以上取下限，中间值用公式（1000-x）/100计算确定。
县级机关	6~8	100人及以下取上限，200人及以上取下限，中间值用公式（500-x）/50计算确定。

续表

类别	使用面积（平方米/人）	计 算 方 法
乡级机关	由省级人民政府按照中央规定和精神自行做出规定，原则上不得超过县级机关。	——

注：表中 x 为编制定员。

第十三条 设备用房使用面积应根据地理位置、建设规模以及相关设备需求确定，宜按办公室和服务用房使用面积之和的 9%测算。

第十四条 党政机关办公用房应合理确定门厅、走廊、电梯厅等面积，提高使用面积系数。基本办公用房建筑总使用面积系数，多层建筑不应低于 65%，高层建筑不应低于 60%。

第十五条 附属用房建筑面积，不应超过下列规定：

1. 食堂：食堂餐厅及厨房建筑面积按编制定员计算，编制定员 100 人及以下的，人均建筑面积为 3.7 平方米；编制定员超过 100 人的，超出人员的人均建筑面积为 2.6 平方米。

2. 停车库：总停车位数应满足城乡规划建设要求，汽车库建筑面积指标为 40 平方米/辆，超出 200 个车位以上部分为 38 平方米/辆，可设置新能源汽车充电桩；自行车库建筑面积指标为 1.8 平方米/辆；电动车、摩托车库建筑面积指标为 2.5 平方米/辆。

3. 警卫用房：宜按警卫编制定员及武警营房建筑面积标准计算，人均建筑面积为 25 平方米。

4. 人防设施：应按国家人防部门规定的设防范围和标准计列建筑面积，本着平战结合、充分利用的原则，在平时可以兼作地下车库、物品仓库等。

第十六条 党政机关办公用房总建筑面积可按下式计算得出：

$$S=[A+B+(A+B)\times 9\%]/K+C$$

式中：S—总建筑面积；

A—各级工作人员办公室总使用面积；

B—服务用房总使用面积；

K—基本办公用房建筑总使用面积系数；

C—附属用房总建筑面积。

第三章 选址、布局与建设用地

第十七条 党政机关办公用房选址应符合当地土地利用总体规划和城乡规划的要求，在规划确定的城镇建设用地范围内，选择位置适合、交通便利、环境适宜、基础设施和地质条件良好、有利于安全保卫的地点。

第十八条 党政机关办公用房在城市中的布局宜相对集中。联合建设时，其设备用房和附属用房等应统一规划与建设。

第十九条 党政机关办公用房的建筑总平面布置应遵循功能组织合理、建筑组合紧凑、服务资源共享的原则，科学合理组织和利用地上、地下空间。

第二十条 党政机关办公用房建设用地包括：建筑主体及其附属建筑用地、道路及停车用地、绿化用地等。

第二十一条 党政机关办公用房改建、扩建工程应充分利用原有场地和设施，减少新增用地。

第二十二条 党政机关办公用房建设用地不得用于建造与办公无关的居住或商用建筑等，不得占用风景名胜资源。

第二十三条 党政机关办公用房的建筑容积率不应小于表 5 的规定，并应满足所在地城乡规划与建设的相关控制要求。

表 5 建筑容积率指标

类别	容积率
中央机关	2.0
省级机关	2.0
市级机关	1.2
县级机关	1.0
乡级机关	由省级人民政府按照中央规定和精神自行做出规定。

第二十四条 党政机关办公用房总停车位数应满足当地城乡规划建设要求，地面停车场面积指标为：汽车 25 平方米/辆，自行车 1.2 平方米/辆，电动车、摩托车 1.8 平方米/辆。

第二十五条 党政机关办公用房建设用地的绿地率不宜低于 30%，并应满足当地城乡规划和建设有关绿地的控制要求。绿化植被应采用本土植物，不得移栽大树、古树，以降低绿化成本。

第四章 建筑标准

第二十六条 党政机关办公用房不宜建造一、二层的低层建筑，也不应建造超高层、超大体量的建筑。

第二十七条 党政机关基本办公用房建筑面积小于（等于）表 6 的规定时，不宜单独建设。

表 6 建筑面积控制指标

类别	建筑面积（平方米）
中央机关	6000
省级机关	6000
市级机关	4000
县级机关	2000
乡级机关	——

第二十八条 党政机关办公用房标准层每层建筑面积不应低于表 7 的规定：

表 7 标准层建筑面积

分　类	建筑面积（平方米）
四层及以下办公用房	600
五层及以上多层办公用房	1000
高层办公用房	1200

第二十九条 党政机关办公用房入口门厅高度不应超过两层，门厅的使用面积不应超过表 8 的规定：

表 8 入口门厅的使用面积指标

类别	使用面积（平方米）
中央机关	300
省级机关	300
市级机关	240

续表

类别	使用面积（平方米）
县级机关	120
乡级机关	由省级人民政府按照中央规定和精神自行做出规定，原则上不得超过县级机关。

第三十条 党政机关办公用房不得在办公区域内建设阶梯式和有舞台灯光音响、舞台机械、同声传译的会堂、报告厅、大型会议室。建筑物内不宜设置阳光房、采光中厅、室内花园、景观走廊等超出办公用房功能的其他空间或房间。

第三十一条 党政机关办公用房标准层的层高应根据办公室净高要求、结构形式及设施情况确定，不得超越净高规定或结构及设施的合理技术条件加大层高。办公室的净高应符合下列规定：

1. 有集中空调设施并有吊顶的标准单间办公室宜为 2.5~2.7 米；
2. 无集中空调设施的标准单间办公室宜为 2.6~2.8 米；
3. 有集中空调设施并有吊顶的大空间办公室宜为 2.6~2.8 米；
4. 无集中空调设施的大空间办公室宜为 2.8~3.0 米。

第三十二条 党政机关办公用房标准层的走道净宽应符合下列规定：

1. 走道长度≤40 米时，单面布房的走道净宽不宜小于 1.5 米且不宜大于 1.8 米，双面布房的走道净宽不宜小于 1.8 米且不宜大于 2.1 米。

2. 走道长度>40 米时，单面布房的走道净宽不宜小于 1.5 米且不宜大于 2.1 米，双面布房的走道净宽不宜小于 1.8 米且不宜大于 2.5 米。

第三十三条 五层及五层以上的党政机关办公用房应设置乘客电梯，办公用房的办公区域不应设置自动扶梯。

第三十四条 党政机关办公用房应满足国家有关无障碍规范的要求。

第三十五条 党政机关办公用房的建设应满足功能需求，党政机关一般工作人员办公室宜采用大开间，提高办公室利用率。

第三十六条 党政机关办公用房建筑应符合国家有关建筑设计防火、抗震、节能规范等的规定，并确保建筑在设计使用年限期间能正常使用。

第五章 建筑装修

第三十七条 党政机关办公用房装修设计应构造简洁、色彩适宜，营造庄重、实用、协调的装饰效果，因地制宜地选用节能环保装修材料或构配件。

第三十八条　党政机关办公用房室内装修包括楼地面、墙面、柱面、天棚、内门窗、轻质隔墙、细部等，不包括活动家具、窗帘、饰物等。

第三十九条　党政机关办公用房装修标准可分为基本装修、中级装修、中高级装修三类，并宜符合表9的规定。

表9　装修标准

分类	装修要求
基本装修	选用建筑所在地区经济型普通装修材料或构配件。 楼地面可选用普通PVC地材、地砖、水泥砂浆等；墙、柱面选用普通涂料；天棚刷普通涂料或普通饰面板吊顶；门采用普通复合木门。
中级装修	选用建筑所在地区中等价位的装修材料或构配件。 楼地面可选用中档复合木地板、PVC地材、石材、地砖等；墙、柱面可选用中档饰面板、涂料或壁纸；天棚可做中档饰面板吊顶；门采用中档复合木门或玻璃门。
中高级装修	选用建筑所在地区中等价位、局部选用中高价位的装修材料或构配件。 楼地面可选用中高档石材、木材、普通化纤地毯；墙、柱面可选用中档饰面板或涂料；天棚可做中高档饰面板吊顶；门采用中高档复合木门或玻璃门。

注：同等档次室内装修材料，提倡采用新型环保节能材料。

第四十条　党政机关办公用房建筑装修应符合表10的规定。

表10　装修选用标准

房间或部位＼类别		中央机关、省级机关	市级机关	县级机关	乡级机关
办公室	一般工作人员办公室	基本	基本	基本	基本
	领导人员办公室	中高级	中级	中级或基本	基本
服务用房	会议室、接待室	中高级或中级	中级	中级或基本	基本
	其他用房	基本	基本	基本	基本
设备用房		基本	基本	基本	基本
附属用房		基本	基本	基本	基本
主入口门厅及电梯厅		中高级	中级	中级或基本	基本

第四十一条 党政机关办公用房的办公室及办公区走廊等应采用普通灯具和高效节能型光源，会议室、接待室及主入口门厅可采用装饰性灯具，配用高效节能型光源，但不应选用豪华灯具。

第四十二条 采暖地区一般工作人员办公室不应做装饰性暖气罩。

第四十三条 党政机关办公用房室外装修包括墙面、柱面、外门窗、门头、台阶、坡道等。

第四十四条 党政机关办公用房室外装修设计，应综合考虑所在地区传统文化特色、经济状况、城镇景观及周边建筑风貌，做到实用、协调、庄重。外墙面不宜大面积采用玻璃幕墙，主入口不应使用铜质门、豪华旋转门。

第四十五条 党政机关办公用房装修工程造价包括：室内装修工程、室外装修工程造价。装修工程造价占建筑安装工程费用的比例，不宜超过表 11 的规定。

表 11　装修工程造价占建筑安装工程费用的比例

类别	比例（%）
中央机关	35
省级机关	35
市级机关	35
县级机关	30
乡级机关	25

第六章　室内环境与建筑设备

第四十六条 党政机关办公用房室内环境应符合公共建筑节能设计标准的规定。其中，办公室冬季采暖设定温度不应高于 20℃，夏季制冷设定温度不应低于 26℃。

第四十七条 党政机关办公用房的一个主立面朝向外窗的窗墙比不应大于 0.6，其余朝向外窗的窗墙比不应大于 0.4，并满足自然采光的要求。

第四十八条 采用集中采暖、空调系统的办公用房，应设置分楼层或分室内区域或分用户的室温可调控装置，并按使用部门或耗能部门设置热、冷量分摊计量装置。

第四十九条 党政机关办公用房的给水系统应充分利用城镇给水管网直

接供水，其供水设备宜采用管网叠压供水设备。

第五十条 党政机关办公用房不得采用冲洗水量大于9升的便器及水箱，洗手（脸）盆宜采用感应式水嘴、延时自闭水嘴，便器采用感应式或延时自闭冲洗阀。卫生器具和配件均应采用节水型产品。

第五十一条 各类用房或部位的照度标准值应符合表12的规定。

表12 照度标准值

房间或部位	照度标准值（lx）
办公室、会议室、接待室、文印室、门厅等	300
档案室、资料室等	200

第五十二条 走廊、楼梯间、门厅等公共场所的照明，宜采用集中控制，并按建筑使用条件和天然采光状况采取分区、分组控制措施。

第七章 智能化系统

第五十三条 党政机关办公用房智能化系统宜由智能化集成系统、信息设施系统、信息化应用系统、公共安全系统、建筑设备管理系统等构成，党政机关可根据各自需要和实际情况配置相应的办公用房智能化系统。

第五十四条 中央机关、省级机关、市级机关办公用房宜设置智能化集成系统。智能化集成系统建设应根据办公用房规模、办公业务的综合性以及建筑设备的控制要求综合考虑确定。

第五十五条 党政机关办公用房信息设施系统宜包括用户电话交换系统、信息网络系统、综合布线系统、有线电视系统、广播系统、会议系统等。系统配置标准宜符合表13的规定。

表13 信息设施系统配置标准

信息设施系统	中央机关、省级机关	市级机关	县级机关	乡级机关
用户电话交换系统	●	●	●	○
信息网络系统	●	●	●	●
综合布线系统	●	●	●	●
有线电视系统	●	●	●	●
广播系统	●	●	○	○
会议系统	●	●	●	○

注：●表示可配置；○表示不宜配置

第五十六条 党政机关办公用房信息化应用系统宜包括办公业务系统、物业运营管理系统、智能卡应用系统、信息安全管理系统等。系统配置标准宜符合表 14 的规定。

表 14 信息化应用系统配置标准

信息化应用系统	中央机关、省级机关	市级机关	县级机关	乡级机关
办公业务系统	●	●	●	○
物业运营管理系统	●	●	○	○
智能卡应用系统	●	●	○	○
信息安全管理系统	●	●	●	○

注：●表示可配置；○表示不宜配置

第五十七条 党政机关办公用房公共安全系统宜包括火灾自动报警系统、安全技术防范系统及与政府职能相关的应急响应系统等。办公用房内（或部分区域）对安全技术防范具有其他特殊要求的范围，应实施符合特殊安全技术防范管理规定所要求的安全技术措施。系统配置标准宜符合表 15 的规定。

表 15 公共安全系统配置标准

公共安全系统		中央机关、省级机关	市级机关	县级机关	乡级机关
火灾自动报警系统		按国家现行有关标准进行配置			
安全技术防范系统	安全防范综合管理系统	●	●	○	○
	入侵（周界）报警系统	●	●	●	●
	视频安防监控系统	●	●	●	●
	出入口控制系统	●	●	●	○
	电子巡查管理系统	●	●	○	○
应急响应系统		应纳入国家各级行政区域应急体系			

注：●表示可配置；○表示不宜配置

第五十八条 党政机关办公用房综合布线系统建设，应根据各类机关办公工作业务和办公人员的岗位职能，配置相应的数据信息端口和电话通信端口。

第八章 附 则

第五十九条 本建设标准由国家发展和改革委员会、住房和城乡建设部负责解释。

第六十条 本建设标准自发布之日起施行，《国家计委关于印发党政机关办公用房建设标准的通知》（计投资〔1999〕2250号）同时停止执行。

党政机关办公用房管理办法

1. 2017年12月5日中共中央批准

2. 2017年12月5日中共中央办公厅、国务院办公厅发布

第一章 总 则

第一条 为了进一步规范党政机关办公用房管理，推进办公用房资源合理配置和节约集约使用，保障正常办公，降低行政成本，促进党风廉政建设和节约型机关建设，根据《党政机关厉行节约反对浪费条例》、《机关事务管理条例》、《机关团体建设楼堂馆所管理条例》等有关规定，制定本办法。

第二条 本办法适用于各级党政机关办公用房的规划、权属、配置、使用、维修、处置等管理工作。

本办法所称党政机关，是指党的机关、人大机关、行政机关、政协机关、监察机关、审判机关、检察机关，以及工会、共青团、妇联等人民团体和参照公务员法管理的事业单位。

本办法所称办公用房，是指党政机关占有、使用或者可以确认属于机关资产的，为保障党政机关正常运行需要设置的基本工作场所，包括办公室、服务用房、设备用房和附属用房。

第三条 党政机关办公用房管理应当遵循下列原则：

（一）依法合规，严格执行法律法规和党内有关制度规定，强化监督管理；

（二）科学规划，统筹机关办公和公共服务需求，优化布局和功能；

（三）规范配置，科学制定标准，严格审核程序，合理保障需求；

（四）有效利用，统筹调剂余缺，及时依规处置，避免闲置浪费；

（五）厉行节约，注重庄重朴素、经济适用，节约能源资源。

第四条 建立健全党政机关办公用房集中统一管理制度，统一规划、统一权属、统一配置、统一处置。县级以上党政机关办公用房有关管理部门根据职责分工，负责本级党政机关办公用房管理工作，指导下级党政机关办公用房管理工作。

中央和国家机关办公用房管理，由归口的机关事务管理部门负责规划、权属、调剂、使用监管、处置、维修等，国家发展改革委负责建设项目审批、建设标准制定以及投资安排等，财政部负责预算安排、指导开展资产管理等。中央和国家机关所属垂直管理机构、派出机构和参照公务员法管理的事业单位办公用房的权属、使用、维修等有关管理工作，由归口的机关事务管理部门委托行政主管部门负责。

地方各级党政机关办公用房管理的职责分工，由各省、自治区、直辖市参照前款规定，结合本地区实际情况合理确定相关机构承担办公用房管理职责。

各级党政机关是办公用房的使用单位，负责本单位占有、使用办公用房的内部管理和日常维护。

第二章 权属管理

第五条 党政机关办公用房的房屋所有权、土地使用权等不动产权利（以下统称办公用房权属），统一登记至本级机关事务管理部门名下。

中央和国家机关所属垂直管理机构、派出机构和参照公务员法管理的事业单位办公用房权属应当登记在行政主管部门名下。地方各级党政机关所属垂直管理机构、派出机构办公用房权属的登记主体由各省、自治区、直辖市规定。

涉及国家秘密、国家安全等特殊情况的，经机关事务管理部门核准，可以将办公用房权属登记在使用单位名下。

因历史资料缺失、权属不清等问题无法登记的，由机关事务管理部门协调有关部门进行办公用房权属备案，使用单位不得自行处置。

第六条 建立健全党政机关办公用房清查盘点制度。使用单位应当建立本单位办公用房资产管理分台账，资产信息发生变更的，及时调整更新。机关事务管理部门应当建立本级党政机关办公用房资产管理总台账，定期组织清查盘点，确保总台账信息与使用单位分台账信息账账相符，与办公用房实际状况账实相符，与权属证书信息账证相符。

第七条 建立健全党政机关办公用房管理信息统计报告制度。

各级机关事务管理部门应当建立健全本级党政机关办公用房管理信息系统，定期统计汇总办公用房管理情况，报上级机关事务管理部门，并送同级发展改革、财政部门。

国家机关事务管理局、中共中央直属机关事务管理局应当会同有关部门，建立全国党政机关办公用房信息数据库，并纳入国家数据共享交换平台，实现与发展改革、财政、国土资源、住房城乡建设等部门共享共用。各省、自治区、直辖市应当统筹推进本地区办公用房管理信息系统建设，实现上下一体、互联互通、动态管理。

第八条 建立健全党政机关办公用房档案管理制度。使用单位应当加强本单位办公用房档案管理，及时归集权属、建设、维修等原始档案，并移交产权单位。产权单位应当加强办公用房档案的收集、保存和利用，确保档案完整。

第三章 配置管理

第九条 县级以上机关事务管理、发展改革、财政部门应当会同有关部门，结合人员编制情况、办公与业务需要等，编制本级党政机关办公用房配置保障规划，优化办公用房布局，具备条件的逐步推进集中或者相对集中办公，共用配套附属设施。

地方各级人民政府编制土地利用总体规划和城乡规划时，应当统筹安排本级党政机关办公用房用地。县级以上党政机关的驻在地人民政府应当有效保障上级党政机关办公用房用地需求。

第十条 党政机关办公用房配置应当严格执行相关标准，从严核定面积。

国家发展改革委会同住房城乡建设部、财政部，制定和完善党政机关办公用房建设标准，并实行标准动态调整。

第十一条 党政机关办公用房配置方式包括调剂、置换、租用和建设。

第十二条 使用单位需要配置办公用房的，由机关事务管理部门优先整合现有办公用房资源调剂解决。

第十三条 采取置换方式配置办公用房的，应当严格履行审批程序，执行新建办公用房各项标准，确保符合办公用房各类功能要求，并按规定组织资产评估，置换所得超出面积标准的办公用房由机关事务管理部门统一调剂，置换所得收益按照非税收入有关规定管理。

置换旧房的，由机关事务管理部门会同发展改革、财政部门报同级人民政府审批；置换新房的，应当严格履行建设审批程序。不得以置换名义量身打造办公用房，不得以未使用政府预算建设资金、资产整合等名义规避审批。

第十四条 无法调剂或者置换解决办公用房的，可以面向市场租用，但应当严格按照规定履行审批程序。

需租用办公用房的，由使用单位提出申请，经机关事务管理部门核准后，报财政部门审核安排预算；或者由机关事务管理部门统筹本级党政机关办公用房使用需求，制定租用方案，报财政部门审核安排预算后，统一租赁并统筹安排使用。

任何单位不得以变相补偿方式租用由企业等单位提供的办公用房。

各级财政部门会同机关事务管理部门，制定本级党政机关办公用房租金标准，并实行标准动态调整。

第十五条 无法调剂、置换、租用办公用房，或者涉及国家秘密、国家安全等特殊情况的，可以采取建设方式解决，但应当按照国家有关政策从严控制，严格履行审批程序。党政机关办公用房建设包括新建、扩建、改建、购置。

中共中央直属机关办公用房建设项目由归口的机关事务管理部门审核同意后统一申报，由国家发展改革委核报国务院审批。

中央国家机关本级办公用房建设项目，由国家发展改革委核报国务院审批，申报前应当由归口的机关事务管理部门出具必要性审查意见。

中央国家机关所属垂直管理机构、派出机构办公用房建设项目，厅（局）级及以上单位的项目由国家发展改革委审批，申报前应当由归口的机关事务管理部门出具必要性审查意见；厅（局）级以下单位的项目由行政主管部门审批，并报国家发展改革委和归口的机关事务管理部门备案。

中央国家机关所属参照公务员法管理的事业单位的办公用房建设项目，由国务院、国家发展改革委和行政主管部门按照中央预算内投资审批权限分别负责审批，其中由国务院、国家发展改革委审批的项目，申报前应当由归口的机关事务管理部门出具必要性审查意见。

省、自治区、直辖市及计划单列市本级党政机关办公用房建设项目，由国家发展改革委核报国务院审批；地方其他党政机关办公用房建设项目，由省级人民政府审批。

县级党政机关直属单位和乡（镇）级党政机关办公用房建设项目，可以由省级人民政府根据实际情况委托市级人民政府审批。

地方各级党政机关所属垂直管理机构、派出机构和参照公务员法管理的事业单位办公用房建设项目的审批程序，由各省、自治区、直辖市规定。

第十六条 党政机关办公用房配置所需资金，应当通过政府预算安排，不得接受任何形式赞助或者捐款，不得搞任何形式集资或者摊派，不得向其他任何单位借款，不得让施工单位垫资，严禁挪用各类专项资金。

土地收益和资产转让收益按照非税收入有关规定管理，不得直接用于办公用房配置。涉及新增资产的，应当向财政部门申报新增资产配置预算。

第十七条 新配置办公用房的党政机关，应当在搬入新办公用房后1个月内，将超出核定面积的原有办公用房腾退移交同级机关事务管理部门统一调剂使用，不得继续占用或者自行处置，不得自行安排其他单位使用。

第四章 使用管理

第十八条 机关事务管理部门应当与使用单位签订办公用房使用协议，核发办公用房分配使用凭证。

办公用房分配使用凭证可以按照有关规定用于办理使用单位法人登记、集体户籍、大中修项目施工许可等，不得用于出租、出借、经营。

第十九条 使用单位应当严格按照有关规定在核定面积内合理安排使用办公用房，不得擅自改变办公用房使用功能，不得调整给其他单位使用。办公用房安排使用情况应当按年度通过政务内网、公示栏等平台进行内部公示；领导干部办公用房配备情况应当按年度报机关事务管理部门备案，严禁超标准配备、使用办公用房。

领导干部在不同单位同时任职的，应当在主要任职单位安排1处办公用房；主要任职单位与兼职单位相距较远且经常到兼职单位工作的，经严格审批后，可以由兼职单位再安排1处小于标准面积的办公用房，并在免去兼任职务后2个月内腾退兼职单位安排的办公用房。

工作人员调离或者退休的，使用单位应当在办理调离或者退休手续后1个月内收回其办公用房。

第二十条 党政机关工作人员办公室具备条件的，应当采用大开间等形式，提高办公用房利用率。

会议室、接待室等服务用房，可以采取可拆卸式隔断设计，提高空间使用的灵活性。

第二十一条 项目批复中已经明确和机关一并建设办公用房的事业单位，按照面积标准核定后可以继续无偿使用机关办公用房。

公益一类事业单位已经占用的机关办公用房，按照面积标准核定后可以继续无偿使用。公益二类事业单位已经占用的机关办公用房，应当按照规定予以腾退；确有困难的，经机关事务管理部门批准，可以继续有偿使用，租金收益按照非税收入有关规定管理。事业单位已经新建、购置办公用房或者租用其他房屋办公的，应当在6个月内将原有办公用房腾退移交机关事务管理部门。

生产经营类事业单位、国有企业和行业协会商会等社团组织，原则上不得占用党政机关办公用房。

第二十二条 党政机关办公用房使用单位机构、编制调整的，机关事务管理部门应当重新核定其办公用房面积。超出面积标准的，使用单位应当在6个月内将超出部分的办公用房腾退移交机关事务管理部门。

党政机关转为企业的，应当在办理企业工商注册后6个月内将原有办公用房腾退移交机关事务管理部门。转企单位确有困难的，经机关事务管理部门批准，可以继续有偿使用，租金收益按照非税收入有关规定管理；新建、购置或者租用办公用房的，应当在6个月内将原有办公用房腾退移交机关事务管理部门。

党政机关撤销的，应当在6个月内将原有办公用房腾退移交机关事务管理部门。

第二十三条 建立健全政府向社会购买物业服务机制，逐步实现办公用房物业服务社会化、专业化，具备条件的逐步推进统一物业管理服务。

机关事务管理部门应当会同有关部门，按照经济、适度的原则，制定本级党政机关办公用房物业服务内容、服务标准和费用定额。

第二十四条 鼓励有条件的地区探索试行办公用房租金制，逐步推进办公用房经费预算管理和实物资产管理相结合。

第五章 维修管理

第二十五条 党政机关办公用房维修包括日常维修和大中修。中央和国家机关办公用房维修标准由归口的机关事务管理部门、财政部会同住房城乡建设部制定，地方各级党政机关办公用房维修标准由各省、自治区、直辖市结合实际制定，并建立标准动态调整机制。

第二十六条 使用单位负责办公用房的日常检查和维修，所需资金通过部门预算安排。

第二十七条 党政机关办公用房因使用时间较长、设施设备老化、功能不全、存在安全隐患等原因需要大中修的，使用单位向机关事务管理部门提出申请；机关事务管理部门结合办公用房建筑年代、历史维修记录、老化损坏程度、单位建筑面积能耗水平和使用单位的实际需求，统筹安排办公用房大中修项目，报财政部门审核安排预算。

办公用房大中修项目应当严格按照规定履行审批程序，未经审批的项目，不得安排预算。中央和国家机关本级办公用房大中修项目，由归口的机关事务管理部门审批。中央和国家机关所属垂直管理机构、派出机构和参照公务员法管理的事业单位办公用房大中修项目，机关事务管理部门委托行政主管部门审批，其中厅（局）级及以上单位办公用房大中修项目审批情况应当报归口的机关事务管理部门备案。地方各级党政机关办公用房大中修项目的审批程序，由各省、自治区、直辖市规定。

第六章 处置利用管理

第二十八条 党政机关办公用房有下列情形之一闲置的，可以按照有关规定采取调剂使用、转换用途、置换、出租、拍卖、拆除等方式及时处置利用：

（一）同级党政机关办公用房总量满足使用需求，仍有余量的；

（二）因地理位置、周边环境、房屋结构等原因，不适合继续作为办公用房使用的；

（三）因城乡规划调整等需要拆迁的；

（四）经专业机构鉴定属于危房，且无加固改造价值的；

（五）其他原因导致办公用房闲置的。

处置利用党政机关办公用房涉及权属、用途等变更的，应当依法办理相关手续。

第二十九条 同一区域内闲置办公用房具备条件的，应当加强跨系统、跨层级调剂使用。

中央和国家机关所属垂直管理机构、派出机构之间调剂使用的，由行政主管部门审核提出意见，经归口的机关事务管理部门批准后实施，调剂使用情况报财政部备案。

中央和国家机关所属垂直管理机构、派出机构与地方各级党政机关之间调剂使用的，由行政主管部门会同有关地方人民政府审核提出意见，经归口的机关事务管理部门会同财政部批准后实施。

地方同级或者上下级党政机关之间，以及地方各级党政机关所属垂直管理机构、派出机构之间调剂使用的，参照前两款规定办理。

第三十条 具备条件的，机关事务管理部门可以商有关部门将闲置办公用房转为便民服务、社区活动等公益场所，或者按照有关规定置换为其他符合国家政策和需要的资产。

机关事务管理部门可以通过公共资源交易平台统一招租，租金收益按照非税收入有关规定管理。党政机关如有需要，应当及时收回出租的办公用房，统筹调剂使用。使用单位不得擅自出租办公用房。

第三十一条 闲置办公用房无法通过调剂使用、转换用途、置换、出租等方式处置利用的，机关事务管理部门报财政部门批准后，可以通过公共资源交易平台依法公开拍卖，拍卖收益按照非税收入有关规定管理。

第七章 监督问责

第三十二条 党政机关办公用房使用单位应当建立本单位内部使用管理制度，加强监督检查和责任追究，及时发现和纠正违规问题。

党政机关办公用房有关管理部门应当根据职责分工，加强办公用房监管，严格履行相关管理程序，对使用单位的办公用房违规管理使用问题及时按照规定移交有关部门和单位查处。

纪检监察机关应当及时受理群众举报和有关部门移送的办公用房管理案件线索，严肃查处违规违纪问题。

第三十三条 建立健全党政机关办公用房巡检考核制度。

县级以上机关事务管理、发展改革、财政部门会同有关部门，定期对本级党政机关（含所属垂直管理机构、派出机构）办公用房使用情况以及下级党政机关办公用房管理情况进行专项联合巡检，及时发现和纠正违规问题。

办公用房专项巡检应当与党风廉政建设责任制检查考核、政府绩效考核以及党政领导班子和领导干部年度考核相结合，巡检考核结果作为干部管理监督、选拔任用的依据。

第三十四条 建立健全党政机关办公用房管理信息公开制度。除依照法律法规和有关要求需要保密的内容和事项外，办公用房建设、使用、维修、处置利用、运行费用支出等情况，应当在政府门户网站等公共平台定期公开，主动接受社会监督。

第三十五条 建立健全党政机关办公用房管理责任追究制度，对有令不行、有禁不止的，依照有关规定严肃追究相关人员责任。

管理部门有下列情形之一的，依纪依法追究相关人员责任：

（一）违规审批项目或者安排投资计划、预算的；

（二）不按照规定履行调剂、置换、租用、建设等审批程序的；

（三）为使用单位超标准配置办公用房的；

（四）不按照规定处置办公用房的；

（五）办公用房管理信息统计报送中瞒报、漏报的；

（六）对发现的违规问题不及时处理的；

（七）有其他违反办公用房管理规定情形的。

使用单位有下列情形之一的，依纪依法追究相关人员责任：

（一）擅自将办公用房权属登记至本单位或者所属单位名下，或者不配合办理权属登记的；

（二）未经批准建设或者大中修办公用房的；

（三）不按规定腾退移交办公用房的；

（四）未经批准租用、借用办公用房的；

（五）擅自改变办公用房使用功能或者处置办公用房的；

（六）擅自安排企事业单位、社会组织等使用机关办公用房的；

（七）为工作人员超标准配备办公用房，或者未经批准配备两处以上办公用房的；

（八）有其他违反办公用房管理规定情形的。

第八章 附 则

第三十六条 党政机关本级的技术业务用房以及机关办公区内的技术业务用房，权属统一登记至本级机关事务管理部门名下，从严控制使用范围和用途，原则上不得调整用作办公用房。

党政机关本级的技术业务用房建设项目以及机关办公区内的技术业务用房建设项目，应当严格按规定履行审批程序，项目申报前由机关事务管理部门出具土地、人防等审查意见。

住房城乡建设部会同国家发展改革委、有关业务主管部门，制定和完善各类技术业务用房建设标准，合理区分办公用房和技术业务用房。

第三十七条 各省、自治区、直辖市以及中央和国家机关各部门，应当根据本办法，结合实际制定具体管理办法。

第三十八条 各民主党派机关办公用房管理适用本办法。

不参照公务员法管理的事业单位办公用房管理办法，另行制定。

第三十九条 本办法由国家机关事务管理局、中共中央直属机关事务管理局、国家发展改革委和财政部负责解释。

第四十条 本办法自 2017 年 12 月 5 日起施行。其他有关党政机关办公用房管理的规定，凡与本办法不一致的，按照本办法执行。